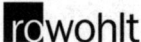

JAN-UWE ROGGE

Von wegen aufgeklärt!

Sexualität bei Kindern und
Jugendlichen

Unter Mitarbeit von
Rosemarie Donnenberg

Rowohlt

1. Auflage Juli 2006
Copyright © 2006 by Rowohlt Verlag GmbH,
Reinbek bei Hamburg
Lektorat Bernd Gottwald
Satz aus der Plantin PostScript, InDesign,
bei Pinkuin Satz und Datentechnik, Berlin
Druck und Bindung Clausen & Bosse, Leck
Printed in Germany
ISBN 13: 978 3 498 05769 5
ISBN 10: 3 498 05769 3

Inhalt

Ermutigung zur Gelassenheit und Wahrhaftigkeit

Wie man's macht, es ist doch immer verkehrt!

Volker Apel, Vater der sechsjährigen Jessica, ist fast froh, als sie fragt, woher denn Kinder kommen. Er hatte sich so seine Gedanken gemacht, warum sie niemals fragte, wo doch alle anderen Kinder ihre Eltern mit ihrem Wissensdurst nervten: «Hab ich was falsch gemacht? Waren wir zu prüde?» Dabei hatte er – wie beiläufig – Kinderbücher zum Thema Aufklärung «in der Wohnung herumliegen lassen». Jessica ignorierte diese, schien anders zu sein als jene Kinder, die in der Ratgeberliteratur vorkommen und Fragen formulieren, auf die die dort vorgestellten Eltern nur richtige Antworten haben.

Nun war die Gelegenheit da. Volker Apel antwortete nicht auf Jessicas Fragen – er referierte über den Zeugungsakt, der natürlich kein technischer Vorgang sei, sondern ein Akt der Liebe, er dozierte über Lust, über seinen Penis, die Feuchtigkeit der Mutter, seinen Samenerguss, über das Einnisten des Eies in der Gebärmutter. Er bemühte sich um eine kindgerechte Sprache. Doch bei allem Bemühen übersah er Jessica, die voller Erstaunen da saß, den Redeschwall ihres Vaters nicht stoppen konnte, so sehr brach es aus ihm heraus – nach den vielen Seminaren zur Sexualaufklärung, den langen Seiten in Aufklärungsbroschüren. Volker Apel redete und redete, erzählte vom Fötus, ja, er gebrauchte dieses Wort, verbesserte sich dann. Er sprach vom kleinen Kind, das im Bauch wächst, davon, dass die Mutter dicker und dicker werde, dass sie ihr Kind spürte – bis es eines Tages, nein: nicht eines Tages, vielmehr nach neun Monaten, manchmal früher, manchmal später, das Licht der Welt erblicke.

«Tut das weh?»

«Was?»

«Wenn das Kind gemacht wird?»

«Was?»

«Wenn der Pippi in Mama steckt?»

Diese Frage hatte er nicht erwartet, seine Tochter war noch bei der Zeugung, er schon bei der Geburt. Er wirkte irritiert: «Ich glaub nicht, wenn es feucht ist …»

«Wie wird es feucht?»

Volker Apel referierte von Drüsen und Hormonen, von Lust und Empfindung – alles in einer «kindgerechten» Sprache, versteht sich. Als er am Ende war, nicht mehr weiterwusste, unterbrach Jessica ihren Vater, offenbar einen weiteren Referatsschwall befürchtend. Nun wisse sie es, meinte sie ganz bestimmt, sie wolle keine Kinder haben, weil alles nur wehtue – am Anfang, wenn keine Feuchtigkeit da sei, und am Ende bei der Geburt.

Jessica war sich da sicher, mit ihr seien keine Kinder zu machen. Sie stand auf, streichelte ihren Vater flüchtig und ließ ihn mit der Erkenntnis zurück: «Wie man's macht, macht man's verkehrt. Nie wieder Aufklärung!»

«Wie sag ich das kindgerecht?»

Das wäre natürlich die genau verkehrte Schlussfolgerung.
Aber Volker Apel drückt jene Unsicherheiten, jene Ängste
aus, die viele Eltern haben, wenn es um die Sexualität ihrer
Kinder geht. Da werden sie plötzlich mit Fragen konfrontiert, auf die sie keine oder nur unzureichende Antworten
haben:

- Woher kommen mit einem Male die Wünsche der Kinder,
  Genaueres über das Thema wissen zu wollen? Bisher haben sie doch auch nicht gefragt!
- Welche Worte wähle ich jetzt – medizinische, biologische,
  oder rede ich umgangssprachlich mit ihnen?
- Wie erkläre ich bestimmte Sachverhalte (Zeugung, Geburt, Geschlechtsverkehr etc.)? Wie grundsätzlich werde
  ich? Wo darf ich an der Oberfläche bleiben?
- Ab welchem Alter kann und darf ich etwas sagen? Oder
  warte ich ab, bis mein Kind fragt? Aber dann kommt schon
  die nächste Frage: Warum will mein Kind (noch) nichts
  wissen? Wie schätze ich das ein?
- Muss ich selber alles über das Thema Sexualität wissen?
  Muss ich richtige, d.h. wissenschaftlich kompetente Antworten geben, weil ich das Kind oder den Heranwachsenden ansonsten verwirre?

Kinder und Jugendliche – so meine Erfahrung – wollen authentische Eltern, die sich zu ihrer Unvollkommenheit bekennen. Eltern brauchen nicht perfekt, allwissend, sexualerzieherisch omnipotent zu sein. Heranwachsende möchten viel
mehr, dass Vater und Mutter präsent sind, wenn sie gebraucht
werden. Denn Fragen der Heranwachsenden zu sexuellen
Themen können sich jederzeit und aus ganz unterschiedlichen Motiven ergeben:

- Bei Kindern vom vierten Lebensjahr an kann Wissensdurst ein zentrales Motiv sein. Das Kind ist neugierig, hat Erfahrungen gemacht, es kommt mit den vorhandenen Erläuterungen nicht mehr aus. Es will veränderte Informationen neu einordnen.

- Das Kind hat auf seine bisherigen Fragen Antworten bekommen, die seinem Altersstand entsprachen, sich aber nun als unzureichend erweisen. Oder Erwachsene haben die Bedeutung, die hinter den Fragen der Kinder stand, nicht erkannt.

- Missverständnisse ergeben sich für Kinder daraus, dass Eltern, Lehrer und Erzieher sehr rational antworten, sich nicht auf die Wahrnehmungs- und Erlebnisbesonderheiten von Kindern einlassen. Nicht die richtige Antwort ist jedoch die passende, vielmehr eine wahrhaftige, die sich an den Bildern und Phantasien von Kindern, später am Wissensstand von Pubertierenden orientiert.

Daraus lassen sich Grundsätze ableiten, die man beachten sollte, wenn man Fragen zur Sexualität von Kindern und Jugendlichen beantwortet:

1. Es ist wichtig, den Sinn einer Frage zu erkennen. Kinder und Jugendliche fragen in der Regel nicht abstrakt, sie fragen nicht wissenschaftlich, sie sind als Menschen am Mensch interessiert. Deshalb muss auf kindliche Fragen kein sexual-wissenschaftlicher Vortrag erfolgen. Es ist wichtig, dass Eltern ein Wissen über das haben, was sie vermitteln wollen. Hier sollte man sich nicht überfordern. Nicht alles, was man weiß, muss man in den Antworten unterbringen. Sonst beherrscht man mit seiner Antwort den Heranwachsenden. Ein langatmiger Wortschwall verkennt nicht nur den Hintersinn einer Frage, er geht meist auch am Erkenntnisstand des Kindes vorbei.

2. Wenn Eltern unsicher sind, können sie die Antwort dele-

gieren, an jemanden abgeben, den man für bewanderter hält.

3. Je jünger das Kind ist, umso konkreter, klarer, knapper und anschaulicher können die Antworten sein. So wichtig es ist, Sachverhalte nicht zu verfälschen, so bedeutsam ist der Mut zum Fragmentarischen.

4. Durch diesen Mut können weitere Fragen der Kinder angeregt werden. Dies ist umso wahrscheinlicher, je mehr sich ein Kind durch die Antworten angesprochen *fühlt*. Antworten haben unbedingt die Empfindung des Kindes zu berücksichtigen.

5. In elterlichen Antworten können Rückfragen an Kinder enthalten sein – z. B. wenn das Kind fragt: «Wo war ich, bevor ich bei euch war?» – «Was meinst du, wo du warst?» – «Im Himmel!» (oder: «Auf einer Wolke!» oder «Auf einer Wiese!»). Rückfragen können Assoziationen und Phantasien hervorlocken, die dem Erwachsenen zeigen, wo das Kind intellektuell und emotional steht. Jedes Kind hat Vorstellungen, Meinungen, Haltungen, an denen sich Erwachsene orientieren sollten. Antworten, die nicht am Hier und Jetzt des Kindes anknüpfen, überfordern es.

Und genau das ist anstrengend, denn kaum hat man eine Aufgabe erfüllt, steht schon die nächste Herausforderung an. Das Licht, das man am Ende des Tunnels zu erblicken glaubt, ist nur der entgegenkommende Zug.

«Nennt man das auch einfach ficken?»

Benedikt, ein kerniger, aufgeweckter Junge, acht Jahre, neugierig, ständig auf der Suche nach Herausforderungen, mit vielen Fragen und genauso vielen Nachfragen, kommt zu seiner Mutter, Magdalena Schneider, ins Wohnzimmer. Benedikt, so spürt sie, ist in den letzten Wochen sehr anhänglich, er kuschelt gerne, hockt auf ihrem Schoß. So auch dieses Mal. Er umarmt sie. Sie lässt die Zeitung fallen, lächelt ihn an: «Was gibt's denn, mein Schatz?»

«Mama?» Benedikt sieht sie fragend an.

«Ja, was hast du denn?» Sie drückt ihn fest an sich.

«Mama!» Er schaut sie genau an, es scheint fast so, als müsse er sich einen Ruck geben: «Mama, hast du dich gefreut, als ich in deinem Bauch war?»

Frau Schneider zuckt kurz, als sie die Frage hört.

«Was meinst du, mein Süßer?»

Benedikt richtet sich spontan auf: «Ich bin nicht dein Süßer!» Er wirkt empört: «Ich bin doch nicht schwul!»

«Benedikt, was ist mit dir los?» Die Mutter schaut ihren Sohn verunsichert an: «Sag mal, was ist los mit dir?»

«Gar nichts!» Benedikt richtet sich auf. «Sag schon! Hast du dich gefreut?»

«Aber natürlich!» Die Mutter schmunzelt: «Aber natürlich! Papa hat sich gefreut, ich auch!»

«War ich ein Wunschkind?» Benedikt fixiert seine Mutter.

«Aber natürlich. Papa und ich haben uns sehr lieb gehabt. Und dann wollten wir dich, weil wir zu dritt sein wollten!»

Benedikt kneift seine Augen zusammen, zieht seine Stirn in Falten.

«Ihr habt euch lieb gehabt?»

Magdalena Schneider drückt Benedikt an sich: «Klar, mein Schatz! Das habe ich dir doch schon viele Male gesagt!»

«Und dann?»

«Dann war Papa mit seinem Penis …»

«… in deiner Möse!»

Die Mutter setzt sich aufrecht hin: «Benedikt! Nicht dieses Wort! Es war schön mit Papa, ganz schön!»

«'tschuldigung!» Benedikt zieht seine Mutter zu sich heran:

«'tschuldigung, Mama!» Er gibt ihr einen Kuss. Sie streichelt ihn zärtlich.

«Und dann bist du entstanden. Es war wunderschön, wie Papa und ich miteinander geschlafen haben. Ich wusste damals genau, dass du kommst!»

«Mama?» Benedikt sieht seine Mutter fragend an: «Mama?»

«Ja, was ist, Benedikt?»

«Mama, was du da mit Papa gemacht hast?»

«Ja, was meinst du? Was willst du wissen?» Die Mutter klingt irritiert.

«Mama, nennt man das, was ihr da gemacht habt, auch einfach nur ficken?»

«Benedikt, ich will dieses Wort nicht hören!» Magdalena Schneider ist außer sich.

«Aber Mama, kann man nicht mit Liebe ficken? Ist doch egal, ob ihr nun miteinander geschlafen habt oder einfach nur gefickt!» Benedikt lächelt: «Hauptsache, ich bin da!» Er streichelt seine Mutter liebevoll, die verstört an die Zimmerdecke starrt.

Als Magdalena Schneider diese Szene mit einer Mischung aus ungläubigem Entsetzen und Verzweiflung in der Stimme erzählt, zuckt sie ratlos mit den Schultern: «Ich weiß nicht. Da gibt man sich wirklich Mühe, will Sexualität nicht auf den Geschlechtsakt reduzieren, will etwas von Liebe, Ehe und Vertrauen rüberbringen. Und dann so etwas!» Sie überlegt: «Ich glaube, das hat zu tun mit der sexualisierten Umwelt. Die Kinder wissen schon in frühen Jahren einfach zu viel, können das dann aber nicht einordnen. Sie sind komplett überfordert!» Dann schüttelt sie ihren Kopf: «Man hat gegen die Macht der Medien, gegen ‹Bravo›, gegen das Internet, gegen den Computer nicht den Hauch einer Chance mehr!»

Magdalena Schneider hat hier einen wichtigen Gesichtspunkt angesprochen, der weniger Anlass zur Resignation als vielmehr Ansporn sein sollte, über die Kraft der persönlichen Information, die Nachhaltigkeit des elterlichen Vorbildes nachzudenken.

Zweifelsohne führen Medien – das Fernsehen, die Video- oder DVD-Kassetten, die Zeitschriften, der Computer oder das Internet – jedes sexuelle Thema vor. Heranwachsende erfahren viel, können über manche Details haargenau berichten – auch über jene, die sie intellektuell und emotional komplett überfordern. Serien, Talk- und Gerichtsshows oder Doku-Soaps lassen Drehbücher mit vorfabrizierten sexuellen Skripten im Kopf entstehen, wie das der Sexualwissenschaftler Schmidt so treffend umschrieben hat, die dann in der Folge Trivialmythen entstehen lassen.

Da wird in den Medien
- Sexualität mit dem Geschlechtsverkehr gleichgesetzt, aufregender Sex als guter Sex verkauft,
- der Mann als der aktivere Part hingestellt,
- betont, wer über Sex Bescheid wisse, habe automatisch eine positive Einstellung dazu.

Letztlich haben diese Mythen aber die Erwartungshaltung, die man an sexuelle Beziehungen stellt, ins Unermessliche gesteigert. Frustrationen sind die Folge, wenn das, was man sich aus einer solchen Beziehung erwartet, nicht eintritt.

So bedeutsam die Medien für die Vermittlung sexueller Muster zweifellos sind – was nun nicht bedeutet, dass die Heranwachsenden alles gedankenlos annehmen, was man ihnen medial bietet –, so wichtig bleiben nach wie vor die Eltern als zentrale Bezugspersonen, auf die sich Heranwachsende verlassen wollen. Nicht zu vergessen sind die Lehrerinnen und Lehrer, die in der Sexualerziehung einen genauso bedeutsamen Platz einnehmen.

Sind die Medien die besseren Aufklärer?
Oder verwirren sie?

Zwar haben Kinder und Jugendliche in den Medien vieles gesehen und gehört – sie scheinen über Penisgrößen und Schamhaar-Rasuren, über Anal- und Oralverkehr vieles zu wissen –, trotzdem haben sie Fragen, haben sie Probleme, sind sie verunsichert, eingeschüchtert, fühlen sie sich häufig mit ihren Ängsten allein gelassen. Denn hinter mancherlei Gelassenheit und Unbekümmertheit, mit der sie sexuelle Kontakte eingehen und ausleben, steckt oft ein gehöriger Selbstzweifel, sind Minderwertigkeitsgefühle verborgen.

Was Sexual*aufklärung* übersieht oder übersehen hat, ist doch die Tatsache, dass hinter vielen Sachfragen eine Beziehungsthematik steht: «Genüge ich den Ansprüchen, die sexuell an mich gestellt werden oder die ich mir selber stelle?»

Da will der 15-jährige Michael wissen, ob er mit seinem Penis, der gerade mal eine Länge von 14 cm aufweist, wenn er steif ist, seine Freundin befriedigen kann. Freunde hänseln ihn, weil sie ihn als einen «impotenten Versager» bezeichnen, der wohl nie wegen seines «kleinen Schwanzes» eine Freundin bekommen würde.

Michael geht deshalb ängstlich auf Mädchen zu, traut sich nicht, obgleich er «Lust hat, mit Romana zu schlafen». Er lächelt: «Und sie mit mir!» Petting hätten sie schon gemacht: «Aber ich hab immer meine Hose angelassen, damit sie meinen kleinen Steifen nicht sieht!»

Als er in der Beratung erfährt, dass sich die meisten Empfindungsnerven im ersten Drittel der Scheide und außerhalb an der Klitoris befinden würden, die Größe und Dicke des Penis mithin keine Bedeutung für das lustvolle Erleben von Sexualität habe, fällt ihm eine Last von den Schultern.

Romana habe zwar immer betont, wie toll sie ihn finde, aber «vielleicht hat sie das eben nur so dahingesagt!». Michael schaut gedankenverloren: «In den Aufklärungsbüchern siehst du nur diesen wohlgeformten Penis, aber wenn du dir dann deinen in natura anschaust, dann kriegst du schon 'nen Schreck!»

Es sind die vermeintlichen körperlichen Defizite, die verunsichern und verängstigen: Bei den Jungen ist es häufig die Penisgröße, bei Mädchen der Brustumfang oder – wie bei der 15-jährigen Mareike – die «Form der Schamlippen, die man kaum sehen kann. Kann ich damit auch Lust empfinden?», will sie wissen. Und: «Weiß das auch der Junge, mit dem ich vielleicht mal schlafen werde, oder findet der das doof und zieht sich von mir zurück?» Mareike überlegt: «Ich hatte da eine Broschüre, da waren die Schamlippen so schön abgebildet. Dann denke ich, das erwartet auch ein Junge von mir! Und wenn er es nicht so vorfindet, bin ich für ihn dann vielleicht verkrüppelt oder behindert?»

Die Pubertierenden wissen viel – nicht zuletzt dank einer gelungenen Sexualaufklärung, die das Biologisch-Medizinische umfassend und methodisch kompetent aufbereitet in den Vordergrund ihrer Bemühungen gerückt hat. Die mit dem Wissen und Sachinformationen einhergehenden Gefühle – also häufig Ängste und Verunsicherungen – bleiben manchmal ausgeblendet, werden weniger thematisiert.

Wenn immer es im Sexualwissen der Heranwachsenden Defizite gibt, dann wird schnell die Forderung nach noch mehr sexualerzieherischen Informationen, einer noch ideenreicheren, kreativeren Wissensvermittlung laut. Aber nicht Quantität ist das Gebot der Stunde, vielmehr eine Qualität, die sich an den Fragen, den Lebens- und Alltagswirklichkeiten, an den Sorgen und Nöten der Heranwachsenden orientiert. Erst wenn sich Jugendliche in ihrer Körperlichkeit mit den kleinen «Macken», die sie so liebenswert und einzigartig machen, angenommen fühlen, können sie auch andere annehmen. Gegenseitige Annahme ist die Basis für eine sexuelle Beziehung, die von Respekt und Rücksichtnahme geprägt ist.

Sexualerziehung ist auch Werteerziehung

Sexualerziehung ist kein Sonderthema in der Erziehung von Kindern und Jugendlichen. Erziehung hat mit Beziehung zu tun. Man kann nur erziehen, wenn man in Beziehung zu jemandem lebt, wenn man Halt und Geborgenheit gibt, die Sehnsucht nach Zugehörigkeit und Angenommenwerden erfüllt. In der Sexualerziehung geht es um Selbstwertgefühl und die Akzeptanz des eigenen Körpers, um Toleranz und Mitgefühl, um Einfühlungsvermögen, um das Kennen eigener sexueller Bedürfnisse und die Bereitschaft, die sexuellen Bedürfnisse – also auch das «Nein!» – anderer bedingungslos zu akzeptieren.

Sexualerziehung ist eben auch Werteerziehung und damit zugleich einer großen Gefahr ausgesetzt. Man überfordert sie und die mit der Sexualität einhergehenden Bedürfnisse. Gelungene Sexualität wird vorschnell mit Halt und Geborgenheit gleichgesetzt. Wenn manche Heranwachsende heutzutage früher miteinander schlafen, eben «ins Bett gehen» oder «in die Kiste steigen», und sich dabei unvorsichtig – eben ohne Verhütung – hingeben, so kann man darin durchaus eine Sehnsucht nach Nähe, nach Zärtlichkeit, nach Aufgehobensein erkennen. Viele Jugendliche – wenn auch nicht alle – wissen viel über Verhütung, sind darüber genau aufgeklärt – und trotzdem findet der erste Geschlechtsverkehr bei 20 % aller Mädchen und Jungen ohne Verhütung statt, weil man meint, «beim ersten Mal» passiere schon nichts.

17

Die Folge sind ungewollte Teenagerschwangerschaften – mit allen daraus sich ergebenden dramatischen Konsequenzen. Während die Zahl der Abbrüche bei den über 25-Jährigen rückläufig ist, stellt sich die Situation bei den 15- bis 18-jährigen Mädchen anders dar. 6 % aller Abbrüche entfielen 2002 auf minderjährige Mädchen, zwischen 1996 und 2004 gab es einen Anstieg der Abbrüche um über 60 %.

Es ist also eine widersprüchliche Situation, in der sich Sexualerziehung befindet: Es hat sich durch Sexualaufklärung ein ungeheures technisches Wissen aufgebaut, das aber viele Heranwachsende in konkreten Situationen nicht oder nur wenig umsetzen. Es gibt Erwachsene, die beklagen, es werde zu viel über Aufklärungstechniken geredet, zu wenig von Gefühl und Liebe. Da sind dann andere, die sich in Sprache und Bild alltagsnah und am Kind orientiert darstellen und dabei den (sexual-)pädagogischen Zeigefinger vergessen lassen möchten, übersehen dabei nicht selten zwischenmenschliche Beziehungen und Gefühle. Manche Eltern sind wieder über (Bilder-)Bücher und Broschüren, über Schule und Kindergarten froh, die die Aufklärungsarbeit übernehmen – manchmal mehr schlecht als recht, bemüht und verkrampft, dann wieder mit viel Engagement. Wieder andere Eltern tun ihr Bestes, lesen Bücher, nehmen an Seminaren teil, um ihrem Kind die best- und frühestmögliche Aufklärung zukommen zu lassen.

Um nicht missverstanden zu werden: Ich verkenne oder übersehe keineswegs die vielen gekonnten Bemühungen in Elternhaus, Schule und Kindergarten um eine angemessene Sexualaufklärung von Kindern. Aber ich bemerke nicht selten ein verkrampftes Bemühen und verkopftes Angestrengtsein. Nach meiner Einschätzung bleiben – als Quintessenz aus Beratung und Seminaren – Zeit und Gelassenheit, der Mut zum Fragmentarischen und zur Überraschung auf der Strecke, ganz nach dem Motto: Man will es schließlich allen recht machen, und es soll keiner sagen, man habe etwas nicht bedacht.

Wenn Kinder und Jugendliche etwas über Sexualität wissen wollen, dann geht es ihnen nicht allein um «die Sache», sondern zugleich oder oft ausschließlich um Beziehungen, dann sprechen Heranwachsende ihre Ängste, Unsicherheiten und Unklarheiten mit an. Je weniger Erziehende diese Doppelperspektive wahrnehmen, je mehr sie die Beziehungskomponente in ihren Antworten ausblenden, umso konflikthaltiger kann die Sexualerziehung sein.

Sexualerziehung ist niemals abgeschlossen, sie stellt sich als lebenslange Aufgabe dar: erst im Kindes-, dann im Jugendalter, später in den unterschiedlichsten Phasen der Partnerschaft bis hin in das hohe Alter. Jedes Lebensalter, jeder Lebensabschnitt bringt neue, veränderte Erfahrungen mit sich. Natürlich werden im Kindesalter wichtige Erfahrungen gemacht, zweifelsohne ist die Pubertät ein zentraler, nachhaltiger Einschnitt – aber Sexualerziehung ist damit nicht am Ende angekommen: Dieses Wissen könnte Eltern und Erziehende entlasten und dazu führen, Kinder wie Kinder und nicht wie kleine Erwachsene aufzuklären, ihnen und sich bei den Antworten Zeit zu geben. Dies meint nicht, Kinder auf ein imaginäres «Später» zu vertrösten, sondern ihnen Antworten zu geben, die ihrem Erfahrungs- und Entwicklungsstand entsprechen. Weniger ist manchmal mehr und Gelassenheit ein besserer Begleiter als guter Wille.

Gelassenheit meint nicht Gleichgültigkeit, und der Verweis auf das Recht des Kindes auf Kindsein bedeutet nicht Kindertümelei – aber Gelassenheit bewahrt vor Erziehungsstress, davor, dass aus dem «Ich mein es doch nur gut mit dir» ein sexual-aufklärerischer und -erzieherischer Hochleistungssport wird.

Wer mit Kindern zu tun hat, dem begegnen ständig zwei Personen: das Kind in mir und das Kind vor mir. Je mehr ich Versäumnisse der eigenen Kindheit am Kind vor mir gutmachen oder kompensieren will – «Bloß nicht den sexualfeindlichen Mief des Elternhauses wiederholen!» –, desto aufgesetzter sind die Ergebnisse, umso weniger wird das Kind in seinem Hier und Jetzt angenommen, umso wahrscheinlicher ist, dass eine Erziehungsbeziehung entsteht, die an die Realisierung eines Lernzielkataloges erinnert.

Wissensvermittlung gegenüber Kindern – gerade im Bereich der Sexualität – muss klar und offen sein, doch wichtiger als die Vermittlung allgemeiner «Wahrsätze» oder naturwissenschaftlicher Erkenntnisse ist Wahrhaftigkeit und Authentizität, ist Konkretheit und Anschaulichkeit, ist das Bemühen, den Sinn und den Hintersinn kindlicher Fragen zu erfassen. Diese Haltung bietet Gewähr, auf die Sachfragen und Emotionen der Kinder einzugehen.

Denken Sie daran: Es gibt auch schwierige Phasen im Zusammenleben, z. B. in der Pubertät, in denen keine allzeit gültigen Patentlösungen möglich sind. Ermutigung und Trost können sich aus der Einsicht ergeben: Diese schwierigen Zeiten gehen einmal vorbei, wenn die Beziehungen zwischen Eltern und Kindern stimmen. Auch wenn manche Heranwachsende alles gesehen haben, bleiben die Eltern, bleibt die Lehrerpersönlichkeit wichtiger als die Medien, als Zeitschriften und Fernsehen, als Computer oder Internet, weil sie jene Nähe und jene Geborgenheit verkörpern, die die Heranwachsenden brauchen, um ihre Fragen zu stellen, im Vertrauen darauf, angemessene Antworten zu erhalten. Auch dies sollten Sie bedenken, wenn Sie dieses Buch lesen.

Sexuelle Entwicklung von Kindern und Jugendlichen

Sexualerziehung ist nicht Vorbereitung auf ein imaginäres Später; Sexualerziehung vollzieht sich im Hier und Jetzt. Nur so können sich Heranwachsende mit ihren Bedürfnissen und Wünschen, mit ihren Fragen, Sorgen und Nöten angenommen fühlen: Ein Säugling bedarf einer anderen Begleitung als ein Kleinkind, ein Kindergartenkind stellt neue Fragen und verlangt nach entsprechenden Antworten, das Kind im Schulalter zeigt wieder differierende Verhaltensmuster, auf die es angemessen einzugehen gilt. Ein pubertierender Junge ist mit anderen sexuellen Themen und Erfahrungen konfrontiert als ein junges Mädchen in dieser Entwicklungsphase und will entsprechend angenommen sein.

Dabei verstehe ich unter Begleitung nicht, Heranwachsende wortwörtlich an die Hand zu nehmen. Begleitung meint, Halt und Orientierung zu geben, dann da zu sein, wenn man als Erwachsener gebraucht wird – doch Heranwachsenden zugleich genügend Zeit und Raum zu geben, sich zu entwickeln und ganz eigene Erfahrungen zu machen.

Damit Eltern und Pädagogen ihre verantwortungsvolle Aufgabe wahrnehmen können, ist ein Wissen über sexuelle Entwicklung vom Säuglingsalter bis in die Pubertät hinein unabdingbar. Nur so kann man erkennen, was Ausdrucksformen der sexuellen Entwicklung sind, nur so kann man normale von nicht normalen sexuellen Themen unterscheiden lernen. Schon jüngere Kinder haben Lustgefühle, die sich aber von denen der Erwachsenen unterscheiden. Sie kennen noch nicht sexuelle Begierde, die dann in der Pubertät erwacht. Aber männlichen Babys wird der Penis schon steif, genau wie die Vagina bei kleinen Mädchen feucht wird, die Klitoris gereizt sein kann.

Kinder sind von Anfang an sensible Wesen, die sich an ihren Lustgefühlen erfreuen: Der Säugling sucht den Hautkontakt, stellt über den saugenden Mund Nähe zu anderen Menschen her, das Kindergartenkind kann ein kleiner «Analerotiker» sein, indem es mit seinem Stuhl im Darm spielt: Mal lässt es los, mal hält es fest. Oder es schafft sich eine eigene Intimsphäre, in der es seinen Körper in Doktorspielen begreifen lernt.

Das Schulkind erweitert seine sexuellen Ausdrucksformen, um Lust zu empfinden, es macht ganz eigenständige Körpererfahrungen. Selbstbefriedigung steht hoch im Kurs, genauso wie grenzüberschreitende Provokationen mittels Pornographie oder eine ungebührliche Fäkalsprache. In der Pubertät verändert sich der Körper komplett: Der erste Samenerguss, die erste Regel. Sexualität wird ausprobiert und praktiziert: Küsse, Schmusen, Streicheln, Petting, schließlich – aufregend genug – «das erste Mal».

Aber es gibt «rote» Fäden, die sich durch alle Entwicklungsphasen durchziehen. Sexualität hat zu tun mit der Wertschätzung des eigenen Körpers und der Achtung vor dem Körper des anderen. Sexualität erfordert Rücksichtnahme und Respekt.

Schmusebär und Trotzkopf
Vom Säugling zum Kleinkind

Der Mensch – so die alltägliche Beobachtung von Eltern und das Ergebnis von vielen wissenschaftlichen Untersuchungen – hat vom ersten Tag an sexuelle Gefühle. Sexualität fängt bereits mit der Geburt an. So leicht sich diese Feststellung schreibt, sie ist für viele nicht einfach zu akzeptieren. Sexuelle Handlungen und Reaktionen – gerade von Babys oder Kleinkindern – werden übersehen, nicht wahrgenommen, gar tabuisiert.

Lange Zeit – bis in die Gegenwart hinein – war es allgemeine Meinung, Kinder hätten keine sexuellen Gefühle und deshalb habe man sie so lange wie möglich von allem fern zu halten, was auch nur im Entferntesten mit Sexualität zusammenhängt oder die sexuelle Neugier eines Heranwachsenden wecken könnte. Sexualerziehung war eben nicht vonnöten oder wurde als Kampf gegen etwas inszeniert, was es nicht zu geben hat. Man betrachtete Kinder als a-sexuelle Wesen. Lust- und Körperfeindlichkeit war oberste Prämisse. Alles, was man mit Sinnlichkeit in Zusammenhang bringen konnte, war verpönt oder untersagt.

Dabei können Babys vom ersten Schrei an nicht nur durch ihre Geschlechtsorgane, sondern durch ihren Körper Lust empfinden. Sie sind entsprechend neurophysiologisch ausgestattet.

Sigmund Freud nannte Säuglinge und Kleinkinder «polymorph pervers» – ein sehr nüchterner Ausdruck, der die Empfindungen der Kinder bis zum zweiten Lebensjahr eher abstrakt umschreibt. «Polymorph pervers» – mit vielgestaltig empfindend oder veranlagt positiv übersetzt – umschreibt die Fähigkeit der ganz «Kleinen», sich über Mund- und Hautkontakt Lustgefühle zu verschaffen.

Mit dem Mund erobert und erkundet es seine Welt: Die Finger werden in unendlichen Wiederholungen in den Mund gesteckt, der Daumen landet im Mundwinkel, und es wird – mal versonnen, mal heftig – daran genuckelt, verschiedene Gegenstände – mal große, mal kleine – werden mit den Lippen abgetastet und wie die Kuschelpuppe mit Speichel benetzt, damit sie zu unverwechselbaren Objekten der Beruhigung und Begierde werden.

Mit dem Mund saugt das Baby an der mütterlichen Brust, später an der Milchflasche. Der Hautkontakt, das liebevolle Streicheln gibt dem Kind das Gefühl der Geborgenheit, des Gehaltenwerdens, des Aufgehobenseins. Das Baby wird gebadet, gewickelt, eingecremt. Arme und Beine, Brust und Rücken, der Po, die Scheide oder der Penis werden vorsichtig berührt, vielleicht liebkost, alles begleitet von einem elterlichen Lächeln. Das Kind fühlt sich wohl, mit seinem ganzen Körper angenommen. Es entspannt sich, lässt sich fallen, lächelt zurück, will immer mehr in unendlichen Wiederholungen. Alle Lust will Ewigkeit.

Fehlt die körperliche Berührung, erlebt das Kind keine Zärtlichkeit, kann es das als Ablehnung, Abneigung oder unpersönliche Distanz deuten. Nur über den Hautkontakt erfährt der Säugling Liebe, Nähe und Zuneigung. Die Wärme kann durchaus stimulierend sein. Mancher Junge bekommt eine Erektion. Doch ist solch «reflexhafte sexuelle Reaktion» – so die Psychologin Bettina Schuhrke – allerdings schon im vorgeburtlichen Zustand zu beobachten.

«Als Jonas etwa drei Monate alt war, hat der mit einem Mal einen steifen Penis», erzählt eine Mutter. «Ich war ziemlich irritiert. Ich dachte, was das denn zu bedeuten habe? Und als mein Mann das sah, lachte der nur. Das ginge bei dem ja schon früh los. Aber im Grunde genommen war der genauso irritiert wie ich!» «Als ich das mal einer Freundin erzählte, dass

Arne mit zwei Monaten schon einen kleinen Ständer hatte»,
erinnert sich eine andere Mutter, «da sagte meine Schwiegermutter, ich solle einen kalten Waschlappen drauf legen, dann
würde das schnell vergehen!»

«Reflexhafte sexuelle Reaktionen» sind Zeichen für eine
normale emotionale und körperliche Entwicklung, in der sich
das Kind wohl fühlt.

Erektionen haben nichts mit sexuellem Begehren zu tun,
sondern deuten auf drei ganz unterschiedliche Hintergründe
hin:

- Die Erektion, bei Mädchen ist es die feuchte Vagina oder
  die leicht gereizte Klitoris, kann darauf hinweisen, wie aufgehoben sich das Kind fühlt. Wenn diese sexuelle Regung
  unterbleibt, ist das aber noch längst kein Hinweis darauf,
  dass sich das Kind abgelehnt oder ungeliebt vorkommt.

- Eine Erektion kann ganz vordergründig auf eine volle
  Harnblase oder ein dringendes Bedürfnis: «Ich muss mal!»
  hindeuten.

- Schließlich haben Erektionen mit starken Muskelanspannungen zu tun, wie sie in Stresssituationen, bei gefühls-
  mäßigen Unsicherheiten oder physiologischer Unruhe
  auftreten. Solche Erektionen weisen darauf hin: «Ich habe
  Angst!» oder: «Ich fühle mich nicht wohl!»

Mitte des ersten Lebensjahres kommt es – vor allem bei Jungen – zu ersten, meist zufälligen Berührungen der Genitalien.
Diese eher spielerischen Berührungen, die bei Mädchen etwas
später beginnen, verändern sich um den zwölften Lebensmonat in eine durchaus bewusste, mit Absicht herbeigeführ-
te Stimulation. Das Kind genießt dies – allerdings sollte man
dann nicht von Selbstbefriedigung reden.

Das Berühren der Genitalien geht freilich mit Symptomen
körperlicher Erregung einher: Die kleinen Kinder lächeln ver-

sonnen, die Haut rötet sich, viele fangen an zu schwitzen, das Gesicht weist eine lustvolle Mimik auf, und aus dem Mund ertönen wohlige Laute. Dabei überrascht viele Erwachsene die Heftigkeit, mit der sich die kleinen Kinder stimulieren. «Wie der seinen Penis in die Länge gezogen hat», schüttelt die Mutter des zweijährigen Jannik den Kopf, «also ich dachte, der reißt sich seinen Zipfel ab. Das tut doch weh, habe ich zu ihm gesagt, aber der hat nur gegrinst und ihn noch länger gezogen. Also ich weiß nicht! Das geht doch auch behutsamer!» «Meine Anna», lächelt die Mutter, «die hat ja keinen Penis, an dem sie zupfen kann, aber die ist nun knapp zwei, holt sich ihren Teddy, den presst sie zwischen die Schenkel und ab geht die Post: Sie schaukelt, sie schaukelt sich hoch, sie steigert sich da völlig rein! Knallrotes Gesicht, Schweißperlen auf der Stirn! Das kann man kaum glauben, wie die sich da reinschafft!» Ob nun Säuglinge oder kleine Kinder schon orgasmusfähig sind – wie der Sexualforscher Kinsey vermutet hat – oder ob die Selbststimulation dazu benutzt wird, einen als angenehm empfundenen Erregungszustand herzustellen, die Motive für die Selbstbefriedigung in diesem Alter sind ebenso vielschichtig wie vielfältig:

- Die Masturbation dient dazu, auf eine selbst bestimmte Art und Weise lustvolle, intensiv erlebbare Gefühle herzustellen, sich an diesen Emotionen zu berauschen, sich in ihnen zu verlieren. «Wenn ich diese glasigen Augen meines Sohnes sehe, wenn er die Vorhaut hin- und herschiebt, dann wird mir angst und bange», berichtet die Mutter des zweijährigen Michael. «Der ist völlig unansprechbar!»

- Manche Kinder befriedigen sich, um sich zu beruhigen, Spannungen abzuleiten, eine ausgeglichene physiologische Balance herzustellen. «Immer wenn mein Benjamin irgendwie besonders aufgeregt war», so beobachtet die Mutter ihren zweijährigen Buben, «dann zieht er sich zurück, spielt an seinem Penis und kommt wie verwandelt zurück.» «Genau, das bemerke ich auch», lächelt die Mutter der zweijährigen Tina. «Da ist sie wegen irgendetwas völlig aufgedreht, da nimmt sie sich ihr Kuscheltier, rubbelt darauf herum, wie verrückt, hin und her und her und hin. Sie atmet immer schneller, immer schneller. Mit einem Mal bricht sie ab, legt sich hin, Daumen in den Mund, und dann pennt sie plötzlich ein!»

Häufiges Onanieren kann aber – besonders ab dem dritten Lebensjahr, wenn es nicht in einem intimen Rahmen geschieht, sondern vor aller Augen und Ohren, ein Hinweis auf eine unbefriedigende, unausgeglichene, spannungsvolle und emotionale Lebenssituation sein. Das Kind macht dann durch sein öffentliches Handeln darauf aufmerksam.

Jungen befriedigen sich früher als Mädchen

«Am Penis zu ziehen oder ihn zu rollen», so Bettina Schuhrke, «mag für Jungen besonders stimulierend sein, für Mädchen ist es vor allem ein Hin- und Herschieben des Gewebes der Genitalregionen, das Reiben und das Ausüben von Druck.» Dabei kann man im Masturbationsverhalten durch Erziehung bedingte Unterschiede zwischen Jungen und Mädchen festmachen. Jungen greifen ihren Penis früher an als Mädchen ihre Klitoris. Buben entdecken ihr Glied schneller als ein Körperteil, mit dem man sich selber Lust bereiten kann. Mädchen weisen demgegenüber häufiger – wie die Sexualwissenschaftlerin Stein-Hilbers formuliert – ein «indirektes Stimulationsverhalten» auf. Sie benutzen Puppen oder Stofftiere, sie nehmen Gegenstände zwischen die Oberschenkel und pressen diese zusammen. Während die Jungen ihren Penis unmittelbar berühren, stimulieren Mädchen ihre Klitoris weniger direkt. Sie bleibt als wichtiger Punkt sexueller Empfindungen für viele Mädchen ebenso unklar wie unbenannt.

Während für die Jungen der Penis für Lust und «gute» Gefühle steht, bleibt die Klitoris für die Mädchen – im wahrsten Sinne des Wortes – unbegriffen. Mädchen erfahren manches über die Vagina, ihre Scheide – alles andere wird häufig nicht oder nur diffus angesprochen. So kommt es nicht von ungefähr, wenn es umgangssprachlich viele Bezeichnungen für die Geschlechtsteile von Jungen gibt, aber nur wenige für die von Mädchen. Und es fällt auf, dass es Erwachsenen oft leichter fällt, die Genitalien von Jungen zu benennen als jene von Mädchen.

Jungen fühlen sich mithin in ihrer Körperlichkeit – und dazu gehört nun einmal der Bereich «unterhalb der Gürtellinie» – mehr angenommen als viele Mädchen.

«Bei Jungen siehst du den steifen Penis», hat es einmal eine Mutter ausgedrückt, «aber die feuchte Vagina des Mädchens, die gereizte Klitoris, die merkst du einfach nicht?»

Sauberkeitserziehung –
«Mein Kot und Harn gehören mir!»

Ein anderer Abschnitt berührt nicht unerheblich die sexuelle Entwicklung des Kleinkindes: Es ist die Sauberkeits- oder Reinlichkeitserziehung, die um den zweiten Geburtstag häufig beginnt. Sie bedeutet – für Jungen wie für Mädchen – eine wichtige Zäsur. Kinder werden sich in dieser Zeit ihrer körperlichen Kräfte bewusst: Sie können loslassen – aber sie können eben auch nicht. Keine Macht der Welt – höchstens ein ihre Macht brechender Einlauf – bringt sie dazu, ihr Geschäft in den Topf zu machen! Aber wenn sie den Schließmuskel öffnen, dann landet ihre «Produktion» in der Windel, in der Hose, auf dem Boden oder sonst wo. Kinder machen in dieser Zeit sehr widersprüchliche Erfahrungen: Da sitzen sie auf dem Topf, lassen den «Stuhl» los, alles jubelt ob des Häufchens, das da im Gefäß landet, keiner verzieht das Gesicht ob des zum Himmel stinkenden «Geschäfts», alle sind irgendwie zufrieden. Und während das Kind noch so dasitzt, sich wundert ob dieser merkwürdigen Erwachsenen, die so etwas nur hinter verschlossenen Türen machen, kommen Vater oder Mutter, nehmen den Topf und entleeren ihn genau hinter jener Tür, hinter der sie sonst sitzen, leeren ihn in der Toilette aus, bedienen die Spülung – und weg ist die selbst vollbrachte «Produktion». Was eben noch Objekt des Jubels und der Anerkennung war, verschwindet nun im Dunkel der öffentlichen Kläranlage. «Scheiße!», denkt das Kind, setzt sich nicht oder lange nicht auf die große Schüssel, weil es glaubt, hineingesogen zu werden in das dunkle, unheimliche Loch.

Während die einen dann doch lieber mit ihrer «Produktion» – ähnlich dem Matsch aus Sand – spielen, sie auf Wände und Teppiche lustvoll verteilen, in Kuchenformen pressen, halten andere den Kot – aber auch den Harn – zurück. Der After wie der Penis werden zu erogenen Zonen, mit denen man dominieren, mit denen man Autonomie ausdrücken und beweisen kann. Man kann den Kot einfach zurückhalten, ihn bis zum Schließmuskel vorlassen und dann zurückpressen. Dies ist für manche Kleinkinder eine angenehme, durchaus erotische Erfahrung, die zudem den Vorteil hat, den Eltern die Grenzen ihrer Macht zu zeigen.

So notwendig eine behutsame Erziehung zur Sauberkeit ist, eine Erziehung, die sich am Entwicklungstempo des Kindes orientiert und Unterschiede von Kind zu Kind berücksichtigt, so klar muss allen Erziehungsverantwortlichen sein: Das Kind entscheidet letztlich, ob es sauber und trocken werden will – oder (noch) nicht. Damit übt es zugleich seinen Willen aus, verdeutlicht es sein Drängen nach Unabhängigkeit, Selbständigkeit und Autonomie: «Mein Körper und alles, was damit zusammenhängt, eben auch meine Kacke und mein Pipi, gehört mir!»

Kleinkinder fragen noch nicht so viel, wollen noch nicht so

viel wissen, aber sie möchten in ihrer Körperlichkeit, ihrer Lust nach Berührung, nach Hautkontakt ernst- und angenommen werden. Sie möchten erleben: Es ist normal, wenn ich Penis und Scheide berühre, es ist okay, wenn ich dabei schwitze, mich errege, es ist ärgerlich, aber verständlich, wenn ich mein Geschäft zurückhalte, weil die Eltern mir ja auch nicht jeden Wunsch sofort erfüllen. Und dann ist da noch die Botschaft der Kinder an die Erwachsenen: Ich bin nicht euer Schmusebär! Respektiert, wenn ich mich nicht immer anfassen lassen mag! Achtet mein Recht auf körperliche Integrität!

Halt mich, aber lass mich los!
Das Kindergartenkind

Zwischen dem dritten und vierten Geburtstag wächst das Interesse und die Neugierde an sexuellen Themen und Bezügen. Die Kinder stellen nun Fragen, sie haben ein Bedürfnis, sich gegenseitig zu berühren, sich nackt zu zeigen und anzuschauen.

Mädchen durchleben das «Prinzessinnen-Alter», Jungen identifizieren sich mit allem, was stark, mächtig und unzerstörbar ist. Sie vergleichen ihre Körper, wollen, dass er bewundert wird: Mädchen machen sich schön, ziehen sich sorgfältig an, bekommen eine «Krise», wenn ein Kleid oder eine Hose nicht passt, kämmen ihr Haar, bringen es in Form, auch erste zarte Schminkversuche kann man feststellen. Jungen lassen mal die Muskeln spielen. Waffen aller Art – ob nun selbst gebastelte oder vorgefertigte – erhalten eine ungeheure Faszination.

Zur Schaulust gesellt sich die Zeigelust: Mädchen zeigen in dieser Zeit manchmal die Scheide, Jungen mit Stolz ihren

Penis. Dabei fällt auf: Jungen können ihre Geschlechtsteile früher sprachlich benennen als Mädchen.

Trotzdem wird die Geschlechtszugehörigkeit, die sich in dieser Entwicklungsphase ausbildet, nicht so sehr an Genitalien festgemacht als mehr an jenen äußeren Attributen, die Jungen von Mädchen und Mädchen von Jungen unterscheiden: an der Länge der Haare, der Art und Weise der Bewegung oder an der Bekleidung.

Wenn auch die Geschlechtsteile für die Bestimmung der Geschlechtszugehörigkeit für die Kinder nicht vorrangig ist, so beginnt parallel dazu die genitale Sexualität: Sie spielen mit ihren Genitalien – der Junge mit dem Penis, das Mädchen mit dem Kitzler –, um sich lustvolle Momente zu bereiten, die durchaus zu einem Orgasmus führen können, der dem von Erwachsenen nahe kommt, ohne dass freilich Flüssigkeit abgesondert wird.

Penis und Hodensack, Vagina und Klitoris und alles, was damit physisch und physiologisch verbunden ist, gewinnt an subjektiver Bedeutung. Sexuelle Neugierde erwacht – nicht allein, weil das Kind von einer sexualisierten Umwelt dazu «verführt» wird. Das Kind wird physisch reifer, wächst auch in emotionaler Hinsicht, es stellt sich Fragen, auf die es Antworten haben möchte. Kinder sind nicht nur wundersame Philosophen, die nach dem Weg fragen, sie wollen wissen, wo dieser Weg begonnen hat, woher sie kommen. So entstehen mit einem Male konkrete Fragen nach Zeugung, Schwangerschaft und Geburt, die zwischen dem vierten und fünften Geburtstag immer intensiver werden. Aber Kinder wollen auch erfahren, wo sie waren, bevor sie zu ihren Eltern kamen.

«Ich war vor meiner Geburt ein Schmetterling!»

Kindergartenkinder besitzen eine magisch-phantastische Weltsicht, die sich komplikationslos in ihr Bild von Realität einpasst. Deshalb sind sie nicht unbedingt an biologisch-medizinischen Sachverhalten (der Sexualität) interessiert, sie wollen nicht die (naturwissenschaftlich) richtige, sie wollen die wahre, die wahrhaftige Antwort, die ihrer Auffassung von Wirklichkeit mehr entspricht.

Auf die Frage, wo sie wohl vor der Geburt gelebt haben, antworten einige Kinder so: «Ich war vorher auf einer Wolke» (Sabine, vier Jahre), «Ich habe hinter dem Mond gelebt, ganz weit weg» (Susanne, fünf Jahre), «Ich war ein bunter Schmetterling» (Raphael, fünf Jahre), «Ich war im Himmel bei Petrus, und der hat mich zu meinen Eltern geschickt» (Beatrice, fünf Jahre), «Mich hat der Weihnachtsmann mitgebracht oder der Nikolaus. Ganz genau weiß ich das nicht» (Simon, vier Jahre).

So ist das Wissen «über Geburt und über reproduktive Vorgänge bei vielen Kindergartenkindern», so die Sexualforscherin Stein-Hilbers, «höchst unzutreffend und mit verwirrenden Körpererfahrungen verbunden. So glauben Kinder zwischen drei und sechs Jahren zum Beispiel, dass Babys aus dem Penis des Mannes kommen, dass Mädchen einen Penis haben, dass Frauen aus der Vagina defäkieren, dass Schwangerschaften das Produkt unmäßigen Essens sind, dass die Geburtsöffnung für Jungen der Bauchnabel und die für Mädchen die Brust sei, dass Ärzte Frauen bei der Geburt aufschneiden. Auch ältere Kinder haben oft sehr phantastische Vorstellungen über die Geburt, die Bedeutung des Anus oder anderer Organe im Hinblick auf reproduktive Vorgänge.»

Doch zugleich fällt auf: Bekommen Kinder keine ihnen angemessenen Antworten auf ihre eindringlichen und nachbohrenden Fragen (z. B. zur Zeugung, zur Schwangerschaft oder zu den Genitalien), dann haken sie so lange nach, bis ihre Wissbegierde zufrieden gestellt ist. Aber abstrakte, wortreiche Antworten allein genügen meist nicht, um den kindlichen Wissensdurst wirklich zu befriedigen. Begreifen geht über greifen – dieser Grundsatz gilt für die Sexualität genauso:

■ Da beteiligen Kinder sich mit einem Mal an Doktorspielen. Ein Kind übernimmt die Rolle des Doktors, ein anderes die des Patienten. Doktorspiele stellen eine Möglichkeit dar, etwas über das andere Geschlecht zu erfahren. Allerdings wird der Genitalbereich häufig nicht als erster Körperbereich untersucht. Wenn das Doktorspiel eine Balance besitzt, also kein Machtgefälle (zum Beispiel älteres Kind – jüngeres Kind) aufweist, gehen die Kinder meist behutsam, sehr vorsichtig miteinander um, sind darauf bedacht, sich nicht zu verletzen, sie wechseln auch wie selbstverständlich die Rollen. Das oberste Prinzip der Doktorspiele muss deshalb Freiwilligkeit sein. Kein Kind darf überredet oder gezwungen werden, daran teilzunehmen. Ansonsten verliert das Tun seinen spielerischen Charakter. Ein zweiter Grundsatz umfasst die körperliche Integrität der teilnehmenden Kinder. Keinem Kind darf in irgendeiner Weise Schaden zugefügt werden, indem man Körperöffnungen (zum Beispiel die Scheide oder den Po) mit Gegenständen manipuliert.

■ Im Kindergartenalter tauchen Schimpfworte, «schmutzige» Lieder, Witze und Reime auf. Häufig verstehen Kinder deren Inhalt nicht, aber an den Reaktionen der Erwachsenen erkennen sie deren grenzüberschreitenden, provokativen Sinn. Und haben sie diesen erst einmal wahrgenommen, dann erhalten diese Worte, Witze und Reime einen ungeheuren Reiz. Alles ist dann nur «blöde», «Scheiße», «Kacka» oder «Pipi». Je hektischer Eltern oder Erwachsene darauf reagieren, umso mehr spielen Kinder mit diesen Begriffen auf einer Klaviatur, die nur sie beherrschen.

«Hallo, du Arschgeige»

Tim, dreieinhalb Jahre, besucht seit acht Wochen gerne den Kindergarten. Alle sind sehr nett, zuvorkommend zu ihm, dem «Nesthäkchen». Für die «Kleinen» hat der Kindergarten Paten gesucht, die die «Neuen» in den ersten Wochen betreuen, ihnen helfen, sich einzuleben und zurechtzufinden. Tims Pate heißt Carlo, etwas über sechs Jahre alt, schon seit drei Jahren in der Einrichtung. Er weiß, «wie der Hase läuft», kennt alle Vorzüge seiner Erzieherinnen, aber natürlich auch deren Schwächen. Carlo nimmt seine Aufgabe sehr ernst, Tim im wahrsten Sinne des Wortes an die Hand. Und deshalb kommt Tim gerne, weil er sich unter den gleichaltrigen Kindern mehr als wohl fühlt.

Nach Hause darf er – begleitet von anderen Kindern – schon alleine gehen. Das gefällt ihm, weil er sich dann fast wie ein «Großer» vorkommt. Nur seine Mutter nervt ihn ein bisschen.

Denn wenn sie ihn sieht, fragt sie ständig: «Und was habt ihr heute gemacht?» «Gespielt!», antwortet Tim dann. «Was, nur gespielt?!», meint sie leise: «Nichts gebastelt? Nichts gemalt? Ja, so ist es denn wohl nun mal!»

Und so kommt es, dass Tim nie etwas aus dem Kindergarten mit nach Hause bringt – keine gebastelte Laterne, keine Zeichnung, rein gar nichts. Tim ist das ziemlich egal: Spielen, toben, andere Kinder beobachten – das ist ohnehin viel besser.

Eines Tages hört Tim, wie Carlo zur Magdalena ganz beiläufig: «Du Arschgeige!» zischt. Und Magdalena hatte dafür nur eine wegwerfende Handbewegung übrig, so als wolle sie sagen: «Selber eine!»

34

So ein Wort hatte Tim noch nicht gehört. Das Wort «Arsch!» hatte er mal von seinem Vater vernommen, als der im Auto fuhr und sich ärgerte; die «Geige» stand im Mittelpunkt, als seine Mutter sich mit seiner älteren Schwester stritt, weil die mal wieder nicht geübt hatte. Aber «Arschgeige!», dieses Wort, gar nicht mal böse gesagt, so etwas war ihm noch nie in die Ohren gekommen.

Da Tim – wie gesagt – nie etwas aus dem Kindergarten mitbrachte, entschloss er sich, dieses Wort mit nach Hause zu nehmen – mal sehen, ob seine Mama anders als Magdalena reagieren würde. Frohgemut ging er nach Hause, klingelte an der Haustür. «Ich komme gleich, Schatz!», hörte er die Mutter rufen. Sie öffnete, ging in die Hocke, strahlte übers ganze Gesicht: «Da bist du ja, mein Timmilein!» «Hallo! Arschgeige!», antwortete er ganz fröhlich, und mit aller Ruhe wiederholte er: «Hallo, Arschgeige!»

Er sagte es nicht nur, er fixierte seine Mutter genauer. Ihr linkes Augenlid zitterte vor Schreck, ihre rechte Hand hielt sie sich vor den weit geöffneten Mund. Da wusste Tim: «Volltreffer! Versenkt!»

Tims Mutter war sprachlos, ihr fiel plötzlich nichts, aber absolut nichts ein … Zehn, zwölf, fünfzehn Sekunden. Dann stellte sie eine Frage, auf die Tim wohlvorbereitet war: «Woher hast du denn dieses schlimme Wort?» Tim lachte seine Mutter verschmitzt an: «Sagen wir alle im Kindergarten!» Als er das verwunderte Gesicht seiner Mutter sah, setzte er nochmal nach: «Alle!» Da fand die Mutter ihre Sprache wieder: «Da rufe ich an! Wofür zahlt man schließlich Gebühren!» Und Tim dachte derweil: «In drei Stunden kommt Oma vorbei, mal sehen, wie die reagiert.»

Als Tims Mutter mich fragte, wie sie denn richtig hätte reagieren müssen, meinte ich: «Sie haben richtig reagiert! Sie waren authentisch, Sie waren sprachlos, haben das gezeigt, und Sie haben Tim natürlich einen Tipp gegeben, wie er Sie und wo zukünftig ärgern kann!» «Aber hätte ich denn nicht vernünftiger auf ihn eingehen müssen?», fragt sie skeptisch. «Etwa in der Art, dass Sie mit Ihrem Sohn darüber sprechen, wie denn wohl eine Arschgeige aussieht? Oder vielleicht noch besser, eine Arschgeige basteln lassen, damit Ihr Sohn das Unbegriffene auf den Begriff bringt?» Da bricht sie in Lachen aus: «Timmilein ist schon ein richtiges Schlitzohr!» «Ich glaube, Timmilein ist längst ein Tim, der es faustdick hinter den Ohren hat!», antworte ich schmunzelnd.

«Die schlagen sofort»
«... und ihr weint, Heulsusen!»

Kinder vergleichen sich mit ihrem Körper, den Funktionen, die damit verbunden sind. So lassen Jungen bisweilen die Hose runter, stellen sich breitbeinig hin und überprüfen, wer aus der Gruppe am weitesten pinkeln kann. Mädchen schauen zu, treten manchmal in den Wettstreit ein – und gewinnen sogar, wenn sie es geschickt machen. «Ich habe damals», erinnert sich eine Mutter, «gegen meine Brüder gewonnen. Ich habe vorher viel Wasser getrunken, mich dann hingestellt, leicht in die Hocke, Unterleib raus und dann abgedrückt. Meine Brüder haben so etwas von gestaunt!» Manche Autoren versuchen aus dem Umstand, dass Mädchen den Jungen in diesem Wettkampf häufig unterlegen sind, den Penisneid des weiblichen Geschlechts abzuleiten. Mir scheint dies doch an den Haaren herbeigezogen.

Im Kindergarten bilden sich gleichgeschlechtliche Freundschaften aus: Jungen spielen mit Jungen, Mädchen eher mit Mädchen. Beide Geschlechter spielen eher nebeneinander denn miteinander und grenzen sich vehement voneinander ab. Während Mädchen die körperlichen Übergriffe der Jungen monieren, kritisieren diese das zickenhafte Gehabe, die Hinterhältigkeit der Mädchen: «Mit Mädchen kann man nicht richtig spielen, die weinen sofort oder petzen!», lautet die Klage vieler Jungen. «Die schlagen sofort und sind so gemein zu einem, richtig brutal!», klingt die Antwort der Mädchen.

«Genau, das ist es», erklärt die Mutter des knapp vierjährigen Timo und der sechsjährigen Joanna: «Jungen bilden Banden, Mädchen Terrorgruppen!» Wie sie das meine, will ich wissen. «Bei Jungs geht's hart, aber herzlich zu, da weiß man, woran man ist. Bei Mädchen heult eine immer! Die erpressen sich mit den fiesesten Worten! Unglaublich!» Diese etwas pointiert provokante Feststellung lässt sich nicht unbedingt verallgemeinern, beschreibt aber einige Alltagsbeobachtungen sehr anschaulich. Kinderfreundschaften geht man ein, um von anderen angenommen und akzeptiert zu werden. Man vergleicht sich, misst sich. Solche Freundschaften sind eher kumpelhaft, sind völlig unerotisch. Nun gibt es hin und wieder Freundschaften zwischen Mädchen und Jungen, die den Zauber einer ersten großen Liebe besitzen, aber davon soll erst später die Rede sein, stellen sie doch eher die Ausnahme denn die Regel dar.

Wenn Jungen und Mädchen ihre geschlechtliche Identität gefunden haben, gehen sie wieder aufeinander zu, sind sie dann bereit, sich aufeinander einzulassen. Aber diese Kontakte haben nichts «Erotisches» an sich. Genitale Sexualität spielt in diesem Alter eine nebensächliche Rolle. Dies gilt besonders für die kritisch beäugten Doktorspiele oder auch jene spielerischen Aktivitäten, in denen sich Kindergartenkinder in Vater und Mutter hineinversetzen und sie mal zärtlich, mal herb-deftig nachahmen.

Nun brauchen nicht nur die von Kindern selbst inszenierten Spiele wohlwollende Unterstützung durch den Erwachsenen. Ähnliches gilt für jene Projekte, die man initiiert, um Mädchen und Jungen zusammenzuführen: denn Jungen können von Mädchen lernen und umgekehrt auch. Jungen erfahren von Mädchen, wie man Konflikte auch sprachlich, mit Witz und Humor, getragen von Rücksichtnahme, lösen kann und nicht nur mit purer physischer Kraft; Mädchen können umgekehrt mit Jungen erleben, wie man weite Räume erobert, wie man sich bis an die Grenze des gerade noch Aushaltbaren verausgabt, wie man tobt und rangelt, wie man Körperlichkeit genießt.

Rollentausch macht Spaß!

Dabei fällt nun aber auf: Mädchen wird es manchmal einfacher gemacht, Eigenschaften, die als «männlich» gelten, zu übernehmen, obwohl ein Mädchen, das einen Buben gekonnt aufs Kreuz legt, den «dummen» Satz ertragen muss, an der wäre doch ein Junge verloren gegangen! Das Mädchen als Modell von Defiziten – unerträglicher geht es nimmer! Dagegen steht eine andere Beobachtung: Wenn Mädchen mit Hammer und Zange, mit Spaten und Schaufel hantieren – und nicht nur in der Puppenecke spielen, wenn sie forsch und direkt auftreten, klar eigene Bedürfnisse artikulieren, wird dies wohlwollend als eine Differenzierung der weiblichen Geschlechterrolle betrachtet. Zweifellos zu Recht!

Wenn ein fünfjähriger Bub wochen-, ja monatelang in langen lila Röcken, einen Puppenwagen vor sich herschiebend, die langen Haare zu kleinen Zöpfen eingedreht, die Wangen leicht mit Rouge bedeckt in den Kindergarten geht, wie selbstverständlich mit Puppen spielt, sie an- und auszieht, sie wäscht, wickelt, die Haare kämmt, sich den körperlichen Auseinandersetzungen mit seinen Geschlechtsgenossen verweigert, dann läuten nach einiger Zeit selbst bei noch so verständnisvollen, aufgeklärten Eltern und Pädagogen die Alarmglocken. Auch bei mir läutet das Telefon, ob denn solch Verhalten noch normal wäre, oder man eingreifen müsse, damit der Junge endlich «richtig» spiele – wie ein Junge «eben». Dabei ist es völlig selbstverständlich, wenn Buben in die andere Geschlechterrolle schlüpfen – mit Haut und Haar und allen Konsequenzen. Solch Verhalten kann mit großer Gelassenheit begleitet werden, obgleich ich mich in die Unsicherheit von Erwachsenen durchaus hineinversetzen kann. Sie habe, erzählt mir eine Erzieherin, einmal so einen Jungen gehabt.

«Der Robert», erinnert sie sich, «der war damals nur mit Mädchen zusammen, spielte mit Puppen, trug ständig so bunte, so schrille Sachen, wie sie eigentlich nur Mädchen anhaben. Der hatte mit Jungen nichts am Hut. Nun ist er ein junger Erwachsener und hat's mit Männern. Der ist schwul!» Sie sieht mich fragend an: «Tja, hätte ich denn damals eingreifen sollen? Hätte ich das verhindern können?»

Sexualerziehung ist Begleitung im Hier und Jetzt: ein Junge im Kindergartenalter, der in die Rolle der Mädchen schlüpft, braucht das Gefühl der Annahme genauso wie jener junge Mann, der sich zu seiner gleichgeschlechtlichen Liebe bekennt.

Mit Verboten erreicht man nicht viel. Sie führen zu Heimlichkeit, zu Schuldgefühlen und schlechtem Gewissen. Dies trifft auch auf das Kindergartenalter zu. Sexualerziehung in dieser Zeit heißt, dass Kinder lernen, ihre genitale Sexualität anzunehmen, sich zu ihr zu bekennen, aber auch zu verstehen, dass zur Befriedigung sexueller Bedürfnisse eine Atmosphäre gehört, die Rücksicht auf das Gefühl anderer nimmt.

Die Zwischenzeit – Ruhe vor dem Sturm?
Das Schulkind

Sigmund Freud hat den Entwicklungsabschnitt zwischen dem sechsten und zehnten Lebensjahr die Latenz-Zeit genannt – «latent» meint heimlich, verdeckt, verborgen. Die sexuelle Entwicklung, so der Psychoanalytiker, ruhe in dieser Zeit, damit das Kind andere Entwicklungsaufgaben vollziehen könne. Freud war einer der Ersten, der sich mit dieser Altersstufe genauer beschäftigt hat, die bis in die Gegenwart hinein selten Gegenstand pädagogischer oder fachwissenschaftlicher Betrachtungen war. Ganz zu Unrecht hat man diese Zeit in der Forschung vernachlässigt, denn das Schulkind macht – genau wie das Kindergartenkind oder später der oder die Pubertierende – wichtige Entwicklungen durch, die man als Gemenge aus Kontinuität und Diskontinuität, aus Fortführung und Bruch bezeichnen kann.

Zunächst setzt sich vieles fort, was schon für das fünf- und sechsjährige Kind Gültigkeit besaß. Jungen und Mädchen grenzen sich weiter voneinander ab. Sie beäugen sich mit Argwohn, kritisieren sich oft mehr, manchmal weniger heftig. Dieses Nichts-Miteinander-Zu-Tun-Haben-Wollen ist Ausdruck der unterschiedlichen Entwicklung, die Mädchen und Jungen zu Beginn der Schulzeit durchmachen. Mädchen sind den Jungen in feinmotorischer, in kognitiver und sprachlicher Hinsicht weit voraus. Diese Vorsprünge kompensieren Jungen durch körperliche Kraft, die hin und wieder in Brutalität umschlägt, oder durch verbale Obszönitäten. Jungen benutzen Worte, die die Mädchen verspotten, verächtlich machen, sie psychisch treffen sollen. Erst wenn diese dann in Tränen ausbrechen, sich ohnmächtig fühlen, sich wehrlos zeigen, gehen die Jungen zufrieden weg und fühlen sich trotz ihrer Minderwertigkeitsgefühle stark und unantastbar.

Doch sind emotionale Beziehungen zwischen den Geschlechtern möglich, die jedoch noch nicht erotisch gefärbt sind. Genitale Sexualität spielt keine Rolle. Man mag sich, ist verliebt, hat erste Schmetterlinge im Bauch. «Wir werden niemals auseinander gehen», so lautet die Hymne für diese zarte Pflanze, man schmiedet Zukunftspläne. Man errötet, wenn man den Freund oder die Freundin sieht, das Herz klopft. Ein Leben ohne den anderen kann man sich kaum vorstellen. Man macht sich kleine Geschenke, schickt sich eine SMS, verabredet sich.

Doch zugleich sind diese berührenden, zu Herzen gehenden Freundschaften Zielscheibe von Spott, von Witzen. Jungen gelten als weich, als «weibisch», Mädchen werden schon mal als «Nutte», als «Hure» oder «Bumsnudel» bezeichnet.

Das Kind in der Zwischenzeit – egal ob Junge oder Mädchen – ist innerlich zerrissen. Es hat Abschied genommen vom Kindergarten, wo es zu den «Großen» gehörte, die durchblickten, die wussten, wo es langgeht, die auf die «kleinen Hosenscheißer» abschätzig hinunterblickten. Es geht in die Schule, in der alles anders ist, es muss wieder von vorne anfangen, sich arrangieren lernen, weil es zu den Anfängern gehört. Man ist noch nicht wirklich angekommen. Man fremdelt, ist unsicher, zögerlich, vorsichtig.

Diese Spannung zeigt sich im Gefühlsleben – vor allem der Jungen: Mal spielen sie die «Prinz-Eisenherz-Nummer», geben sich unverwundbar, cool, tun so, als ob sie alles im Griff, keine Probleme haben. Aber im nächsten Moment wirken sie ängstlich, verdrossen, wollen kuscheln, auf den Schoß der Mutter oder nächtens zu den Eltern ins Bett.

Den Mädchen geht es nur unwesentlich anders: Da kommen sie wie «Mutter Vernünftig» daher, wirken abgeklärt, können reflektieren, durchdringen intellektuell viele Probleme, drücken sich sprachlich differenziert aus. Doch an manchen

Tagen zeigen sie sich weinerlich, kleinkindhaft, verschreckt, wirken kraft- und mutlos, unselbständig, ein Mädchen, das ständig auf die Hilfe der Mutter angewiesen ist, an ihrem Rockzipfel hängt.

Suchendes Lösen aus Familienbanden – Freundschaft zu Gleichaltrigen

Wenn Schulkinder sich aus dem Schoß der Familie lösen, wenn sie sich auf den Weg in die Welt machen, dann brauchen sie Geländer, einen neuen eindeutigen Bezugsrahmen, der Liebe, Halt und Festigkeit anbietet. In diesem Moment werden gleichaltrige, gleichgeschlechtliche Freunde wichtig – für den Jungen ist es der «beste Freund», der von nun an unverzichtbar wird, für die Mädchen ist es die «beste Freundin», mit der man stundenlang redet, alle Probleme der Welt durchspricht. Manche Mütter reagieren nicht selten eifersüchtig auf die junge Konkurrentin, die da wichtig und zu einer absoluten Vertrauten wird, mit der die Tochter von nun an so manches Geheimnis teilt.

Mancher Junge begibt sich freiwillig aus der einen Abhängigkeit in die andere, aus der zum Vater oder zur Mutter in die des Freundes, der jetzt dominiert, Macht ausübt. Der Junge lässt sich das gefallen – sehr zum Unwillen, sehr zur Sorge der Eltern. Dabei nehmen diese nachweisbar noch eine wichtige Position ein, was die Grundüberzeugungen, die Vermittlung zentraler Werte und Normen betrifft.

Dies gilt insbesondere für sexuelle Themen. Natürlich spielen diese in den Gesprächen der Freunde und Freundinnen eine zentrale Rolle – sei es, wenn es um das Aussehen («Ich find den so süß!» oder «Ich find den Klasse!») oder Beziehungen («Ich glaube, Katja ist in Marc verliebt!») geht. Dann stehen sie einem Gleichaltrigen näher als den Eltern, die vielleicht in ihren Antworten nicht den richtigen Ton treffen, denen das Gespür fehlt, das jetzt notwendig wäre, die einfach zuviel Sorgen äußern oder Besorgnis an den Tag legen.

Wer vermittelt sexuelles Wissen: die Eltern, die Schule oder die Medien?

Wenn ab dem achten oder neunten Lebensjahr Fragen zur Fortpflanzung, zur Verhütung oder zu so wichtigen Punkten wie Geschlechtskrankheiten, Aids oder Prostitution gestellt werden, dann nehmen die Eltern eine herausragende Position ein. Jungen wenden sich meist an den Vater, die Mädchen an die Mutter. Die Buben haben es dabei schwerer: Väter sind häufig nicht da, wenn der Bub eine Antwort auf seine Frage wünscht, oder sie verweisen an die Mutter, weil sie sich überfordert, inkompetent oder unsicher fühlen. Manche Mutter zeigt sich dann ihrerseits irritiert, kann sie sich doch nur schwer in die männliche Rolle, die Sexualität eines Heranwachsenden hineinversetzen.

Unterhält man sich mit den Kindern dieser Entwicklungsphase, wird häufig die Schule genannt, wenn es um die Vermittlung von sexuellem Wissen geht. Sie nimmt einen wichtigen Platz ein und rangiert als Wissensvermittlerin noch vor den Medien oder den Angeboten im Internet.

Es sind vor allem die Jungen, die auf manch aufreizende Inhalte «abfahren», sich pornographische Bilder und Filme auf das Handy herunterladen, um damit in der Clique anzugeben oder die Eltern zu provozieren, aber Fernsehen oder Computer werden doch eher – von Ausnahmen abgesehen – skeptisch beurteilt, was die Sexualaufklärung betrifft. Die Schulkinder nutzen zwar die medialen Angebote, sind jedoch zugleich enttäuscht, weil sie keine oder nur unzureichende Antworten auf die drängenden Alltagsfragen geben. Hier bleiben viele Sendungen oder Internetangebote oberflächlich, zu reißerisch, manchmal unseriös, zu allgemein, zu abstrakt, zu

unpersönlich, zu technisch oder zu wenig in konkrete Lebens-
fragen eingebettet.

Jungen und Mädchen fühlen sich, und das betrifft nicht
nur die Medien, mit ihren Sorgen und Nöten, Ängsten und
Befürchtungen, Sehnsüchten und Wünschen nicht wirklich ernst genommen, wird die Sexualität ab der dritten bzw.
vierten Schulklasse doch zu einem Thema, das sie auf unter-
schiedlichste Art und Weise bedrängt. Der Körper – zuerst
meist bei den Mädchen – verändert sich rapide. Die ersten
Zeichen der Vorpubertät sind unverkennbar. Der kindliche
Körper löst sich auf, Konturen verschwinden. Man fühlt sich
unwohl in seiner Haut, entsteht doch nicht sofort die Venus –
oder der Adonis. Man ist mit seinem Körper überhaupt nicht
einverstanden, lehnt ihn geradezu ab, obgleich – dies ist die
andere Seite der Medaille – das Aussehen, die äußerlichen At-
tribute bedeutsamer denn je werden. Man definiert sich sehr
stark über Körperlichkeit. Minderwertigkeitsgefühle haben
in diesem Lebensabschnitt weniger mit unzureichenden intellektuellen Leistungen zu tun. Sie sind meist Ausdruck eines
nicht vorhandenen Körpergefühls.

Jungen und Mädchen fühlen sich im Körper nicht zu
Hause, werten ihn und sich ab. Tröstende Worte von Mutter
und Vater, Verweise auf die Zukunft («In einem Jahr sieht alles anders aus!») finden kaum Gehör, werden nicht oder nur
schlecht angenommen.

Diese Unzufriedenheit drückt sich in der für diese Alters-
gruppe typischen Handlungsweise aus:
■ In vielen Schulklassen entsteht ein – wie die Journalistin
   Ulla Arens es zutreffend nennt – vorpubertäres erotisches
   Chaos: Wer geht mit wem? Wer ist in wen verknallt? Sexuelle Worte machen die Runde, auf dem Schulhof dominiert
   die Fäkalsprache: Mal sind die Mädchen «Huren» oder
   «blöde Nutten», mal werden Jungen als «Schwule» oder

«Wichser» bezeichnet. Die Vielfalt an provozierenden Flüchen mit ihrem grenzüberschreitenden, verletzenden Vokabular ist in ihrer Einfältigkeit kaum zu überbieten. Aber gerade weil man damit Regeln überschreitet und schnelle Aufmerksamkeit erregen kann, besitzt diese Sprache eine ungeheure Faszination.

■ Mit einem Male ziehen sich viele Schulkinder in ihr Inneres zurück, kapseln sich ab, verschließen die Badezimmertür. Sie wollen, dass man sie allein lässt, grenzen sich ab, konzentrieren sich auf sich selber. Witze oder Sprüche über das Aussehen führen schnell zu schrillen emotionalen Ausbrüchen. Trotzdem bleibt eine Neugierde für sexuelle Themen bestehen, sind die Heranwachsenden an sexuellen Fragen interessiert. Nur spielt sich manches im Verborgenen, unter Ausschluss der Öffentlichkeit ab.

■ Selbstbefriedigung hat einen hohen Stellenwert, steht in dieser Zeit hoch im Kurs, bei Jungen häufiger als bei Mädchen. Dabei ziehen Buben nicht selten pornographisches Material heran, um sich «anzutörnen». Wie schon im Kindergartenalter setzt sich das unterschiedliche Masturbationsverhalten der Geschlechter fort: Jungen stimulieren ihren Penis direkt, ziehen die Vorhaut mal heftig, mal weniger heftig vor und zurück, Mädchen nutzen häufiger Gegenstände, wenn sie sich befriedigen. Eine manuelle Reizung der Klitoris findet – so wie schon lebenszeitlich früher – nicht so häufig statt.

Sind die Kinder heute aber nicht frühreif?

«Sind die Schulkinder nicht viel früher reif als die Kinder vor zwanzig oder dreißig Jahren?», fragen häufig Eltern. «Manche Neunjährige sehen doch so was von erwachsen aus!» Tatsächlich hat sich die Geschlechtsreife bei Heranwachsenden in den letzten Jahren nach vorne verschoben: Bei vielen Mädchen setzt sie schon zwischen dem neunten und elften Lebensjahr ein, bei Jungen beginnt sie durchschnittlich zwei Jahre später.

Die Gründe für diese Beschleunigung sind nicht genau bekannt, sodass man auf Vermutungen angewiesen ist: Sie hat sicherlich mit einer gesünderen Lebensweise, mit einer besseren Ernährung genauso zu tun wie mit einer lebenszeitlich früheren Einbeziehung der Kinder in gesellschaftliche Prozesse. Sie wissen mehr, sind in intellektueller Hinsicht weiter als die vorangegangenen Generationen von Heranwachsenden. Sie erfahren Dinge – nicht zuletzt über die Medien –, die sie verunsichern, gar verängstigen. Dies betrifft gleichermaßen die Sexualität. Fernsehsendungen, Zeitschriften, Kinofilme, Computerspiele oder das Internet sind voll von Sexszenen, die manchen Jungen, manches Mädchen kognitiv und gefühlsmäßig heraus- und überfordern. Sie werden medial mit Inhalten konfrontiert, die sie nicht oder nur schwer verarbeiten können.

In der Zwischenzeit findet mithin keine Pause – wie Freud meinte – in der sexuellen Entwicklung statt. Das Schulkind ist vielmehr hin und her gerissen zwischen dem, was es schon weiß und erlebt, und dem, was es intellektuell und gefühlsmäßig auszuhalten vermag. Es ist diese Kluft, die das Erleben von Sechs- bis Zehnjährigen für innerpsychische, aber auch für körperliche Spannungszustände sorgen lässt, die zur Entspannung gebracht werden müssen. Das Schulkind weiß häufig nicht, was moralisch, emotional, sexuell richtig ist – oder was falsch ist.

Oft fehlen einfach Strukturen, die Ordnung in das Chaos bringen, Leitlinien, an denen sie sich orientieren können. Dies gilt insbesondere für die beschleunigte sexuelle Entwicklung. Hier sind mehr denn je die Erwachsenen gefordert, die Kinder dieser Altersgruppen zu begleiten. Das hört sich einfacher an, als es ist, zieht sich das Schulkind doch nicht selten in seine eigene Welt zurück, kapselt sich ab, will von den Eltern an manchen Tagen überhaupt nichts wissen, um sie – zu anderen Zeiten – nicht mehr loszulassen. Es ist diese Choreographie von «Lasst mich los, aber haltet mich», die die Sexualerziehung in diesem Entwicklungsabschnitt so wichtig, aber zugleich so schwierig werden lässt. Und das setzt sich dann in der Pubertät fort.

Der brodelnde Vulkan
Die Pubertät

In die Pubertät kommt jedes Kind – manchmal früher (vor allem die Mädchen), so zwischen dem neunten und elften Lebensjahr, mal ein bis zwei Jahre später (das sind häufiger die Jungen). Die Pubertät kommt mal heftig-vehement, ungestüm aufbrausend, dann eher leise, verhalten, kaum merklich. Was sich in der Zeit zwischen dem sechsten und zehnten Geburtstag andeutet, setzt sich in der Pubertät fort: Der Körper verändert sich und damit zugleich die Einstellung zur Sexualität. Lust zu Gefühlen und zielgerichtete sexuelle Aktivitäten gehen – im wahrsten Sinne des Wortes – Hand in Hand: Man onaniert, um sich genussvoll, öfter auch begleitet von einem schlechten Gewissen, Befriedigung zu verschaffen, man begehrt einen anderen Menschen, berührt ihn, streichelt ihn, schläft mit ihm. Es sind nicht die Erziehungsstile, die körperliche Veränderungen auslösen, es sind Hormone, die diesen wichtigen Entwicklungsabschnitt in Gang setzen.

Aussehen

Beim Mädchen ist es das Östrogen, das Progesteron und eine geringe Menge Testosteron, das zur Bildung der Eierstöcke und damit zum Einsetzen der Menstruation führt. Das Testosteron bewirkt bei Jungen – versehen mit einem kleinen «Schuss» Östrogen – die Produktion von Spermien. Durch die Hormonausschüttung verändern sich sowohl der Körper als auch die Geschlechtsorgane.

Unabhängig von diesen physischen Umstrukturierungen steigt die Sehnsucht, mit seinem Körper anerkannt und bewundert zu sein, wächst das Bedürfnis nach lustvollen sexuellen Erlebnissen. Damit gehen jede Menge Unsicherheiten einher. So ist es für Jugendliche wichtig zu erfahren, dass die Pubertät ganz unterschiedlich einsetzen kann, doch zugleich mit erheblichen körperlichen Veränderungen und mit seelischen Schwankungen verbunden ist.

Verschiedene Autoren haben diesen Entwicklungsabschnitt als eine «zweite Geburt» bezeichnet – vor unser aller Augen und Ohren –, eine Geburt, die bei aller Vorfreude auf Neues, auf das Erwachsenwerden, aber immer mit Unsicherheiten, mit Ängsten, mit melancholischen Stimmungen verbunden ist, den Aufgaben und Herausforderungen, die bevorstehen, nicht zu genügen.

Beim Mädchen wachsen die Brüste, die Schamhaare, die Scheide wird größer, sie sondert Schleim ab. Beim Jungen wachsen Penis und Hoden, die Haut wird dunkler. Um den dreizehnten Geburtstag herum – mal ein Jahr früher, mal später – erlebt der Junge den ersten Samenerguss –, Ejakulation genannt. Manche bezeichnen ihn auch als «ersten feuchten Traum». Manchmal kommt er von selbst, mal befriedigen die Buben sich selber. Gefühle spielen Achterbahn: Man weiß nicht, was richtig, was nicht normal ist.

«Neulich Nacht», so erzählt der zwölfjährige Sven, «war es um den Penis herum ganz nass, feucht und schmierig. Das passierte die nächste Nacht nochmal. Muss ich jetzt zum Arzt gehen? Bin ich vielleicht krank? Oder ist das völlig natürlich?»

Der dreizehnjährige Stefan schmunzelt, als er das hörte: «Ich mach's mir selber. Das ist ein verdammt geiles Gefühl. Nur das Zeug, was da raus kommt, das riecht so ein bisschen komisch!»

Während Jungen mit körperlichen Wachstumsschüben – sie werden zwischen dem zwölften und vierzehnten Lebensjahr größer, «schießen» geradezu in die Höhe –, auch mit dem Stimmbruch einigermaßen umgehen können, so sorgen sie sich erheblich, wenn es um das Aussehen oder die Form der Geschlechtsorgane geht.

Akne und Pickel im Gesicht, ausgelöst durch eine ungleichmäßige Hormonausschüttung, bringen stundenlange Aufenthalte vor dem Spiegel oder absoluten Weltschmerz mit sich. Sie machen sich vielleicht Gedanken um die beiden Hoden, die nicht gleich groß sind, die Vorhaut, die sich nur schwer, häufig sogar schmerzhaft über die Eichel zurückziehen lässt, oder über die Größe des Penis. Fragen der Pubertierenden drehen sich aber nur selten um die Sache, in ihrem Wunsch, mehr zu wissen, sind auch Beziehungsthemen enthalten.

«Mein Penis», berichtet der vierzehnjährige Jakob mit bedenklicher Stimme, «biegt sich im erigierten Zustand stark nach rechts. Ich möchte mit Sabrina schlafen. Können wir das trotzdem? Und haben wir Spaß? Und lacht sie auch nicht, wenn sie den so sieht?»

«Mein Penis», erzählt der fünfzehnjährige Philipp mit leiser Stimme, «ist nur zwölf Zentimeter lang. Mehr geht nicht! Kann ich damit überhaupt eine Frau befriedigen?»

So genau Jugendliche körperliche Details und ihre Aufgaben sachgerecht benennen können, so ungenau ist häufig ihr Wissen über die Geschlechtsorgane und deren Funktionen. So zum Beispiel, dass die Penisgröße von Junge zu Junge verschieden ist, Hoden häufig ungleich sind, dass die Länge des steifen Penis nichts darüber aussagt, ob eine Frau oder man selber zum Orgasmus kommen kann, dass die empfindlichen Nerven beim Penis an der Spitze liegen oder an der Eichel und bei der Frau an der Klitoris oder im ersten Drittel der Scheide. Größe oder Dicke des Penis sind mithin nicht wichtig für ein befriedigendes Erlebnis von Sexualität, da es auch noch die Hände, Finger, Zungen oder Lippen gibt, mit denen man körperliche Nähe geben und in Erregung versetzen kann. Solches Wissen kann Pubertierende entlasten, ihnen manche Versagensängste nehmen.

Auch bei Mädchen kommt eine Vielzahl an Fragen auf, wenn ihr Körper starke, durch die Pubertät bedingte Veränderungen durchmacht:

■ Da sorgen sie sich ob des Brustumfangs: Die einen sind erschrocken wegen ihrer zu großen Brüste, die anderen finden ihren Busen zu «winzig», «unerotisch», wieder andere klagen über den «Hängebusen», viele über die unterschiedlich sich entwickelnden Brüste oder über die nach innen gerichteten Brustwarzen, die «Schlupfwarzen».
Sie sind unsicher über die Form der Schamlippen, die vielleicht so ganz anders aussehen, als man das in den Aufklärungsheften und Broschüren gesehen hat. Man macht sich nun Gedanken, ob dies möglicherweise auf die sexuelle Lust, das sexuelle Erleben beim Petting oder Geschlechtsverkehr Auswirkungen hat, vielleicht sogar damit zusammenhängt, dass man sich früher, als man Kind war, zu viel an der Stuhlkante gerieben hat, um schöne Körpergefühle zu erzeugen.
Manche Mädchen haben eine extreme Behaarung im Schambereich, wollen wissen, ob und wie man sich rasieren kann, oder ob man dadurch das Wachstum erst recht anregt. Oder sie sind mit den Flecken und Pünktchen auf

ihrer Haut unzufrieden, empfinden ihre dünne Orangen-
haut «fürchterlich» und wollen darüber informiert werden,
ob man etwa schon Cellulitis in der Pubertät haben könne.
Der Körper ist in Aufruhr und die Psyche auch.

■ Dann sind da noch die Unsicherheiten wegen des Scheidenausflusses, den viele als «ekelig», als «äußerst störend»
empfinden. Man will erfahren, ob und wann der wieder
weggeht. Doch hinter all diesen Fragen zur Hygiene – ob
nun Slipeinlagen notwendig sind oder nicht, welche Seife
benutzt werden darf und welches Deodorant am besten
geeignet ist – steckt grundsätzlich die Befürchtung, nicht
gemocht und akzeptiert zu werden.

Information hilft Ängste abbauen

Normalisieren ist das Gebot der Stunde: Normalisieren befriedigt vor allem den Wissensdurst der Pubertierenden. Es
führt zu einer Handlungssicherheit, indem es die Vielfalt körperlicher Veränderungen und Umbrüche zeigt und vermittelt,
dass es anderen ähnlich geht. Wenn die Hormone Tango
tanzen oder Amok laufen, wenn alles in einem Gefühlschaos
aufgelöst ist, kann Normalisieren besonders tröstlich sein und
es kann Entlastung mit sich bringen – vor allem dann, wenn
die Vernunft, das Nachdenken, irgendwann wieder Oberhand
gewinnt.

So können Mädchen erfahren, wie sich die Brust ab dem
dreizehnten Lebensjahr ganz unterschiedlich verändert. In
der Thelarche – so der medizinische Fachausdruck – entwickelt sich die Brust. Der Brustdrüsenkörper fängt – ausgelöst
durch Hormone – an zu wachsen, er wird allmählich größer
als die Brustwarzen. Dadurch wölbt sich der Busen. Gerade
in diesem Zeitraum können die Brüste sehr unterschiedlich
ausgebildet sein. Das gilt gleichermaßen für die Form und
Gestalt der Brustwarzen: Manche sind nach außen gestellt,

manche werden schnell hart, sind äußerst empfindlich, andere stellen sich nach innen.

So wie sich die Brüste von Mädchen zu Mädchen unterscheiden – mal groß, mal klein, mal fest, mal weich –, tun es auch die Schamlippen. Menschen haben eben unterschiedliche Statur, ihr Körperbau ist von Typ zu Typ verschieden. Das lässt sich auf die Schamlippen übertragen: Sie sind ganz einzigartig ausgebildet. Sie sind mal größer, mal kleiner, sie können weit nach außen stehen oder fast unsichtbar sein, jede ist auf ihre individuelle Art und Weise geformt. Aber das Aussehen der Schamlippen – also ihre Form, ihre Größe, ihr Wuchs – hat keinen Einfluss auf das Lustempfinden – weder bei der Masturbation noch beim Geschlechtsverkehr.

Fragen über Fragen

«Aber», so fragt die fünfzehnjährige Tina in einer Diskussion, «weiß das denn auch der Junge, mit dem ich vielleicht schlafen will? Oder kriegt er dann 'nen Schock, weil ich so komische Schamlippen habe?»

Sachfragen sind eben Beziehungsfragen: Während man Erstere schnell beantworten kann, sind Zweitere wesentlich komplizierter. Da hilft manchmal der Hinweis, dass Unsicherheit über vermeintliche körperliche Unzulänglichkeiten normal ist, dass der Junge, in den man verknallt ist, möglicherweise wegen seines vermeintlich zu kleinen Penis ähnliche Versagensängste hat wie man selber wegen der zu kleinen Brüste.

Wenn es um das Normalisieren des Scheidenausflusses geht, dann kann der Hinweis wichtig sein, dass die Feuchtigkeit die Scheide vor Austrocknen schützt, dass es sich um eine ganz notwendige physiologische Reaktion des Körpers handelt. Zugleich sollte man darauf hinweisen, wie notwendig eine regelmäßige Hygiene in der Pubertät ist. Aber für Heranwachsende, die das von klein auf gewohnt sind und vermittelt bekommen haben, stellt dies eine Selbstverständlichkeit dar, eine Hygiene freilich, die nicht als überzogener Waschzwang daherkommt.

Hinzu kommt ein wichtiger Aspekt, der Jungen wie Mädchen gleichermaßen betrifft und der sich wie eine Schnur durch alle Fragen zieht. Es sind die ständigen anatomischen Vergleiche mit den sich dahinter verbergenden Unsicherheiten, ob man den Anforderungen, die man sich selber stellt oder die an einen gerichtet werden, letztlich gerecht wird:

- «Warum komme ich nicht in die Pubertät?», klagt Tim. «Warum hänge ich ständig den anderen hinterher?»
- «Warum bin ich schon jetzt in der Pubertät, obgleich ich erst zehn bin?», ist Susanne irritiert.
- «Ich bleibe ein Leben lang Aschenputtel!», so klingt die frustrierte Aussage von Barbara. «Mich schaut keiner an, weil ich einen so kleinen Busen habe!»
- «Ich habe keine Chance bei Mädchen!», beschwert sich Paul. «Mein ganzes Gesicht ist voll von Pickeln. Ekelig! Und dann rieche ich auch noch unter den Armen! Da kann ich waschen, wie ich will!»
- «Meine Brüste, finde ich, sind ein Horror. Die hängen runter, sind ganz schlaff!», meint die fünfzehnjährige Melanie ganz traurig. «Jetzt habe ich einen BH an, aber das sieht auch bescheuert aus, weil nun die Brustwarzen herausstehen und man die ständig sieht!»

Heranwachsende müssen erfahren, dass die Pubertät zu ganz verschiedenen Zeitpunkten einsetzen kann, jeder Junge, jedes Mädchen die Veränderungen völlig unterschiedlich empfindet. Das ist für die entwicklungsverzögerten Pubertierenden, die später in diesen Entwicklungsabschnitt hineinwachsen, nur ein schwacher Trost, sehen sie sich doch nicht selten als augenblickliche Verlierer: Jungen, die sich früher entwickeln, haben zweifelsohne Vorteile. Sie werden wegen ihres attraktiven Äußeren, ihrer Kraft, ihrer Sportlichkeit, ihrer Faszination, die sie auf Mädchen ausüben, bewundert. Das Körpergefühl, das sie besitzen und meistens auch zur Schau stellen, wirkt sich auf ihr Selbstvertrauen und ihre Selbständigkeit aus.

Mädchen, die ihrer Entwicklung voraus sind, werden vom anderen Geschlecht früher begehrt, umworben, verehrt. Und umgekehrt genießen sie dies, lassen sich auf Verabredungen mit Jungen ein, sind deshalb aber schneller um ihr Körperbild besorgt, ob es dem entspricht, was die Jungen wohl von ihnen erwarten.

So haben denn Frühentwickler – und das mag den «Schnecken», die später in die Pubertät kommen, zum Trost gereichen – eine viel größere Spannung auszuhalten: Der erwachsen wirkende Körper und das Wissen um seine Wirkung auf andere auf der einen Seite, die zerbrechlich wirkende Psyche und die von Befürchtungen und Versagensängsten gezeichnete Gefühlswelt auf der anderen, bauen eine Spannung auf, die manchmal nur schwer auszuhalten ist.

Die «erste Periode», der «erste Samenerguss»

Die Menarche, die «erste Regel», setzt bei 60 % aller Mädchen zwischen dem zwölften und dreizehnten Lebensjahr ein, bei Jungen erfolgt der erste Samenerguss zwischen dem zwölften und vierzehnten Lebensjahr. Da ich auf beide Vorgänge später genauer eingehe, seien an dieser Stelle nur kurze Anmerkungen gemacht.

Je weniger Mädchen auf dieses für sie so wichtige Ereignis, diesen bedeutsamen Einschnitt vorbereitet sind, umso problematischer wirkt sich dies auf das Erleben dieses Vorganges aus – mit allen Konsequenzen für die Gefühle, die mit dem Zyklus im späteren Lebensalter verbunden sind. Je normaler, je natürlicher die Menarche erfahren wird, umso selbstbewusster, umso gestärkter macht sich ein Mädchen auf den Weg in die Welt, in das Leben einer selbstbewussten und autonomen Frau.

Mädchen mit einem unterentwickelten Körpergefühl nehmen die Menarche als äußerst unangenehm, als sehr schmerzhaft wahr. Mädchen dagegen, die ihren sich verändernden Körper akzeptieren, zu den körperlichen Symptomen, die mit der Periode einhergehen – Bauchschmerzen, Ziehen in der Leistengegend –, eine positive Einstellung haben, sehen in der Menstruation den Beginn des Frauseins. So wird in vielen Kulturen die Menarche als ein Fest der Geschlechtsreife inszeniert, in Mitteleuropa werden Mädchen – mal gekonnter, mal verschämt, mal einfühlsam, mal weniger – durch Mütter (oder andere Bezugspersonen) in diesen bedeutsamen Lebensabschnitt eingeführt.

Mit dem ersten Eisprung ist ein Mädchen geschlechtsreif. Monate bevor dieses geschieht, tritt erstmals ein weißlich-gelber Ausfluss aus und zeigt an, dass ein Eisprung bevorsteht. Durch einen Hormonschub werden die beiden Eierstöcke angeregt, eine Eizelle auszureifen. Irgendwann – manchmal nach einigen Monaten, manchmal nach einem oder zwei Jahren – verlässt das erste Ei den Eierstock. Etwa vierzehn Tage später löst sich die verdickte Gebärmutterschleimhaut ab und es kommt zum ersten Menstruationsblut. Bei einigen Mädchen dauert es länger, bis in jedem Monat ein Eisprung stattfindet. Die Länge der Periode kann am Anfang noch sehr unterschiedlich sein. Doch davon unabhängig muss man davon ausgehen, dass es schwanger werden kann. Durch die Verdichtung der Schleimhaut in der Gebärmutter kann diese eine befruchtete Eizelle einnisten. Gelangt nun eine Samenzelle in die Scheide der Frau, kann die Eizelle bis zu acht Tagen überleben. Auch nach dem Eisprung lebt die Eizelle noch bis zu zwei Tagen. Das Mädchen kann ein Kind bekommen, wenn es acht Tage vor dem Eisprung und bis zu drei Tagen danach ungeschützten Geschlechtsverkehr hat.

Gerade bei jungen Mädchen mit noch unregelmäßigem Zyklus ist es schwierig, die fruchtbaren Tage genau festzustellen, da sich der Zyklus ständig verschieben kann. Deshalb stellt sich, sobald die Menarche eintritt, unbedingt die Frage der Verhütung. Dieses Gespräch müssen die Eltern, selbst dann, wenn die Mädchen nicht zu ihnen kommen oder nach der Verhütung fragen, unbedingt suchen, ist doch das Risiko einer ungewollten Schwangerschaft hoch.

Auch die Ejakularche, der erste Samenerguss beim Jungen, stellt sich als ein besonderer Tag dar, der mit sexueller Erregung, aber auch mit Befürchtungen einhergehen kann. Lange bevor es zum ersten Samenerguss kommt, kann es passieren, dass ein wenig Flüssigkeit aus dem Penis hervortritt, wenn der Junge sein Glied streichelt und massiert. Wachsen Penis und Hoden, sind die Samenzellen ausgereift und der Hoden voll entwickelt, wird sich der erste Samenerguss – mal früher, mal später – einstellen. Dieser kann durch einen erotischen Traum oder durch Selbstbefriedigung ausgelöst werden. Der Penis wird durch Blut steifer, wird größer, richtet sich auf und entlädt. Der Junge erlebt den ersten Orgasmus als ein außerordentliches Erlebnis, das nur ihm gehört und nach Wiederholung verlangt.

Doch kann – ähnlich dem Mädchen, wenn der Junge nicht darauf vorbereitet ist – dieses Ereignis auch mit negativen Erfahrungen, mit einem schlechten Gewissen verbunden sein. Je positiver ein Pubertierender seinen Körper erlebt, je mehr er sich in ihm zu Hause fühlt, umso angenehmer wird er den ersten Samenerguss erfahren, auch wenn er durchaus ambivalente Gefühle hinterlässt.

Petting und das «erste Mal»

Zwischen dem vierzehnten und siebzehnten Lebensjahr – so zeigen viele Untersuchungen – kommt es bei den Pubertierenden zum ersten Geschlechtsverkehr. Dabei ist bei den Fünf-zehn- bis Sechzehnjährigen in den letzten Jahren ein deutlicher Anstieg festzustellen – so der Sexualforscher Norbert Kluge. Das «erste Mal» ist dabei von Widersprüchlichkeiten begleitet:

■ Es kommt überraschend, ungeplant, findet deshalb bei 20% aller Buben und Mädchen – obgleich sie über Verhütung wissen – ungeschützt statt.

■ Die überwiegende Mehrheit der Heranwachsenden erlebt den ersten Geschlechtsverkehr als ein «schönes Erlebnis», das sie gerne nochmal haben möchten. Zudem haben positive Erfahrungen beim Geschlechtsverkehr stabile Beziehungen zwischen den weiblichen und männlichen Jugendlichen zur Folge. «Jugendsexualität spielt sich» – so der Sexualforscher Gunter Schmidt – «im Rahmen vorwiegend monogamer Beziehungen ab.» Machen die Heranwachsenden allerdings beim Geschlechtsverkehr unangenehme Erfahrungen, dann wird ein zweites Mal längere Zeit hinausgezögert.

■ Doch ist der Geschlechtsverkehr mit Unsicherheiten, Ängsten und Nervosität verbunden, die für Jungen wie Mädchen gleichermaßen gelten. «Immer wenn ich mit meinem Freund schlafen möchte, dann werde ich nervös, dann bekomme ich richtig Angst, vor allem auch, weil meine Mutter sagt, ich sei noch viel zu jung dazu», erzählt Britta.

■ «Ich weiß nicht, wie ich mich richtig verhalten soll, die ganze Sache mit dem Kondom», so der 15-jährige Thomas. «Wie bringe ich den drüber? Theoretisch weiß ich das ja, aber ich bin richtig fickerig. Tja, und dann ist's vorbei, dann wird er schlaff. Meine Freundin tröstet mich zwar. Aber was soll's?»

- «Ich habe Angst davor», erzählt die 14-jährige Christiane, «weil's wehtun soll, wenn das Jungfernhäutchen platzt und man nicht entspannt ist. Also meine Freundin hat mir da fürchterliche Geschichten erzählt. Ich mag ja meinen Freund, möchte gerne mit ihm schlafen. Wenn da nur nicht diese Angst wäre!» – «Ich mag mich nicht auszuziehen!», schüttelt die 14-jährige Dorothea den Kopf. «Ich finde meinen Körper nicht schön, meine Brüste sind unterschiedlich, meine Hüften sind viel zu fett. Ich mache nur Petting. Und das auch nur im Dunkeln, damit mein Freund mich nicht sieht!» «Ich trau mich nicht», berichtet der 15-jährige Markus. «Meine Freundin, die Susi, ist etwas älter, hat schon mit mehreren Jungen geschlafen. Auch mit Robin. Der ist sehr muskulös, gibt immer mit seinem Penis an: Lang und dick, der Frauen Glück! Nun will Susi mit mir schlafen, aber ich trau mich nicht. Meiner ist so klein, die empfindet bestimmt nichts!»

Das «erste Mal» und die Ängste

Aus diesen Gesprächsausschnitten lassen sich einige Befürchtungen herauslesen, die – bei aller Aufgeklärtheit der Jugendlichen – viel mit Wissensdefiziten zu tun haben:
- Die Jugendlichen setzen sich vor dem «ersten Mal» sehr kritisch, häufig überkritisch mit dem eigenen Körper auseinander. Das Körpergefühl ist meist noch unterentwickelt, man empfindet nur Defizite und «Peinlichkeiten», man hat Angst, sich dem anderen nackt zu zeigen. Fehlt das Gefühl für den eigenen Körper, baut sich kein Selbstvertrauen auf. Wer sich körperlich schon in einer Beziehung kennen gelernt hat, zum Beispiel durch Schmusen, Streicheln, Petting, kann sich vorbehaltloser, entspannter aufeinander einlassen.
- Wenn Heranwachsende miteinander schlafen, hat das mit

Rücksichtnahme, mit Einfühlen und Respekt zu tun. Der Geschlechtsverkehr sollte nicht das Ergebnis von Überredung, Nötigung oder Erpressung sein, es müssen beide wollen. Sollte es geplant oder spontan stattfinden, ist es wichtig, sich vorher über die Verhütung zu unterhalten. Dafür ist nicht allein das Mädchen verantwortlich!

■ Es geht um unausrottbare Mythen, wonach nur ein großer Penis der Frau Befriedigung verschafft. Die Scheide setzt sich aus vielen Muskeln zusammen, diese können sich ausdehnen und auch wieder zusammenziehen. Die Scheide gewöhnt sich nicht an eine bestimmte Penisgröße oder -form, ein stark geformter Penis ist nicht besser als ein kleiner. Ob man leicht in die Scheide eindringen kann, hat vor allem mit sexueller Erregung des Mädchens zu tun. Ist sie erregt, wird Scheidenflüssigkeit produziert, die die Schamlippen und den Scheideneingang feucht macht, sodass für den Penis ein natürliches Gleitmittel vorhanden ist.

Bevor es jedoch zum ersten Mal kommt, ist das Petting die häufigste sexuelle Verhaltensweise in der Pubertät. Petting bedeutet Austausch von Zärtlichkeiten. Man verwöhnt und liebkost sich gegenseitig. Alles – was *beiden* gefällt – ist dabei erlaubt: Man kann sich streicheln, massieren, man kann den Körper mit Küssen bedecken, die Haut aneinander reiben. Petting kann eine wundervolle Methode sein, die erogenen Stellen des Körpers zu erkunden. Petting kann auch Teil des Vorspiels zum Geschlechtsverkehr sein.

Orgasmus

«Ich möchte so gerne», erzählt die 15-jährige Bärbel, «mit meinem Freund zum Orgasmus kommen. Das soll das Höchste sein, hab ich gehört! Aber wir schaffen das nicht!»

«Ich komme», so berichtet der 17-jährige Arne, «ständig

früher zum Orgasmus als meine Freundin, es ist ein richtiger Nerv. Sie ist dann ganz enttäuscht, und ich setze sie oder auch mich unter Druck!»

Männer und Frauen zeigen bei der sexuellen Erregung ähnliche Reaktionen, allerdings gibt es gewichtige Unterschiede. Die Sexualpädagogin Schütz und der Pädagoge Kimmich haben das in ihrem ebenso eindrucksvollen wie einfühlsamen Buch «Körper und Sexualität» so ausgedrückt: «Eine sexuelle Erregung wird von Frauen, Männern, Mädchen und Jungen individuell erlebt und erfasst den ganzen Körper. Dabei spielen die Befindlichkeit des einzelnen Menschen und die äußeren Umstände eine wesentliche Rolle.»

Beim Mädchen wie Jungen gibt es vier Phasen des Orgasmus:
- die Erregungsphase
- die Plateauphase
- den Orgasmus
- die Entspannungsphase

In der Erregungsphase sind beim Mädchen eine Vielzahl körperlicher Symptome feststellbar: Die Haut errötet, das Herz schlägt schnell, die Brustwarzen können sich aufrichten. Im Bauch entsteht ein Kribbeln, das als angenehm empfunden wird. Klitoris und Schamlippen schwellen an, der Drang, das sexuelle Lustgefühl zu befriedigen, wird stärker.

In der Plateauphase herrscht ein hoher Erregungszustand. Man möchte in diesem Augenblick verweilen, ihn hinauszögern, da sonst der Orgasmus unmittelbar eintreten könnte. In der Plateauphase konzentriert sich das Mädchen völlig auf die Geschlechtsorgane. Beim Orgasmus spritzt aus der Harnröhre eine Flüssigkeit, die das weibliche Prostatagewebe abgibt. Sie befeuchtet zusätzlich die Vulva. Wie eine Frau oder ein Mädchen den Orgasmus erlebt, hängt unter anderem vom Grad der sexuellen Erregung ab. Danach lässt die Anspannung im ganzen Körper nach. Atmung und Puls beruhigen sich. Die Geschlechtsorgane gehen allmählich in den ursprünglichen Zustand zurück.

Beim Jungen wird dann der Penis in der Erregungsphase steif, er richtet sich auf, der Hodensack zieht sich zusammen. Es bildet sich ein sexuelles Lustgefühl aus, das nach Befriedigung verlangt. Die Erregungsphase lässt sich am schnellen Puls, an der Rötung der Haut ablesen. In der Plateauphase konzentriert sich der Junge – wie das Mädchen – völlig auf die Geschlechtsorgane, die Vorhaut hat sich zurückgezogen, die Eichel liegt frei. Einzelne Tropfen des Vorsamens, in denen schon Samenzellen enthalten sein können, fließen aus. Dann kommt der Orgasmus, der sich als eine rasche Folge von Muskelanspannungen darstellt. Ein Mann oder ein Junge erlebt, wie sich einzelne Muskeln rhythmisch zusammenziehen und das Sperma aus dem Penis herausspritzt. Wie beim Mädchen gilt: «Je mehr es einem Mann oder Jungen gelingt, seine körperlichen Empfindungen mit seinen Gefühlen zu verbinden, desto ganzheitlicher wird er den Orgasmus erleben.» Danach lässt die Muskelanspannung nach. Der Penis kann noch etwas versteift sein, dann wird er aber klein und schlaff, aber aus ihm kann Sperma nachfließen. Es braucht dann wieder einige Zeit, bis es zu einer erneuten sexuellen Erregung kommen kann. Meist braucht der Körper nun Entspannung.

Für Mädchen und Jungen kann dieses Wissen wohltuend sein – über körperliche Abläufe Bescheid zu wissen, sich nicht unter Druck zu setzen, sondern den Partner oder die Partnerin in seinem Orgasmus anzunehmen.

Wandel in der Jugendsexualität

Der Sexualforscher Gunter Schmidt spricht von einer Endtraditionalisierung in der Jugendsexualität und meint damit zwei Prozesse: Einerseits eine «Freisetzung sexuellen Verhaltens und sexueller Moral aus traditionellen Anschauungen und Vorschriften», andererseits eine «Angleichung von Frauen und Männern im Hinblick auf Rechte, Optionen und Selbstbestimmtheit», und macht das an einigen Trends fest:

- Während 1970 noch 80 % aller Mädchen den Geschlechtsverkehr dem Jungen zuliebe gemacht haben, sind es heute weniger als 20 %. Gerade bei Mädchen sind die Veränderungen im Koitusverhalten ausgeprägter als bei Jungen: Mädchen beginnen früher mit dem Geschlechtsverkehr und bevorzugen dabei ältere Jungen. Der Junge führt Mädchen nicht unbedingt in sexuelle Erfahrungen ein, Mädchen suchen und finden eigene Erfahrungsräume.

- Masturbation ist die häufigste sexuelle Verhaltensweise. Sie ist weniger begleitet von Schuldgefühlen wie noch in den 60er und 70er Jahren. In ihr drückt sich sexuelle Selbstbewusstheit, ein Körpergefühl und Autonomie aus.

- Sexualität zwischen den Geschlechtern geht mit wechselseitiger Anerkennung, mit Selbstbestimmung und Selbstbewusstsein einher. Allerdings ist die Eigenverantwortung für das sexuelle Handeln auch widersprüchlich. Zwar schützen sich $^4/_5$ aller Sechzehn- bis Neunzehnjährigen beim ersten Mal, bei unter Sechzehnjährigen lässt sich allerdings ein problematisches Verhütungsverhalten feststellen, das durchaus zu Sorgen Anlass gibt.

- Auch wenn sich Jugendliche elterlicher Kontrolle entziehen, bleibt gerade zu Beginn der Pubertät die elterliche Verantwortung in der Sexualerziehung unabdingbar: Die Sexualität als positive Lebenserfahrung ebenso zu vermitteln wie das Wissen über die Sexualorgane und deren Funktionen. Dazu zählt vor allem, Sexualerziehung als Werteerziehung zu vermitteln, «nein» sagen zu lernen, wenn man nicht will, wenn man nicht Lust hat, und dabei grundsätzlich den anderen in seinem Recht auf körperliche

Unversehrtheit zu respektieren, nicht zuletzt aber auch die Risiken in der Sexualität (ungewollte Schwangerschaften, Geschlechtskrankheiten) zu erkennen und damit umgehen zu können.

Kinder fragen, Eltern antworten

«Mama, wie bin ich in deinen Bauch gekommen?»
Wichtige Fragen und wahrhaftige Antworten

Elisabeth Schröder erzählt von ihren Erfahrungen mit Roman, der als Dreieinhalbjähriger zu ihr kam.

«Mami, wie werden Kinder gemacht?»

«Was meinst du, wie werden sie gemacht?»

«Ich war eine Schneeflocke und ihr habt mich aufgefangen!»

Die Mutter lächelt, als sie sich daran erinnert. Denn an diesem Punkt wäre es erst interessant geworden.

«Aber das stimmt doch gar nicht», Roman pocht darauf, dass sein Geburtstag im Sommer wäre.

«Mama! Und da gibt's keinen Schnee. Wenn ich keine Flocke war, was war ich dann?»

«Was wohl?»

«Eine Schnecke!»

«Wie kommst du denn darauf?»

«Weil Papa sagt, ich bin so langsam wie eine Schnecke!»

Wochen später sei die Sache weiter gegangen. Roman hatte offensichtlich seinen Großvater gefragt, woher denn Kinder kommen.

«Mama, Opa spinnt!»

«Wieso?»

«Opa hat gesagt, mich hat der Esel im Galopp verloren!»

Als seine Mutter laut loslacht, verbittet sich Roman das.

«Opa spinnt!»

«Wieso denn?», hakt seine Mutter nach.

«Mama, nur Pferde galoppieren, Esel nicht. Und Esel sind blöd. Und von einem blöden Esel will ich nicht sein!»

Zunächst ist das Thema für Roman beendet. Lange stellt er keine Fragen. Erst kurz vor seinem fünften Geburtstag interessiert er sich erneut dafür, wie er in den Bauch der Mutter gekommen ist.

«Was meinst du, wie?», fragt seine Mutter zurück.

«Ich glaub, Papa hat damit zu tun!»

«Wie meinst du das?»

«Sonst wär er doch nicht mein Papa!» Er denkt nach.

«Aber was hat Papa gemacht?»

Elisabeth Schröder erklärt es ihm, aber weil ihr die Worte, vor allem die richtigen, fehlen, so meint sie jedenfalls, holt sie ein Aufklärungsbuch, das den Geschlechtsakt im Aufriss zeigt. Der Penis liegt in der Scheide der Frau.

Roman reagiert irritiert: «Mama, so bin ich nicht hineingekommen?!» – «Was meinst du?»

«Papas Zipfel ist doch niemals so groß!» Daraufhin wendet sich Roman kopfschüttelnd ab.

«Wir sind Mama und Papa»

Ein paar Tage später hatte Roman Caroline eingeladen. Als die Mutter das Kinderzimmer betritt, erschrickt sie. Caroline – bis auf das Höschen ausgezogen – sitzt auf dem nackten Roman.

«Was macht ihr denn da?»

«Wir spielen Papa und Mama!», lautet Romans selbstbewusste Antwort.

«Spinnt ihr?» Die Mutter ist konsterniert.

«Wir spinnen gar nicht. Das macht Spaß!» Roman wirkt völlig ruhig.

«Wieso Spaß?»

«Caroline hat ihre Mama neulich bei ihrem Papa so gesehen, und das hat ihnen Spaß gemacht!»

Dann sieht Roman seine Mutter ganz ernst an: «Und uns macht das auch Spaß. Wir wollen mal heiraten, und dann werden wir im Baumhaus wohnen!»

Mittlerweile ist Roman acht Jahre alt, von Caroline will er nichts mehr wissen – wie von allen anderen Mädchen auch. Aber vor einigen Monaten, so erzählt seine Mutter, sei er zu ihr gekommen und habe gefragt, ob er ein Wunschkind gewesen oder ob er ganz zufällig gezeugt worden wäre.

«Ist es gleich beim ersten Mal passiert?», erkundigte er sich neugierig und kroch seiner Mutter auf den Schoß: «Mama, wie bin ich auf die Welt gekommen?»

Sie ist sicher, dass Roman nicht an Details interessiert war, viel wichtiger war ihm, zu hören, dass seine Eltern sich und ihn mögen. Denn gefragt ist nicht die richtige Antwort, sondern eine wahrhaftige, die sich am gefühls- und verstandesmäßigen Entwicklungsstand des Kindes orientiert.

Die Sehnsucht zu verschmelzen

«Mein Sohn Benjamin, fünf Jahre, hat sich neulich auf mich gelegt. Wir beide waren nackt. Da hat er seinen kleinen Penis zwischen meine Schenkel gedrückt, sich auf und ab bewegt: ‹Mama, jetzt machen wir ficki ficki!› Ich war geschockt, völlig hilflos. ‹Geh sofort runter›, hab ich gesagt, ihn richtig runtergeschubst.»

«Aber Papi macht das auch! Und ich darf das nicht!»

Benjamins Mutter empfand die Situation als heikel, war verunsichert.

«Hat er ja Recht! Aber was sollte ich sagen! Schließlich war ich tatsächlich so bescheuert zu sagen: ‹Das tut man nicht!›»

Zweifellos phantasiert Benjamin, mit seiner Mutter zu verschmelzen, mit ihr eins zu werden. Solche Sehnsüchte tauchen zwischen dem dritten und fünften Lebensjahr auf und sind entwicklungsbedingt. Doch bei allem Verständnis für Benjamin muss die Mutter Grenzen setzen. Als es erneut zu einer ähnlichen Situation kommt, kann sie souveräner reagieren. Sie nimmt Benjamin in den Arm und sagt bestimmt:

«Ich möchte nur mit Papa schlafen, ficki machen, wie du es ausdrückst.»

«Warum?»

«Das ist etwas, was nur uns gehört!»

«Aber dann hast du mich nicht lieb!», jammert Benjamin.

«Ich hab dich sehr lieb. Papa auch. Wir kuscheln viel mit dir. Du darfst zu uns kommen!»

Benjamin schmiegt sich an, wirkt skeptisch, fragt aber zunächst nicht weiter. Seine Wünsche artikuliert er in den folgenden Wochen noch drei- oder viermal. Die Mutter bleibt gelassen-konsequent. Eines Abends hört sie, wie Benjamin im Bett seiner Kuschelpuppe anvertraut:

«Mama, die heirate ich nicht mehr, die ist zu alt. Ich heirate Ulrike, die ist jünger.» Ulrike ist Benjamins Freundin im Kindergarten, vier Jahre alt.

An diesen Situationen kann man sehr anschaulich sexualerzieherische Prinzipien verdeutlichen.

Ein Kind will im Hier und Jetzt angesprochen, in seinem aktuellen Wissens- und Erfahrungsschatz ernst genommen werden. Das ist eine Gewähr dafür, dass man es nicht über- oder unterfordert. Aus der magisch-phantastischen Wirklichkeitssicht eines drei- oder vierjährigen Kindes wird allmählich bis zum achten, neunten Lebensjahr eine realistische Weltbetrachtung, die dann durchaus noch Spurenelemente von Magie beinhalten kann.

Jüngere Kinder wissen schon vieles, sie interessieren sich für alles und jedes, sind neugierig, schauen hinter die Dinge.

Sie werden mit vielfältigen Erfahrungen konfrontiert: Manche belasten sie, manche fordern sie heraus, noch genauer hinzuschauen, manche spornen sie an, unbekannte Wege zu gehen, um neue Erfahrungen zu machen. Auch wenn Kindergartenkinder vieles wissen – so können sie doch noch nicht alles wissen. Die Lücken, die sich dann auftun, versuchen sie auf eine eigene Art zu füllen. Kinder ziehen sich auf jene schöpferischen Kräfte zurück, die ihnen die Entwicklung zur Verfügung stellt: die schöpferische Kraft der Phantasie.

«Die Schale der Mama ist voll Blut – muss sie sterben?»

Johannes und Markus, beide etwas über vier Jahre alt, sind Freunde und gehen durch dick und dünn. Johannes, Jonny genannt, wirkt eines Tages bedrückt. Markus merkt das. Als beide spielen, fragt Markus:

«Hast du was?» Johannes ist in Gedanken versunken, antwortet nicht. Markus stupst ihn an.

«Eh, Jonny, hast du was?»

Johannes nickt: «Meine Mama ist krank!»

«Wie?»

Johannes zuckt mit den Schultern, wirkt versunken: «Ist krank!»

«Hab ich verstanden!» Er schaut Johannes an: «Wie krank?»

Johannes sieht seinen Freund fest an: «Meine Mama verblutet!»

Darauf Markus spontan: «Hat sie sich geschnitten?»

«Nein!» Johannes schüttelt den Kopf. «Sie blutet unten. Sie blutet zwischen den Beinen!» Und voller Angst fügt er hinzu: «Ich glaub, die stirbt!»

Markus, ganz Fachmann: «War da so ein Stöpsel?» Johannes nickt.

«Und da war Blut dran, nicht?» Johannes nickt wieder. «Und der war ganz blutig, nicht?» Wieder nickt Johannes, schaut Markus mit zusammengekniffenen Augen an.

«Woher weißt'n das?»

Darauf Markus: «Meine Mama blutet auch!»

Johannes, fast instinktiv: «Was, die stirbt auch?»

«Die stirbt nicht. Das ist so bei Frauen, verstehst du!»

Johannes versteht nichts: «Wieso bei Frauen?»

Markus, souverän: «Na ja, jeden Monat ist das bei Frauen.»

Johannes, ganz verwundert: «Jeden Monat sterben die?»

Nun ist Markus etwas genervt: «Oh, Quatsch, die bluten unten!»

Johannes, fast beleidigt: «Komisch, das ist ja schlimm!»

Markus schüttelt den Kopf: «Ist nicht schlimm, dann kriegt die wenigstens keinen Bruder!»

Johannes fügt hoffnungsvoll hinzu: «Oder ich 'ne blöde Schwester!»

«Sag ich doch, ist nicht schlimm!»

Aber Johannes hat noch nicht alles verstanden und fragt weiter: «Aber warum bluten die?»

Darauf hebt Markus die Hände: «Also guck mal, also das ist so: Im Bauch von deiner Mutter ist eine Schale, so», er bildet mit seinen Händen eine Schale, «da kommt was rein, und die Schale ist warm und dunkel. Da kommt dann ein Tropfen rein!»

Johannes ist irritiert: «Was für ein Tropfen?»

Markus: «Ein Zaubertropfen oder so was.»

Nun ist Johannes neugierig: «Und dann?»

«Na ja, und dann entsteht in der Schale das Kind. Und wenn da keine Zaubertropfen reinkommen, dann kommt Blut!»

«Wie?»

«Ja, irgendwann ist da Blut drin, ganz viel Blut, und dann geht die Schale auf, und das blutet da unten raus bei deiner Mama. So ist das.»

Johannes lächelt beruhigt: «Mhm. Das ist gut. Also, wenn meine Mutter blutet, dann stirbt sie nicht, sondern ich krieg keine Schwester. Das ist gut.»

Man könnte dieses Gespräch natürlich pädagogisch überformen, z. B. den Kindern ein Aufklärungsbuch zur Verfügung stellen, der Zauberschale einen Namen geben, sie als unrealistisch hinstellen und die Zaubertropfen in Spermien verwandeln. Aber es scheint angemessener, den Kindern ihre eigenen Bilder zu lassen, die ihnen in der momentanen Entwicklungsphase genügen. Diese Bilder bieten den beiden Jungen eine magische Erklärung für eine unbegreifliche Situation, eine Situation, die sie erlebt haben, für die sie versuchen, eine eigene Erklärung zu finden. Als Johannes keine befriedigende Erklärung für sich gefunden hat, hat sich Markus der Sache angenommen und seinen Freund auf eine sehr anschauliche Weise «aufgeklärt». Irgendwann werden diese Bilder den beiden Kindern nicht mehr genügen, sie werden andere Fragen stellen und – hoffentlich – altersangemessene Antworten finden. Dann reichen Bilder nicht mehr, dann wollen sie andere Begriffe, dann brauchen sie erklärende Worte.

«Warum schmeckt das Kondom nach Erdbeere?»
Wenn der Wissensdurst die Sprache verschlägt

Im Anschluss an ein sich spontan ergebendes Gespräch über Fragen der Empfängnisverhütung entwickelt sich in einem Kinderhort nachstehende Situation.

Während der Hausaufgaben bringt Jan-Peter, knapp sechs Jahre, am nächsten Tag seiner Erzieherin Elisabeth ein buntes

Kondom mit. Es entspinnt sich ein Gespräch zwischen Jan-Peter und der Erzieherin.

«Ich hab daran geleckt …
es schmeckt nach Erdbeeren»

«Hier», sagt Jan-Peter und zeigt ihr ein Kondom, das er sich über den Finger gezogen hat. Die Erzieherin ist überrascht, schluckt kurz.

«Hier», insistiert Peter.

Die Erzieherin findet mühsam ihre Worte: «Woher hast du denn das?»

«Aus Papas Schublade im Schrank. Der steht beim Bett.»

Die Erzieherin will etwas sagen, ihr fehlen aber die Worte, sie lächelt Jan-Peter an: «Und?»

«Rat mal, Elisabeth, warum schmeckt das nach Erdbeere?»

«Woher weißt du denn das?»

«Hab dran geleckt!»

Die Erzieherin schaut Jan-Peter an: «Hmh, hmh!»

Jan-Peter grinst: «Schmeckt gut! Wie Bonbons!»

«Willst du auch mal?» Er hält ihr seinen Finger hin. Als Elisabeth reflexartig zurückweicht, den Kopf vehement schüttelt, fragt er ganz nachdenklich: «Elisabeth, warum müssen Kondome nach Erdbeeren schmecken?» Bevor er eine Antwort abwartet, meint er kopfschüttelnd: «Die sind doch da, dass da keine Kinder kommen? Komisch!»

Während der letzten Worte ist Thomas, acht Jahre, hinzugekommen, er hat sich Jan-Peters Überlegungen angehört. Thomas baut sich vor dem Jüngeren auf: «Du hast keine Ahnung.»

Jan-Peter wirkt irritiert: «Ich hab doch Ahnung!»

«Quatsch! Die schmecken nach Erdbeeren, weil Mama Papas Ding in den Mund nimmt. Und wenn das nach Erdbeeren schmeckt, mag Mama das lieber.»

Jan-Peters Augen zucken, ein leichtes Kopfschütteln ist zu sehen. Jan-Peter runzelt die Stirn, sieht Elisabeth an. Beide wirken sprachlos.

«Und das war gut so», erinnert sie sich später, «sonst hätte ich nur Blödsinn erzählt.» Während Thomas weggeht – auch in der Gewissheit, es diesem «Kleinen mal wieder gegeben zu haben» –, schüttelt Jan-Peter den Kopf. Er klettert auf Elisabeths Schoß, sucht ihre Nähe, sieht sie mit einer Mischung aus Unsicherheit und Nachdenklichkeit an.

«Im Nachhinein», überlegt sie, «hat er mir, hat er uns geholfen. Jetzt konnte ich ihn annehmen und wirklich beobachten.»

Nach einiger Bedenkzeit meint Jan-Peter: «Ich weiß, warum die nach Erdbeeren schmecken.»

Elisabeth schaut Jan-Peter an.

«Weil die Kinder, die dann nicht geboren werden, wegen dem Kon…, diesem Ding da», er zeigt mit seinem Kopf auf das Kondom am Finger, «nicht so traurig sind, wenn die keine Kinder werden.»

Nach diesem Satz wirkt er, als habe er seine Lösung gefunden. Er scheint mit seiner Erklärung zufrieden. Elisabeth sagt nichts dazu, setzt ihn ab, geht und überlegt: «Hätte ich dazu nun etwas sagen sollen?»

Zwei Zusätze zu dieser Situation. Kurz darauf ging die Erzieherin zu Thomas. Als sie mit ihm alleine ist, fragt sie: «Woher weißt du das mit dem Erdbeergeschmack?» Als er zu einem altväterlichen «Das weiß man doch!» ansetzt, reagiert die Erzieherin schroff: «Zieh hier nicht so 'ne Show ab!» Thomas wird ernsthaft, berichtet von einer Aufklärungsbroschüre, in der er gelesen habe. «Aber», meint er zum Schluss des Gesprächs, «ich find das schon eklig. Also, ich würd doch lieber 'n Erdbeerbonbon lutschen.»

Zweiter Nachtrag – fast ein Jahr später: Jan-Peter kommt zu Elisabeth, jetzt wisse er das mit «der Erdbeere auf dem

Gummi ganz genau». Seine Mama habe ihm das erklärt: Sie «mag Papas Pippi, und dann küsst sie ihn. Weil nur auf den Mund küssen sei so langweilig. Und ich mag ja Erdbeeren.» Man hat bei Jan-Peter den Eindruck, als habe er Verständnis für die Erklärung seiner Mutter, als sei nun alles für ihn klar. Seine Augen gehen nach innen, als suchten sie Bilder für das, was die Mutter ihm erzählt hatte.

«Aber Elisabeth, warum tut sie dann nicht Erdbeermarmelade auf seinen Pippi?»

«Ich musste lachen», berichtet Elisabeth mir später. «Ja, was sollte ich sagen. Tja, irgendwie hab ich dann gesagt: ‹Papas Pippi ist doch kein Brötchen.› Da hat's ihn vor Lachen fast zerrissen.»

Soweit die Geschichte.

Sexualerziehung braucht Vertrauen

Folgende Aspekte sind mir an dieser Situation wichtig:

- Sexualerziehung funktioniert nicht allein über Sprache, ist nicht allein eine Frage der präzisen Information. Vertrauen und Beziehung sind die Voraussetzung für eine Aufklärung, die sich am Kind orientiert. Das Kind braucht das Gefühl des Angenommen-Seins, das Gefühl, verstanden zu werden.

- Die Erzieherin hat ihrem Gefühl vertraut. Und sie hat den Kindern *vertraut*. Wenn Kinder nicht mit den Antworten auf ihre Fragen einverstanden sind, dann insistieren sie weiter, dann fordern sie Erwachsene weiter heraus. Umgekehrt gilt auch dies: Wenn Kinder sich von Antworten überfordert fühlen, dann ziehen sie sich häufig zurück, dann schweigen sie.

- Die Erzieherin hat den Erkenntnisstand beider Kinder berücksichtigt, sie hat beide in ihrer Unterschiedlichkeit angenommen: Jan-Peter in seiner noch magischen Betrachtung von Wirklichkeit, Thomas in seinem schon authentisch-realistischen Herangehen.

■ Die Erzieherin hatte den Mut zum Fragmentarischen. Als die unterschiedlichen Erfahrungen von Thomas und Jan-Peter aufeinander prallten, konnte sie beiden nicht zugleich gerecht werden. Sie hat sich in einem ersten Schritt für Jan-Peter entschieden, Thomas' Hinweis zunächst überhört. Dieses Überhören betraf Thomas' Einwand, als Person hatte sie ihn aber wahrgenommen. Es war deshalb wichtig, dass sie später Kontakt zu Thomas aufnahm. Noch wichtiger: Die Erzieherin besaß den Mut, Jan-Peters magische Deutung stehen zu lassen. Sie fühlte, diese Sichtweise passe *momentan* für ihn. Die magische Deutung wurde dem Kind aber nicht von außen auferlegt. Es war Jan-Peters ganz eigene Erklärung. Sie hatte für ihn im Augenblick alle Gültigkeit.

■ Die Erzieherin vertraute auf Jan-Peters Entwicklung, darauf, dass er zu ihr kommen würde, wenn es weitere Fragen, Probleme und Unsicherheiten geben sollte. Dies trat ein. Elisabeth blieb konsequent im Hier und Jetzt, orientierte sich nicht daran, was sie alles wusste, oder gar daran, was man zu dieser Frage noch sagen könnte. «Aber, ehrlich gesagt, damit bin ich auch ganz schön ins Schwitzen gekommen. Also, das mit den Erdbeeren – mein lieber Gott, wo ich doch gar keine mag!»

■ Schließlich hatte sie den Mut zu einem für Jan-Peter überraschenden Satz: «Aber Papas Pippi ist doch kein Brötchen!» Diesen Satz konnte sie nur sagen, diese Formulierung konnte Jan-Peter nur annehmen, weil die Vertrauensbasis zwischen den beiden gegeben war.

Schmerzhafte Annäherungen

Marc und Jakob, beide knapp über sechs Jahre alt, treten mit ihrer Erzieherin, Stefanie Schrader, über sexuell gefärbte Annäherungsversuche in einen Machtkampf: Mal beißen sie in ihre Bluse, mal versuchen sie, diese zu öffnen, oder sie schleudern ihr den Turnbeutel zwischen die Beine. Stefanie mahnt, droht – vergeblich. Auch als sie ihre Grenzen formuliert, ihr Recht auf körperliche Unversehrtheit einfordert, hören die Jungen nicht auf, selbst dann nicht, als sie Strafen androht. Im Gegenteil: Die Auseinandersetzungen nehmen an Intensität zu.

Eines Tages – als eine ganze Gruppe von Kindern wieder um Stefanie herumsteht – springt Marc plötzlich auf sie zu, zieht sich ein kleines Stückchen an ihr hoch, ertastet ihre Brust, nimmt sie vorsichtig in die Hand, beißt dann durch den dünnen Pullover kurz, aber heftig, vor allem sehr schmerzhaft zu. Stefanie ist von der Aktion völlig überrascht. Sie wirkt aber nur kurz geschockt. Reflexartig beugt sie sich zu Marc, packt ihn schnell, nimmt ihn auf den Arm und setzt ihm schmatzend einen Kuss auf seine Wange.

«Ich musste sofort handeln», erinnert sie sich im Rückblick.

«Meine Worte, meine sprachlichen Grenzen reichten offensichtlich nicht mehr aus. Marc machte ja ständig weiter. Meine Beziehung zu Marc stimmte. Das spürte ich. Aber es musste etwas passieren. Er war ein absolutes Schmusekind, das wusste ich. Nur vor der Gruppe, da spielte er den starken Macho ... den Unberührbaren. Irgendwie war's ein Reflex von mir. Ich wollte ihm zeigen: Du tust mir weh. Ich musste ihm das begreiflich machen. Da hab ich aus dem Gefühl heraus etwas gemacht, was er auch nicht mochte. Pädagogisch war das natürlich nicht richtig. Das weiß ich. Aber er hat mich verstanden. Für den Tag hatte ich meine Ruhe.»

Sie erzählt weiter: «Marc zog sich zurück, beobachtete mich. Der Abschied war völlig normal.» Am nächsten Morgen kommt Marc selbstbewusst auf seine Erzieherin zu. Er gibt ihr die Hand. Er lächelt.

«Na», fragt Stefanie, «willst du wieder beißen?» Marc, ganz bestimmt: «Nee, ich bin giftig.» Daraufhin zieht er seinen Pulloverärmel hoch. Auf dem Arm hatte er sich mit Farbe eine grelle Schlange «eintätowiert», eine Schlange, die keinesfalls bedrohlich aussah: «Siehst du, ich bin giftig. Ich darf dich nicht mehr beißen.»

Seine schmerzhaften Annäherungsversuche hatten ein Ende.

An dieser Situation lassen sich weitere Aspekte herausarbeiten, die für sexualerzieherische Vorgehensweisen verallgemeinerbar sind:

■ Zwar hört man zunehmend von Heranwachsenden, die keinen Respekt vor der physischen Unversehrtheit ihrer Eltern, Lehrerinnen und Erzieherinnen haben. Und auch umgekehrt gilt: Manche Erwachsene nutzen schamlos ihre Vertrauensposition aus, um Kinder körperlich und sexuell zu missbrauchen. Davon handelt diese Geschichte jedoch nicht, vielmehr von der Vielfalt, den Unvorhersehbarkeiten in Erwachsenen-Kind-Beziehungen.

Stefanie hat zu Recht auf ihrer körperlichen Integrität beharrt, sie hat – wenn auch mit Verzögerung – darauf bestanden, dass Grenzen eingehalten werden müssen, um sich gegenseitig Respekt zu erweisen. Wenn Worte dann nicht ausreichen, um Grenzen zu ziehen, ist es wichtig zu handeln.

■ Das Handeln der Erzieherin stellte sich für Marc äußerst paradox dar. Diese Reaktion hatte er nicht erwartet. Die Erzieherin hat ihm durch eine konkrete und für ihn nachvollziehbare Aktion gezeigt: «Ich fühle mich durch dich verletzt und angegriffen.» Marc konnte ihren pädagogischen

Eingriff deshalb annehmen, weil die emotionale Beziehung stabil war: Er mochte Stefanie, sie konnte Marc annehmen. Es ging der Erzieherin nicht darum, Marc bloßzustellen, sondern ihn vielmehr ein einziges Mal eine für ihn unangenehme Erfahrung spüren zu lassen. Kinder lernen häufig aus Erfahrung – nicht aus Worten.

■ Kindliche Entwicklung spielt sich immer auch im Inneren des Heranwachsenden ab. Diese innere Wirklichkeit eines Kindes spiegelt sich in Mythen, in Phantasien, in Symbolen und Geschichten. Marcs Handeln verdeutlicht dies auf eine ebenso reale wie magische Weise. Zweifelsohne sind ihm die Gründe seiner Machtkämpfe nicht bewusst. Er sieht nur das Ergebnis, den unbestreitbaren «Erfolg», den er mit seinen Aktivitäten hat. Deshalb *kann* er auch nicht darüber reden, deshalb war es konsequent, dass Stefanie gehandelt und nicht weiter geredet hat. Marc wiederum hat für sich eine Lösung gefunden – eine gleichsam magisch-wundersame. Indem er sich in eine Schlange verwandelt, schützt er sich und Stefanie: Einerseits dient das Symbol als Schutz davor, nicht weiter zu «beißen» – «Ich bin giftig. Ich höre jetzt auf!» –, andererseits dient die Schlange dem Selbstschutz – «Wenn du mich küsst, vergifte ich dich!»

Auch Monster helfen manchmal!

Hier zeigt sich die Bedeutung, die Kinder Monstern, gefährlichen Tieren oder Gespenstern zuweisen, sehr konkret: Die Symbole ängstigen, aber sie dienen zugleich als Bewältigung von Angst. Giftschlangen sind gefährlich. Man hat Angst vor ihnen. Deshalb ist Distanz ratsam. Ist man oder spielt man jedoch eine Giftschlange, dann ist man stark, kann sich selber schützen und behaupten. Solche Symbole mahnen an die Einhaltung von Regeln, sie erinnern daran, vereinbarte Rituale zu respektieren.

Die vorgestellte Situation verdeutlicht auf eine konkrete Weise ein lösungsorientiertes Vorgehen bei Störungen. Es wird nicht nach Ursachen gesucht – «Warum handelt Marc so?» –, vielmehr danach, wie das störende Verhalten auf eine für alle Beteiligten akzeptable und nachvollziehbare Weise zu verändern ist. Störungen werden dann nicht als Niederlagen empfunden, wenn den Beteiligten Wege aufgezeigt werden, mit Konflikten und Machtkämpfen konstruktiv umzugehen.

Stefanies und Marcs Geschichten verdeutlichen einen Aspekt, der in der Sexualerziehung – aber nicht allein dort – häufig ausgeblendet bleibt: Kinder entwickeln eigene magische Konfliktlösungen, Kinder weisen ihnen eine wichtige Bedeutung zu. Magie und Symbole – wie in diesem Fall die Schlange oder auch Jan-Peters Phantasie von der Funktion des Erdbeerkondoms – dienen der Bearbeitung innerer Wirklichkeiten. Magie und Symbol sind – wie das Spiel – Instrumente zur Bewältigung von inneren Konflikten: Sie benennen Ängste und Unsicherheiten eher indirekt. An Symbolen kann sich das Kind reiben und abarbeiten, es kann seine Ängste darin binden. Das Kind ist seinen Ängsten und Unsicherheiten nicht mehr völlig ausgeliefert. Es hat selbstbestimmte Techniken zur Hand, mit inneren Konflikten umzugehen.

«Blöde Mama!», «Alte Hure!»
Vom Umgang mit Schimpfworten

«Ficksau, Ficksau ... das sagen doch alle im Kindergarten!»

Felix, viereinhalb Jahre, kommt aus dem Kindergarten nach Hause, geht mit einem fröhlichen Lächeln ins Wohnzimmer, sieht seine Mutter an, stellt dann kurz und trocken, aber freundlich lächelnd fest: «Hallo! Du Ficksau!» Die Mutter schluckt, das Kinn fällt herunter. Ein klassischer Knockout. Nach mehreren Schrecksekunden nimmt sie ihren Sohn bei der Hand, schaut ihn fest an: «Felix, so etwas sagt man nicht!» Felix ist nun seinerseits irritiert, er zuckt unmerklich mit den Schultern, dreht sich um, und mit den Worten «Ficksau sagt man nicht!» lässt er eine verstörte Mutter zurück. Sie hört ihn auch später mit dem Spruch: «Felix, Ficksau sagt man nicht!» – mal laut, mal leise, mal fast singend, mal den Satz eher lang hinziehend – durch das Haus toben.

Beim Mittagessen fasst die Mutter Mut, und es entspinnt sich – wie sie mir danach berichtet – folgender Dialog: «Du, Felix, das ist ein schmutziges Wort, was du da immer sagst!»

«Was für ein Wort?»

«Das, was du da ständig sagst! Woher hast du das denn überhaupt?»

«Aus'm Kindergarten. Sagt Alex auch!»

Die Mutter ist entrüstet: «Da ruf ich sofort morgen an!» Und mehr zu sich, nach innen gekehrt: «Da gibt man sich Mühe und dann so etwas!»

«Warum ist Ficksau ein so komisches Wort?»

Die Mutter setzt an: «Ja, weißt du ...»

«Warum?»

Die Mutter überlegt, ihr fehlen die Worte. Felix lacht:

«Warum ist Fischsau ein komisches Wort?» Er lacht stärker: «Fischsau … Saufisch …» Es bricht aus ihm heraus: «Saufisch. Fischsau. Saufick.» Er kann sich kaum vor Lachen halten: «Saufick!»

«Felix!» Die Stimme der Mutter bekommt einen scharfen Klang.

«Hör sofort auf damit. Hörst du!» Sie sieht ihn an. Er dagegen scheint gelassen: «Warum?»

«Ich hab's dir gesagt: Das sagt man nicht!»

«Sagt Papa aber auch …!»

Die Stimme der Mutter wird schrill, sie überschlägt sich fast: «Was sagt Papa?»

«Na, so schlimme Wörter.» Er überlegt: «Arschloch! Verpiss dich! Und so!»

Die Mutter wirkt fast erleichtert, aber innerlich bebt sie: «Aber nicht … Das nicht. Hörst du!»

Felix bohrt weiter, er spürt, wie sich die Mutter windet: «Was ist mit Ficksau?»

«Das ist ein schlimmes Wort!»

«Warum?»

Sie sucht nach Erklärungen, findet keine passenden Worte.

Später erzählt sie mir auf einem Seminar, sie wolle Felix «das mit der … Sie wissen schon … Ich wollte ihm erklären, dass mich das verletzt hat.»

«Und warum haben Sie das nicht gesagt?»

«Ich wollte Einsicht bei Felix wecken und es besonders gut machen. Er sollte es verstehen, dass man damit jemanden verletzt. Deshalb meine langen Erklärungen.»

Sie denkt nach: «Die Situation war verflixt verfahren. Felix hat meine Unsicherheit gespürt.»

«Und wie ging es weiter?», will ich wissen.

«Irgendwann hat er gemeint: ‹Ist schon gut, Mama, Ficksau sagt man nicht.› Dann ging er aus dem Zimmer, leise den

Satz vor sich hin murmelnd … und mich hat er völlig ratlos zurückgelassen.»

Kraftausdrücke faszinieren Kinder, mit ihnen und über sie testen Kinder Grenzen, die Gültigkeit von Normen und Werten aus. In Kraftausdrücken, in Schimpfworten spiegelt sich nicht selten das Unmoralische und das Anarchische kindlicher Phantasien. Dies ist – gemessen an der kindlichen Entwicklung – als normal zu bezeichnen. Über Wortspiele, über den Klang von Wörtern drücken sich kleinere und größere Kinder aus, sie geben ihren inneren Bildern, ihren Versuchen, sich zu finden, eine Form. Die Bedeutung von Kraftausdrücken, von Schimpfworten und Verballhornungen erschließt sich Kindern, wenn sie sie in verschiedenen Zusammenhängen benutzen und die Reaktion ihrer Umgebung erleben.

Jüngere Kinder nehmen Sprachwitze, Sprachspiele, das Ordinäre und das Gemeine der Sprache, aber auch verbale Aggressionen überall wahr – und da der Kindergarten oder die Schule zum Tagesablauf vieler Kinder gehört, auch dort. Hier hören sie die entsprechenden Ausdrücke, erfahren durch Beobachtung deren Wirkung, sie kennen aber nicht immer deren wirkliche Bedeutung, sind es doch meist ältere Kinder, die eine Art Vorreiterrolle annehmen.

Begreifen geht über Greifen – dieser Grundsatz gilt eben auch, wenn es darum geht, die Bedeutung von Sprache auszutesten, ihren Gehalt möglichst konkret zu erfahren. Jüngere Kinder übernehmen – nicht: imitieren! – die aufgeschnappten Worte, stellen sie in einen ihnen vertrauten, deshalb meist familiären oder geschwisterlichen Zusammenhang und beobachten die Wirkung ihrer Worte: Je heftiger die Reaktionen der Erwachsenen, umso mehr ahnen Kinder, einen «Volltreffer» gelandet zu haben. Und jedes Kind wird versuchen, diesen «Volltreffer» zu wiederholen. Wenn die Eltern ausgetestet sind und resigniert in den Seilen hängen, erscheint Oma an der

Haustür, die mit einem zärtlichen «Tag, du liebes Arschloch» begrüßt wird. Sollte die großmütterliche Kinnlade ebenfalls herunterklappen, macht das Kind weiter – so lange jedenfalls, bis Grenzen gesetzt werden, die für das Kind begreiflich sind.

Vom Umgang mit sexuell eingefärbten Kraftausdrücken

Zurück zur eingangs geschilderten Situation. Felix' Mutter hat einige Aspekte übersehen, die es ihr erleichtert hätten, mit den Schimpfworten ihres Sohnes gekonnt umzugehen:

- Hört man als Erwachsener einen bestimmten Kraftausdruck das erste oder zweite Mal, überhört man ihn am besten. Ganz im Sinne des Modell-Lernens kann dies auf Seiten des Kindes zur Überlegung führen: Was woanders gewirkt hat, kommt bei meinen Eltern oder zu Hause offensichtlich nicht an. Sie sollten auch nicht fragen: «Woher hast du das?», damit bringen Sie Kinder schnell in eine Verteidigungsposition und dazu, anderen die Schuld zu geben.

- Hat das Überhören keinen Erfolg, sollten Sie *handeln*. Wer auch dann noch weghört, wenn das Kind seine Ausdrücke weiter verwendet, sie womöglich intensiviert, erreicht genau das Gegenteil. Das Kind muss geradezu mit seinen Regelverletzungen fortfahren, bis der scheinbar gleichgültige Erwachsene endlich reagiert und Grenzen setzt.

- Von erheblicher Bedeutung ist die Art und Weise, wie man solche Grenzen artikuliert. Indem Felix' Mutter auf der «Man»-Ebene argumentiert, bietet sie ihrem Sohn die Gelegenheit, eigene Erfahrungen und Beobachtungen ins Spiel zu bringen: «Papa macht das auch!» Angemessener und für Felix begreiflicher, weil nachvollziehbar, wäre ein Satz gewesen wie: «Ich möchte/will das nicht hören!» Oder:

«Ich bin keine Ficksau!» Auf Felix' mögliche «Warum»-Frage brauchen keine langatmigen Erklärungen zu folgen. Das Kind wünscht eindeutige und kurze Antworten, in denen sich die Haltung des Erwachsenen *authentisch artikuliert*. Felix' Mutter fühlt sich verletzt, also muss sie diesen Gefühlen auch Ausdruck verleihen und darf sich nicht durch «verkopfte» Antworten rationalisieren. Eine Antwort wie: «Felix, ich fühle mich verletzt!», oder «Ficksau verletzt mich! Ich mag das Wort nicht!», ist dann ausreichend, wenn das Kind das Wahrhaftige der Antwort *spürt*. «Und wenn Felix immer noch auf einem ‹Warum› besteht?», fragt Felix' Mutter. «Dann geben Sie zwei- oder dreimal Ihre Antwort. Und dies fest und ganz freundlich. Mehr aber nicht.»
Umständliche Erklärungen überfordern Kinder. Sie orientieren sich in der Regel mehr an der Unsicherheit und den Bedürfnissen der Erwachsenen – «Ich kann dieses schreckliche Wort nicht aussprechen»; «Ich will eine gute Mutter sein! Und gute Mütter erklären!» – als an den Vorstellungen und Erfahrungen der Kinder.

■ Wichtig ist: Felix wird bezüglich seiner Wortwahl, nicht jedoch als Person – etwa «Du bist böse, wenn du das sagst!»; «Du bist frech, wenn du das sagst!» – kritisiert. Felix muss das Gefühl erfahren, alle Persönlichkeitsanteile, eben auch die grenzüberschreitenden, austesten zu dürfen. Dann kann er es aushalten, wenn er Grenzen spürt und Konsequenzen erfährt.

Vom Spiel mit Ausnahmen – die «Schweineecke»

Eine weitere Möglichkeit, mit Schimpfworten umzugehen, sie für Kinder erfahrbar zu machen und sie zugleich zu begrenzen, ist die Einführung von klar definierten und ritualisierten Ausnahmen.

In einer Kindertagesstätte entwickelte sich ein beliebtes

Spiel, das die Kinder erfreute, die Erzieherinnen jedoch auf «die Palme brachte». Die ältesten Kinder, fast alle knapp sechs Jahre alt und kurz vor der Einschulung stehend, warfen «mit den hässlichsten Worten um sich», wie Gerda Albert, die Leiterin, beobachtete. Nicht das Kindergartenteam sei Zielscheibe der sprachlichen Aggressionen, sondern die Kinder, «vor allem die kleineren. Aber auch die», so Frau Albert, hätten es schnell gelernt, sich zu behaupten: «Die schreien jetzt zurück. Zwar nicht ganz so schlimm ... Aber immerhin.»

Es ginge «wahnsinnig zu», meint sie. «Vor allem, ich bin jetzt hilflos. Grenzen helfen nicht. Je mehr wir eingreifen, umso heftiger geht's hinter unserem Rücken weiter. Ich weiß, Verbote machen neugierig. Das Tollste ist», sie schüttelt den Kopf, «wenn wir Erzieherinnen dabeistehen, sagt der eine ‹Du Arschloch›, nicht laut, nicht mal leise, der bewegt nur die Lippen, beim ‹Arsch› geht der Mund weit auf, beim ‹loch› bleibt er fast geschlossen. Und dann erwidert der andere: ‹Pissnelke!› auch unhörbar. Der hat nur die Lippen bewegt. ‹Sei ruhig›, hab ich verzweifelt gemeint. Da sagen die Kinder doch glatt: ‹Wir sagen doch gar nichts!› Stimmt ja auch, die haben ja auch nichts gesagt. Die haben mit unserer ... nein, mit meiner Verzweiflung gespielt.»

Da sich die Kinder von ihren Erzieherinnen mit der «Fäkalsprache» nicht angenommen fühlten und deren Reaktionen als unangemessen empfanden, traten sie in einen Machtkampf ein. Ich machte Gerda Albert den Vorschlag, die Situation durch ein Ritual zu entschärfen. «Machen Sie ein Spiel mit Schweineworten», riet ich ihr. «Legen Sie eine Zeit fest, einen Raum. Dann können Kinder alles ausdrücken, was sie wollen. In der übrigen Zeit sind die Kraftausdrücke allerdings untersagt.»

«Aber macht das nicht erst richtig aggressiv? Werden nicht auch die Kinder animiert, die jetzt still sind?», fragte sie ängstlich.

«Vereinbaren Sie eine freiwillige Teilnahme an diesem Spiel!»

«Und wenn einige Kinder außerhalb dieser Zeit immer noch diese Worte sagen?», will sie es genau wissen.

«Dieses Kind möchte Sie möglicherweise provozieren! Diesem Kind geht es um Aufmerksamkeit, die es über seine Schimpfworte bekommt. Hier sind andere Fragen notwendig: Welchen Sinn hat die Störung? Oder: Habe ich das Kind eine Zeit lang übersehen? Oder: Wie kann das Kind durch positive Aktionen meine Zuwendung gewinnen?»

Gerda Albert redet mit den Kindern, bringt die Idee einer «Schweinewortzeit» ein, macht aber gleichzeitig deutlich: Die übrige Zeit sei dann «schweinewortfrei». Dies gelte insbesondere für die Essenssituation und den Stuhlkreis. Während sie dies sagt, schaut sie alle Kinder der Reihe nach und mit festem Blick an. Alle Kinder sind – sehr zur Verwunderung des Teams – einverstanden. Man verabredet eine Zeit: am Vormittag gegen zehn Uhr, ein Zeitlimit: fünfzehn Minuten und eine – wie die Kinder sie nennen – «Schweineecke». Die Leiterin stellt zu Beginn des Rituals ein rosarotes Plastikschwein auf, gibt das Startzeichen. Das Spiel geht los. «Die kannten gar nicht so viele Worte, wie ich befürchtete. Gut, ‹Arschloch› kam, ‹Kacker›, ‹Pisser›, ‹blöde Kuh …›, aber nach kurzer Zeit war's ein Spiel mit Worten: ‹Kacker …, Kackarsch …, Kackwurst …, Wurstkacke …, Wurstknacke …, Knackheini …, Heidelbeere …, Schneidebeere …›, so ging es weiter, bis die Zeit um war. Die Kinder hatten großen Spaß. Sie lachten, schrien sich an, freuten sich. Nach einer Viertelstunde, meistens schon vorher, ging ihnen die Luft aus. Die waren richtig erschöpft.»

Von ein paar ganz wenigen Ausnahmen abgesehen, hörten die Auseinandersetzungen um die Schimpfworte auf. «Da reichte es, wenn mal einem Kind wieder der Gaul durchging, zu sagen, nachher geht's in der Ecke weiter. Es war einverstanden.» Mit diesem Ritual konnten die Kinder ihren Dampf ablassen.

Grenzüberschreitungen sind sehr lustvoll

Grenzüberschreitungen mittels Sprache sind Versuche der Orientierung, der Reibung an bestehenden Normen und Werten. Grenzüberschreitungen sind aus der Sicht von Kindern häufig spielerisch-lustvolle Schritte, aus der Perspektive der Erwachsenen bedeuten sie meistens Stress. Die Einführung von ritualisierten Ausnahmen im Spiel verspricht aber Lösungen:

■ Sie signalisieren dem Kind Verständnis für grenzüberschreitende Aktionen: «Du bist o.k. Auch wenn du das sagst», bedeutet die Annahme jener Anteile einer Persönlichkeit, mit der Erwachsene ihre Schwierigkeiten haben. Aber diese Schwierigkeiten beziehen sich auf den kritisierten Sachverhalt, eben die Kraftausdrücke, nicht auf die Person. So kann eine Erziehungsbeziehung hergestellt werden, die Belastungen aushält.

■ Verständnis für eine Sache darf nicht mit deren Akzeptanz verwechselt werden. Dies können Kinder erfahren und aushalten. Die Einführung der spielerischen Ausnahme zeigt den Kindern Grenzen auf, weist auf Normen hin, die den Erwachsenen wichtig sind. Solche Grenzen vermitteln Werte, auf deren Einhaltung Erwachsene mit Festigkeit bestehen können. Man kann die Kraftausdrücke der Kinder auf der Basis ihrer Entwicklung verstehen, akzeptiert sie aber trotzdem nicht. Wer Akzeptanz mit Verständnis verwechselt, der übersieht, dass eine Freiheit ohne lebendige Rituale zur Unfreiheit oder ins Chaos führt.

■ Ausnahmen zeigen, dass Achtung und Respekt nur auf der Grundlage gegenseitigen Bemühens möglich sind. Ausnahmen nehmen auf die Bedürfnisse und Wünsche aller am erzieherischen Prozess Beteiligten Rücksicht.

■ Wer Ausnahmen zulässt, kann mit Grenzüberschreitungen spielerischer umgehen. Sie bauen auf der Überlegung auf, dass man Veränderungen im Handeln als Weg versteht, bei dem jeder Schritt ein Ziel, eine neue Grenze darstellt. Ausnahmen sind kein Patentrezept, sie bedeuten nicht, dass das gelöste Problem nicht doch irgendwann – wenn auch unter anderen Vorzeichen – wieder auftaucht. Aber dann hat man mit dem «Ausnahme-Spiel» einen Dietrich zur Hand, der auch für die neue Situation benutzt werden kann.

Sprache als Terror

Kraftausdrücke, die sprachlich erniedrigen, können die Erziehungsbeziehung von Eltern und Kindern zugleich nachhaltig berühren und verletzen. Werden die Beleidigungen und die damit einhergehenden Machtkämpfe ständig ignoriert, führt das zu Hilflosigkeit, Hass und Zerstörungswünschen bei allen Beteiligten.

Eine Mutter erzählt auf einer Elternveranstaltung: «Meine Tochter ist schlimm.» Nina ist zehn Jahre, besucht die letzte Klasse einer Grundschule. «Sie ist», wie der Vater ergänzt, «ein Wunschkind: Wir tun alles für unsere Tochter, sind immer für sie da.» – «Was ist schlimm an Ihrer Tochter?», will ich wissen. Die Mutter klagt: «Es wird immer schlimmer, von Tag zu Tag. Sie macht mit uns, was sie will.» Der Mann ergänzt: «Gestern hat sie mich geschlagen ... Aus heiterem Himmel. Ins Gesicht. Hier, sehen Sie.» Er weist auf einen blauen Fleck am Hals hin. Die Mutter erklärt: «Nur, weil er nicht mit ihr spielen wollte ... zack, zack ...!» Er macht den Schlag der Tochter nach. «... und schon sitzt es im Gesicht.» – «Und was machen Sie?» – «Wir beruhigen sie dann, reden mit ihr ... und so ...», meint der Vater. Ich stelle fest: «Nina behandelt Sie wie ein Stück Dreck!» Der Vater ganz spontan: «Wie den letzten Dreck.»

Und dann erzählt die Mutter, angefangen habe es vor einigen Jahren mit Worten wie: «Komm her, du Arschloch» oder «Gibt's endlich Essen, du blöde Kuh!»

«Wie haben Sie reagiert?»

«Ich war freundlich, hab's überhört. Ich dachte, das sei eine Phase, die vorübergeht.» Die Mutter wirkt nun sehr nachdenklich: «Dann meinte ich, meine Tochter müsse diese Phase irgendwie ausleben. Ich konnte das früher nicht. Na ja, dachte ich, so sind die Kinder eben heute.»

Manche Eltern, Erzieherinnen und Lehrerinnen sind besorgt und unsicher über die – ihrer Meinung nach – zunehmende sprachliche, aber natürlich auch personale Gewalt gegenüber anderen. Es ist viel von fehlendem Respekt und fehlender Achtung die Rede. Die geschilderte Situation weist auf zusätzliche Gesichtspunkte im Umgang mit verbalen Grenzüberschreitungen hin:

- Grenzüberschreitungen thematisieren unklare Erziehungsbeziehungen. Kinder prüfen durch Versuch und Irrtum, wie weit sie gehen können, wann die Grenze der Belastbarkeit in zwischenmenschlichen Beziehungen erreicht ist.

- Wenn über verbale Aggressionen die Erziehungsbeziehung berührt wird, muss man sofort handeln. Wer persönliche Beleidigungen kommentarlos hinnimmt, verstärkt diese. Ignorieren, Überhören mögen beim spielerischen Umgang mit Grenzüberschreitungen – wie bei Felix – *ein* Mittel im pädagogischen Prozess darstellen. Bei entwürdigenden Beleidigungen werden sie als Gleichgültigkeit gedeutet, als Aufforderung weiterzumachen.

- Aus lerntheoretischen Untersuchungen ist bekannt, dass die Bereitschaft, andere Menschen zu verletzen, zu zerstören und zu töten, dann gegeben ist, wenn das Opfer *vor* der Tat entwürdigt wird.

Wenn Erziehende ihrer Entwürdigung im pädagogischen Prozess nicht Einhalt gebieten, dieser nicht sofort begegnen, tragen sie – sicher ungewollt – zu einer Verstärkung der Aggressionen gegen Sachen und Personen bei. Sie erleichtern es Kindern, Zerstörungswut – egal ob in Wort oder Tat – ungehemmt auszuleben, und leisten damit ungewollt einen Beitrag zur Missachtung der eigenen Person.

Überraschende Lösungsversuche

Nun helfen die vorgestellten Techniken nicht immer. Manchmal ist die Situation, die Sachlage, die Eltern-Kind-Beziehung zu kompliziert, um klare Grenzen zu ziehen. Hier ist die Intuition, der überraschende Einfall gefragt, der Kindern in der Sache eine klare, nachvollziehbare Grenze setzt. Kinder brauchen solch eine Grenzziehung nicht in allen Einzelheiten zu verstehen, durch Haltung, Mimik, Gestik, Stimmklang und Wortwahl des Erwachsenen können sie *erfühlen*, welche Grenze sie überschritten haben.

Svenja Hartung, eine junge Grundschullehrerin, hat seit einiger Zeit Ärger mit ihrer dritten Grundschulklasse. Schimpfworte machen die Runde, gegenseitige verbale Beleidigungen und Verleumdungen sind zu hören. Einzelgespräche führen zu keinem wirklichen Erfolg – mal sind die Verbalattacken eine zeitlang verstummt, dann sind sie umso lauter zu hören. Svenja Hartung ringt sich zu einem «Schweinewort»-Spiel durch, das im Anschluss an den Schulunterricht auf freiwilliger Basis durchgeführt wird. Viele Schüler nehmen daran teil, Mädchen sind nur wenige vertreten. Gleichwohl führt das Angebot dazu, «die Luft rauszunehmen aus der Sache». «Ich gewann den Eindruck, meine Klasse fühlte sich angenommen.»

«Du Fickerin!»

Nur Michael, fast zehn Jahre, drückte der Situation seinen ganz eigenen, von der Lehrerin nicht erwarteten Stempel auf.

Als sie eines Tages – kurz nach einem «Schweinewort»-Spiel – die Klasse betrat, vermeinte sie, Michaels leise Stimme zu hören: «Fickerin!» Nein, unmöglich, fand sie, der «kleine süße Michael, ein Schlitzohr», der auch beim Spiel mit Kraftausdrücken ein Erfinder skurrilster Worte war, nein, Michael und diese Worte, das konnte sie sich nicht vorstellen!

In den nächsten Tagen schien sie bestätigt: Michael schaute sie interessiert an, wenn sie die Klasse betrat, blieb aber ruhig, aufmerksam, ganz folgsam.

Einige Tage später. Kaum hatte sie an einem Montag, sehr entspannt und gut gelaunt, den Klassenraum betreten, sah Michael, der weit vorne saß, seine Lehrerin fest an. Mit ganz klarer Stimme sagte er: «Guten Morgen, Fickerin!» Die Klasse war konsterniert. Auch bei Svenja Hartung saß der Treffer.

Sie ignorierte das «fürchterliche Wort, ich hatte so ein Wort noch nie in den Mund genommen». Als Michael an den beiden folgenden Tagen mit seiner «Begrüßung» fortfuhr, bat sie ihn im Anschluss an den Unterricht zu einem Einzelgespräch. Michael war zu keiner wirklichen Kooperation bereit. «Es kommt mit einem Mal über mich», versuchte er zu erklären. «Ich kann da nichts machen.» Svenja Hartung ließ sich intensiv auf Michael ein, sie wollte mit ihm nach einer gemeinsamen Lösung suchen. Vergeblich! Alle Ideen wurden von Michael verworfen. Er wollte sich nicht auf pädagogische Lösungen einlassen. «Und das Tollste», erzählte die Lehrerin, «als ich diesen Fall in einer Fortbildung vortrug, meinte der Referent: ‹Da hilft nur der Eisenbesen.› Typisch! Wenn's pädagogisch nicht klappt, kommen die Züchtigungen aus dem 19. Jahrhundert.»

«Aber was kann ich nur tun?», fragte sie mich während einer Beratung verzweifelt.

«Was möchten Sie tun?»

«Oh, ich will das auch zu ihm sagen», bricht es wütend aus ihr heraus.

«Was hindert Sie?»

«Ich kann es nicht sagen!»

Ich sehe sie fragend an. Sie lacht: «Ich komm aus einem katholischen Elternhaus. Und wehe, da fiel früher nur ein böses Wort – an sexuelle Ausdrücke war überhaupt nicht zu denken –, dann mussten wir Kinder uns in die Ecke stellen und uns mindestens eine Stunde schämen!» Sie schüttelt ihren Kopf. «Also, ich kann das Wort nicht sagen. Das geht nicht.»

Michaels Störungen nahmen zu. Nun stand er schon in der Klassentür, in Erwartung seiner Lehrerin, rief den Flur entlang: «Fickerin!» Svenja Hartungs Schule ist sehr alt, die Flure sind lang, die Mauersteine werfen laute Worte mit dröhnendem Hall zurück.

«Und die Worte klangen mir in den Ohren. Das war schrecklich! Michael hatte mich völlig in der Hand. Ich war seine Marionette. Er wollte eine Grenze, das wusste ich natürlich. Aber wie?» Am dritten Morgen nach der erneuten Eskalation «hatte ich's. Mit einem Male. Ich sah einen Schatten, meinen Schatten, und konnte darüber springen!»

Michael stand wieder in der Tür, er rief laut: «Fickerin!»

«Ich sah ihn vor mir. Ein Schätzchen. Aber nun war's aus mit dem Schatz. Schatz hin, Schatz her, dachte ich. Du bist ein Schlitzohr.»

Svenja Hartung geht mit festen Schritten auf Michael zu – «Fickerin, Fickerin» im Ohr, «gar nicht mal hässlich, ja fast spielerisch lächelnd vorgebracht», wie sie sich später erinnert. Sie geht blitzschnell vor ihm in die Hocke, berührt mit der linken Hand ganz freundlich seine rechte Schulter, lächelt ihn an. Dann hält sie ihm ihre rechte Hand vor die Augen, Daumen und Zeigefinger vielleicht drei oder vier Zentimeter auseinander gespreizt: «Da, Michael», sagt sie ganz ruhig, «deiner ist so klein.» Sie weist mit ihren Augen auf die Lücke zwischen Daumen und Zeigefinger, «das geht bei dir noch gar nicht!»

Michael lächelt etwas gequält. Während sich Svenja Hartung langsam erhebt, fasst Michael ihre rechte Hand, Daumen und Zeigefinger zusammendrückend. Ihre Hand ist feucht. Seine auch. Beide betreten den Klassenraum. Die Klasse sitzt gespannt da. Die überraschende Maßnahme hat Wirkung gezeigt.

«Und?»

«Das war schon widersprüchlich bei mir», meint sie. «Ich sah mich einige Male während des Unterrichts in der Ecke des Klassenraumes stehen, das Gesicht zur Wand und hörte meinen Vater mit strafender Stimme sagen: ‹Svenja! Svenja! Wie weit ist es mit dir gekommen.›»

Michaels Attacken hörten auf. «Es war vorbei! Ich konnte es kaum glauben!» Sie schüttelt den Kopf: «Es war wirklich vorbei! Ehrlich! Aber», sie sieht mich fragend an, «warum machen es Kinder einem manchmal so schwer?»

«Kinder wollen von Eltern und anderen Erwachsenen nicht die pädagogisch wertvollste, sondern die künstlerisch beste Lösung», lache ich sie an. «Und für Kinder ist das Beste gerade gut genug!»

«Aber doch nicht jeden Tag!»

«Einen Michael haben Sie ja auch nicht jeden Tag!»

«Gott sei Dank!», sagt sie spontan, und ich sah sie wieder in der Ecke stehen, das Gesicht zur Wand gerichtet.

Einige kurze Anmerkungen zu dieser Situation:
- Die Lehrerin hat überraschend gehandelt – in einer Weise, die Michael nicht vorhersehen konnte. Das *konkrete* Vorge-

hen von Svenja Hartung ist nicht ohne weiteres übertragbar: Es war ihr und Michaels Spiel. Dieses Spiel hatte ganz eigene Abläufe, es funktionierte unter ganz spezifischen Bedingungen. Aber die Situation enthält *verallgemeinerbare* Strukturen: Wenn die emotionalen Beziehungen zwischen Erwachsenen und Kindern stimmen, sind solche paradoxen Eingriffe nicht nur möglich, sondern notwendig. Die Lehrerin hat Michael als Person akzeptiert, ihm aber auf eine emotional nachvollziehbare Weise ihre persönlichen Grenzen gezeigt.

■ Solche spontanen Lösungsversuche passen, oder sie passen nicht. Die Gründe hierfür bleiben häufig im Dunkeln. Bei Michael kam zufällig heraus, warum Svenja Hartungs Satz «Der ist noch zu klein ...» ins Schwarze traf. Michael hat zwei ältere Brüder. Gemeinsam verglich man häufig die Größe der Penisse. Oder die drei Brüder «pissten», wie Michael sagte, «wer's am weitesten konnte». Michael verlor ständig. Als er einmal davon hörte, wie Michaels Bruder einen «Ständer bekam, als er Julia küsste», war Michael traurig: «Ich hab Marion gestreichelt. Bei mir war da nichts.» Michaels Bruder hatte daraufhin gesagt: «Schlappschwanz. Dazu bist du noch zu klein.»

«Was macht ihr denn da?»
Der Blick ins Elternschlafzimmer

«Papa will Mama umbringen»

Max, knapp fünf Jahre, kam eines Morgens in den Kindergarten. Er umkreiste ständig Monika Seibold, seine Erzieherin. Für sie war dieses Verhalten mehr als auffällig, weil Max ansonsten ein «burschikoser Typ» ist, der «nur wenig Streichel-einheiten» und Zuwendung brauchte, kam er doch – wie seine Erzieherin meinte – aus einer gefühlsmäßig stabilen Familien-situation. Die Erzieherin deutete Max' Verhalten als «wirklich seltsam». Als er wieder einmal in ihrer Nähe stand, fragte sie beiläufig: «Is' was, Max?»

Er schüttelte den Kopf, sah auf seine beiden Stoffpuppen, die er in der Hand führte. Max ließ die Puppen sich berüh-ren. Er führte sie zusammen, nannte sie Nina und Dino. Sie umarmten sich.

«Max, hast du was?» Die Erzieherin blieb hartnäckig.

Max zögerte, druckste herum, wirkte unschlüssig. Dann schien es, als gäbe er sich einen Ruck: «Papa will Mama um-bringen!» Er sagte es ganz ernsthaft.

«Mäxchen! Mäxchen! Erzähl mir keine Schauermärchen!» Ihre Stimme hatte einen Klang, als ob sie ihn nicht ernst nahm, geschweige denn verstand.

«Doch!» Max stampfte mit dem Fuß auf: «Papa will Mama umbringen!»

Sie schüttelte mit dem Kopf, streichelte sein Haar: «Nun spiel erst mal weiter.»

Sie hoffte, er würde auf andere Gedanken kommen. Schlecht geträumt habe er, dachte sie sich. Aber sie überlegte sich, alsbald mit der Mutter ein Gespräch zu führen.

Einen Tag später: An diesem Vormittag war ein Schaukel-pferd der Lieblingsplatz von Max. In den Zwischenpausen setzte er sich auf das Pferd, presste es fest zwischen seine Schenkel, bewegte sich intensiv auf und ab, sein Kopf wur-de rot, kleine Schweißperlen bildeten sich auf der Stirn: «Ich mach dich fertig!», stöhnte er vor sich hin. «Ich mach dich fertig!» Und so als würde er sich selbst eine Antwort geben, stieß er ekstatische «Ja! Ja!» dazwischen. Das Spiel wiederholte sich regelmäßig. Monika Seibold ließ Max gewähren, machte sich allerdings Gedanken.

Es ergab sich schnell die Gelegenheit zu einem Gespräch mit Max' Mutter. Die Erzieherin hatte zu ihr «einen guten Draht», sie sprach sie auf ihre Beobachtung an. Die Mutter war ganz offensichtlich irritiert. Beide holten Max in der Hoffnung hinzu, Näheres von ihm zu erfahren.

«Max, was erzählst du da!» Die Mutter wirkt entrüstet, obgleich sie sich vorgenommen hat, ruhig zu bleiben.

Max zuckt mit den Schultern: «Du hast erzählt, Papa will mich umbringen!» Max schaut die Mutter gedankenverloren an.

«Sag mal, was fällt dir ein. Sag mal, spinnst du!» Der Zeigefinger schnellt an die mütterliche Stirn.

«Nun lass mal, Veronika», beschwichtigt die Erzieherin.

«Ich spinn gar nicht», Max' Stimme klingt trotzig, aber auch sehr ernsthaft. «Ich spinn gar nicht.»

Max' Mutter atmet tief aus: «Dann erzähl mir bitte, was ist …, aber sofort.»

In ihre ungeduldige Stimme mischt sich ein drohender Unterton.

Max geht zu seiner Erzieherin, nimmt ihre Hand.

«Neulich hast du auf Papa gesessen und hast nur ‹Ja! Ja!› gesagt. Du hast mich gar nicht gehört. Und Papa hat gesagt: ‹Ich mach dich fertig.›»

Max' Mutter weicht entsetzt zwei Schritte zurück. Ihre Hand geht zum Mund, ihre Augen rollen verzweifelt hin und her – vergeblich, sie finden keinen Halt. Max zieht seine Erzieherin an der Hand, damit sie ihn ansieht. «Und dann hat Papa immer gesagt: ‹Ich mach dich fertig.› Und du hast ganz laut gestöhnt: ‹Mach's!›» Max schaut verständnislos: «Ich hab mir die Ohren zugehalten, weil ich dachte, du stirbst.»

Nun geht Veronika zwei Schritte auf ihren Sohn zu: «Mein Gott, Max.» Sie streichelt sein Haar: «War das neulich, als du nachts mal zu mir gekommen bist und dein Ohr an meinen Mund gelegt hast?» Max nickt: «Ich wollt hören, ob du noch atmest.» Die Mutter nimmt Max in den Arm: «Ich mag dich, Max.»

«Wollte Papa dich wirklich umbringen?»

«Nein!» Sie überlegt, doch ihr fällt keine «richtige» Antwort ein. Ihr Gehirn sei leer gewesen, meint sie später, tausend Gedanken schossen ihr durch den Kopf: «Bloß jetzt nichts Falsches sagen.» Max spürt irgendwie die Hilflosigkeit seiner Mutter: «Mama?» Er sieht zu seiner Mutter hoch: «Mama, hast du mit Papa Schaukelpferd gespielt? Und das hat Spaß gemacht, nicht?» Die Erzieherin muss lachen, Erleichterung macht sich bei Max' Mutter breit: «Ja, es hat Spaß gemacht.» Max streichelt seine Mutter, geht zum Schaukelpferd, setzt sich drauf und stöhnt: «Ich mach dich fertig!»

Elternschlafzimmer – ein Tabubereich?

Max' Erlebnis macht deutlich, warum das Elternschlafzimmer als Grenze für Kinder bedeutsam werden kann – wohlgemerkt *kann*: Ein Dogma braucht diese Grenze nicht zu sein, dies liegt letztlich im Empfinden der Erwachsenen.

Eltern haben das Recht auf eine eigene Intimität und ausgefüllte Sexualität – in einem eigenen Raum, zu selbstbestimmten Zeiten. Eine solche Einstellung hat nichts zu tun mit einer verqueren Einstellung zur Sexualität. Eltern, die ihre Bedürfnisse nur denen der Kinder unterordnen, die kindorientiertes Handeln mit dem Aufgeben der eigenen Persönlichkeit verwechseln, die in der Kindererziehung aufgehen, werden unsichtbar, sind graue Mäuse – bis zur Unkenntlichkeit in der Erziehungsaufgabe verschwunden. Sie können wohl keine von Kindern geschätzten Persönlichkeiten sein. Denn wer keinen Respekt, keine Achtung vor sich selbst hat, der wird auch nicht respektierend geachtet.

Genauso wie das Kind ein Recht auf eigene Zeiten und Räume hat, z.B. auf ein Alleinsein im eigenen Zimmer, genauso wichtig ist es, den Kindern erfahrbar zu machen: «Ich brauche Zeit für mich! Wir brauchen Zeit für uns! Das ‹Hotel Mama› hat zu bestimmten Zeiten geschlossen.» Je normaler und selbstverständlicher diese Regel in den Alltag einbezogen ist, je konsequenter elterliche Bedürfnisse in für Kinder nachvollziehbaren Ritualen eingebunden sind, umso eher sind Kinder bereit – von bestimmten Tagesformen und Ausnahmen einmal abgesehen –, sich darauf einzulassen. Kinder fühlen, dass sie nicht generell ausgeschlossen werden, vielmehr nur für eine bestimmte, überschaubare Zeit auf sich gestellt sind.

Eltern setzen ihre Grenzen in der Sache; nicht das Kind als Persönlichkeit wird zurückgewiesen, auch wenn es möglicherweise bestimmte Argumente – z. B. «Ihr mögt mich nicht!» – anführt, um Eltern moralisch unter Druck zu setzen. Eltern, die hier keine klare und feste Position besitzen, selbstbewusst ihre Zeit von den Kindern abverlangen, sind durchaus in der Gefahr, sich nötigen zu lassen.

Deshalb können Eltern ihre liebevollen Zeiten ohne schlechtes Gewissen miteinander genießen. Wenn beim gemeinsamen Schmusen doch an «die kleinen, allein gelassenen Kinder» gedacht wird, dann ist manchmal Beziehungsstress die Folge: zwischen den Partnern, die keine Zeit füreinander haben, mit «einem Ohr ständig bei den Kindern sind». Sie empfinden dies auf Dauer als Belastung, eine Belastung, von der sie sich nicht wirklich freimachen können. Den so erlebten Druck geben sie nicht selten auf eine subtile Weise an die Kinder weiter: «Kannst du dich denn nicht mal alleine beschäftigen? Muss ich mich denn immer um dich kümmern?»

Nun lässt sich Klarheit nicht überall und in jeder Situation durchhalten – dies insbesondere dann nicht, wenn Kinder noch sehr jung sind. Zwar kann man ihnen die Notwendigkeit einer eigenen Zeit und eigener Räume vermitteln, man kann sie bitten, die geschlossene – nicht: abgeschlossene! – Tür zu respektieren.

Doch handeln jüngere Kinder meist spontan, oder sie sind einfach vergesslich. Stehen jüngere Kinder dann vor dem Bett, während die Eltern miteinander kuscheln, intensive Gefühle austauschen, miteinander schlafen, ist es wichtig, aufzuhören und das Kind nicht wegzuschicken. Klopft das Kind an die geschlossene Tür und möchte hereinkommen, ist es besser – ich weiß: «Oh, welch Frust!» –, das Kind hineinzubitten. Kinder sind neugierig, wollen wissen, was die Eltern gerade machen. Dann reicht der Hinweis auf Zärtlichkeit, Schmusen und Streicheln – und vielleicht kann man das Kind, falls es das möchte, in ein gemeinsames zärtliches Kuschelspiel einbeziehen.

Ältere Kinder haben manchmal den Wunsch, ihren Eltern beim Geschlechtsverkehr zuzusehen. Solch ein Bedürfnis hat wenig mit Voyeurismus als vielmehr mit Wissensdurst zu tun. Das Kind entwickelt – je älter es wird – Phantasien und Vorstellungen, die es nun als anschaulich-begriffliche Erfahrung hautnah erleben möchte. Es gibt Eltern, die ihren Kindern dies gestatten. Und diese Eltern berichten davon, wie Kinder, als ihre Neugier befriedigt war, weggegangen sind. Das kann durchaus sein.

Meine Position ist eine andere: Sexualität gehört zwei Menschen. Dies hat mit Intimität, mit Vertrautheit und Verlässlichkeit zu tun, die andere, auch die eigenen Kinder, ausschließt. Der den Kindern als biologischer Anschauungsunterricht vorgeführte Geschlechtsverkehr wirkt befremdlich. Wenn Kinder ihren Wissensdurst befriedigen wollen, dann ist es sinnvoller, in den nächsten Tagen eines der vielen Ratgeberbücher heranzuziehen, die Heranwachsenden auf eine ebenso einfühlsame wie konkret-anschauliche Weise Details über Sexualität und den Geschlechtsverkehr zeigen. Wenn man diese Ratgeber dann gemeinsam mit den Kindern anschaut, empfinden diese eine solche Verhaltensweise nicht als elterliche Ausflucht, Verweigerung oder als Abschieben von Verantwortung.

Etwas anderes ist es, wenn Kinder den Wunsch äußern, die Geschlechtsorgane der Eltern anzuschauen, sie vielleicht vorsichtig zu berühren. Wenn Eltern dies zulassen *können* – ohne sich Zwang anzutun oder dabei ihre körperliche Integrität verletzt zu sehen –, kann dies Kindern helfen, Sexualität nicht allein als etwas Abstraktes, vielmehr in einer anschaulich-sinnlichen und begrifflichen Atmosphäre zu erleben.

Elterlicher Geschlechtsverkehr kann beim Kind – die skizzierten Situationen zeigen es – falsch verstanden werden. Miteinander schlafen hat – aus der Sicht von Kindern – etwas Aggressiv-Gewalttätiges an sich, dies selbst dann, wenn es von den Beteiligten als intensive Zärtlichkeit erlebt wird. Dieser unterschiedliche Blickwinkel kann zu Missverständnissen führen, die beim Kind gefühlsmäßige Betroffenheit nach sich ziehen kann.

«Papa, nimm doch die Zauberhand»

Angela, sechs Jahre, kommt zu ihrem Vater, Moritz Schäfer, morgens ins Bett. Er liegt schon wach, entspannt sich ein wenig. Angela kuschelt sich zu ihm, umschnurrt ihn wie eine Katze, streicht ihm durchs Haar.

«Lass uns spielen, Papa», schlägt Angela mit einem Mal vor.

«Nicht jetzt!»

«Doch», insistiert Angela. Moritz Schäfer lässt sich breitschlagen: «Dann hol was zum Spielen. Du darfst es dir aussuchen.»

«Nein! Hier spielen!»

Moritz Schäfer schaut seine Tochter irritiert an: «Was meinst du?»

Sie fasst seine Hand an: «Wie du das mit Mama machst!» Angela klingt fordernd.

«Was mach' ich mit Mama?», fragt er zu schnell, etwas hektisch.

Ungeduldig bewegt er sich hin und her.

«Ihr liegt da, unter der Decke, und dann hast du da die Hand», Angela zieht sie gegen seinen Widerstand zu sich heran und legt seine Hand auf ihren Bauch, presst sie dort fest, «du hast da die Hand auf Mama, auf dem Bauch, und dann hat sie die Augen zu.» Angela schließt die Augen: «Und dann sagt sie zu dir: ‹Moritz, spiel mit mir …, spiel mit mir …, du mit deinen Zauberhänden.› Und so geht das.»

Angela macht ihre Mutter nach. Moritz Schäfer fühlt sich unwohl, aberwitzige Gedanken schießen durch seinen Kopf, als Angela ihn in die Wirklichkeit zurückholt: «Papa! Zauber auch mit mir! Bitte, bitte!» Dem Vater bleibt auf der Stelle die Spucke weg, er droht die Fassung zu verlieren: «Angela, sag mal, spinnst du völlig? Hast du schlecht geträumt oder was?»

Sie, ganz selbstbewusst, die Unsicherheit ihres Vaters ignorierend, wohl auch nicht wahrnehmend: «Neulich, da kamt ihr spät nach Hause. Und du warst an meinem Bett und hast mir einen Kuss gegeben. Mami hat mich nur kurz gestreichelt. Aber ich hab noch gar nicht geschlafen. Und sie hat zu dir gesagt: ‹Moritz, komm!› Und dann ist Mama einfach weggegangen. Sie hat mir keinen Kuss gegeben. Dann bin ich aufgestanden. Ich wollte ein Küsschen von Mama. Und dann bin ich ins Schlafzimmer gekommen. Da war niemand, da dachte ich, ihr seid wieder weggegangen. Aber ihr wart im Wohnzimmer, Mama lag im Sessel und du davor», sie stockt, «du hast mit deinen Händen gezaubert. Ich konnte das nicht sehen. Aber Mama hat's immer wieder gesagt.»

Moritz Schäfer hat die Situation klar vor Augen. «Das war toll neulich», erzählt er mir auf einem Elternseminar, «wir haben nichts mehr gehört und gesehen. Ist doch in Ordnung, oder?» Ich nicke.

Aber Angela ließ nicht locker: «Papa, was ist? Zauberst du?»

«Ich musste was machen», so Moritz Schäfer später im Gespräch.

«Sie hatte wohl nicht alles mitbekommen. Und ich wollte das mit dem Zaubern auch nicht kaputtmachen. Da hatte ich einen Einfall.»

«Hol die Zaubermännchen aus deinem Zimmer! Und dann machen wir Bauchtheater.»

«Au, ja!» Angela springt auf, holt ihre Zauberpuppen, mit denen ihr Vater ansonsten abends vor dem Zubettgehen allerlei Tricks vorführt. Angela kommt wieder, hat schnell noch einen Bikini angezogen. Sie legt sich zum Vater, streichelt über ihren Bauchnabel: «Mein Bauchtheater …» Und bevor er antworten kann, fährt sie fort: «… ist geöffnet.»

«Ob Miracoli», so nannte Angela ihre Zauberpuppe, «den Bauchnabel wegzaubern kann?»

«Wir versuchen's.» Beide hatten schon eine Zeit lang auf dem Bauch ihre Zaubertricks vorgeführt, als Eva Schäfer das Zimmer betritt – angezogen von dem Gekicher: «Was ist denn hier los?»

«Wir zaubern, so wie Papa mit dir zaubert!»

Eva Schäfer schaut erschrocken. Berichte über Missbrauch von Kindern schießen spontan in ihren Kopf, ihr wird ganz heiß. Moritz Schäfer ahnt das, schüttelt lächelnd den Kopf: «Nicht wie mit Mama, wie mit dir, Angela!»

Angela sieht ihren Vater an: «Meinetwegen!»

Eva Schäfer wirkt noch immer einigermaßen irritiert.

Ich habe das Elternschlafzimmer als mögliche Grenze bisher aus der Sicht der Kinder thematisiert. Damit einhergehende Probleme in der Partnerschaft sind nicht angesprochen worden. Auf einige Aspekte möchte ich nur kurz und mehr zusammenfassend hinweisen:

- Es kommt mir nicht darauf an, elterliche Sexualität zu kasernieren, gar die geschlossene Tür als Patentlösung für ungestörten Sex einzuführen. Die Anmerkung einer Mutter leuchtet mir absolut ein: «Überlegen Sie doch mal, was Leute bei Seitensprüngen so anmacht: Mal eine Wohnung nur für sich zu haben, nackt herumzulaufen, zu kochen, den Esstisch zu missbrauchen oder in den Wald zu fahren – aber ohne Kindersitz!» Ungestörte Sexualität braucht Spontaneität, die gewährleistet die geschlossene Tür nicht unbedingt.

- Noch ein Gedanke zur Spontaneität: Viele Eltern schaffen ihre Kinder zu den Großeltern, zu Bekannten, mieten sich in ein Hotel ein. «Aber dann», so ein Vater, «war der Psychodruck groß, und wir wollten an diesem Abend nichts anderes als fernsehen!»

- Schließlich: Wenn jüngere Kinder den ganzen Tag an den Fersen der Mütter hängen, sind diese manchmal froh, für ein paar Stunden allein zu sein, um sich auf ihr eigenes Ich zu konzentrieren. «Dann», so eine Mutter, «kann man sich schwer auf jemanden einstellen. Wenn manche Männer meinen, man hätte keine Lust, dann sollte man ihnen erklären, warum man in dieser Phase, wenn kleine Kinder da sind, das so ist. Oder der Mann sollte mal warten, bis die Frau Lust hat. Mein Mann ist manchmal wie ein eifersüchtiges Kind hinter mir her und drängelt ununterbrochen.» Eine andere Mutter stimmt spontan zu: «Selbst wenn der Kopf voll mit Erziehungsfragen ist, die Erotik im Kopf ziemlich weg ist, die Lust zwischen den Beinen ist noch da. Die lässt sich manchmal auch mit einem Kissen zwischen den Schenkeln mit weniger Anstrengung befriedigen.»

Die verschiedenen Situationen, die sich aus den Fragen und dem Handeln der Kinder ergeben, erfordern je spezifische Lösungen. Patentrezepte gibt es nicht, Perfektionismus überfordert alle Beteiligten. Der Weg ist das Ziel – mehr denn je gilt das in der alltäglichen Sexualerziehung: Mal verläuft der Weg ebenerdig, ohne Tücken, meist sind es aber die «Mühen der Ebene», die bedrücken und entmutigen. Mut lässt sich vielleicht aus dem Trost gewinnen: In den Ebenen gibt es Oasen, die manchmal Genuss, Lust und Sinnlichkeit versprechen.

Fragen der Kinder zur Sexualität fordern Eltern, manchmal überfordern sie sie auch – vor allem, wenn man meint, auf jede Frage eine Antwort wissen zu müssen. Fragen der Kinder bringen Überraschungen mit sich – auch Unsicherheit und Hilflosigkeit. Dies ist normal, alles andere unüblich. Kinder haben den Anspruch auf einen Menschen – nicht auf einen pädagogischen Roboter, der ständig weiß, wie *man* erzieht. Dann sind Lösungen möglich, die den verschiedenen Alltagssituationen und -fragen Rechnung tragen, wie die nachstehende Geschichte zeigt.

«Was macht ihr da?»

Es ist kurz vor Mitternacht. Andreas, neun Jahre, ist auf dem Weg in sein Zimmer. Als er vor dem Schlafzimmer seiner Eltern steht, stockt er kurz … überlegt, zögert. Dann drückt er die Türklinke herunter, öffnet die Tür, sieht ins Dunkel des Zimmers. Er geht vorsichtig einige Schritte hinein, auf das Bett seiner Eltern zu. Ben und Beate sind liebevoll und intensiv auf sich bezogen – Ben mit Beate und Beate mit Ben. Sie liegen ineinander verschlungen, sind nur für sich da, nehmen die Welt um sich herum nicht wahr. Beate umklammert Ben, ihre Hände streicheln seinen Rücken. Sie hat ihre Beine fest um seinen Hintern geklammert, um ihn so intensiv zu spüren.

Andreas hört Stöhnen, Geräusche der Lust. Er tritt nahe ans Bett heran, sieht ein in sich verschlungenes Menschenknäuel und fragt kurz und trocken: «Was macht ihr da?»

Beate schreckt auf, Ben reißt den Kopf hoch. Auf der Stelle ist Schluss mit der Lust. Der Schreck fährt in sämtliche Glieder. Nach einer Sekunde des Schocks löst sich dieser in Lachen auf. Andreas insistiert: «Was macht ihr denn da?»

Ben findet seine Sprache wieder: «Andy, das besprechen wir morgen.»

Andreas fühlt sich nicht ganz so wohl in der Haut, steht noch unschlüssig am Bett, zumal seine Mutter ständig kichert. Der Vater, ein wenig ungeduldig, obwohl ihm klar war, heute würde wohl nichts mehr gehen: «Andy, wenn du das nächste Mal reinkommst, dann klopfst du bitte an … So, nun geh!»

Andreas wendet sich, geht hinaus. Er schließt die Tür. Die Eltern lachen. Beate später: «Irgendwie war's auch 'ne Erleichterung. Da war ein Geheimnis gelüftet – so ganz unspektakulär. Wenn's auch schon 'n Schock war!»

Es klopft nochmals. Ben: «Herein!»

Andreas öffnet die Tür einen Spalt, steckt den Kopf ins Zimmer: «Eine Frage hätte ich noch! Hat Ben wenigstens ein Kondom benutzt?»

Die Eltern prusten los. Andreas bleibt in der Tür stehen. Der Vater findet als Erster das Wort wieder: «Jetzt ist aber Schluss. Alles andere besprechen wir morgen früh!»

Beate schläft in Bens Armen ein. Der nächste Morgen, beim Frühstück. Neben Andreas und den Eltern sitzt noch Pit, der ältere Bruder, mit am Tisch. Andreas wirkt nachdenklich: «Nochmal wegen gestern Abend», beginnt er ganz selbstbewusst.

«Wie machen das eigentlich Tiere?», will er wissen.

Die Eltern schauen sich zögernd an, wissen nicht, was sie antworten sollen. Andreas spürt das. Da die Familie einen Hund hat, konkretisiert er seinen Wunsch: «Ich mein', wie machen das eigentlich Hunde?»

Als Beate kurz überlegt, gerade zu einer Antwort ansetzen

will, hakt Andreas nach: «Machen die das so verkrampft wie die Menschen?»

Beate runzelt die Stirn, wirkt nachdenklich: «Was meinst du mit ‹verkrampft›?» Andreas, ganz selbstverständlich: «Ja, du hattest gestern deine Beine so verkrampft um Ben geschlungen. Machen Hunde das auch so?»

Der Vater ist sprachlos, während die Mutter erklärt, das sei gar nicht verkrampft gewesen. Sie habe Ben sehr lieb. Das gehöre mit dazu. Beate bemüht sich, in knappen Sätzen zu beantworten, wonach ihr Sohn fragt. «Es war ein tolles, unverkrampftes Gespräch. Ich habe versucht, nicht alles zu sagen, das Intime, das Schöne nicht zu zerlabern. Es sollten noch Geheimnisse übrig bleiben. Da ich bei Andreas' Fragen blieb, habe ich ihn auch nicht überfordert. Und mich auch nicht. Ins Zimmer kommt er nicht mehr unangemeldet. Er klopft jetzt an!»

«Das macht so 'n Spaß!»
Über Selbstbefriedigung

«Onanieren macht mich ratlos»

Dorothea Elser zögert, sie hat Schwierigkeiten, ihre Frage auf einem Elternseminar zu formulieren.

«Also», fängt sie an, «mein Sohn, der Benno, liegt häufig auf dem Bauch. Und dann geht es auf und ab …» Sie sieht mich fragend an, ob ich sie denn wohl verstanden habe.

«… er onaniert», ergänze ich.

«Ja.» Ihre Stimme ist sehr leise, sie klingt brüchig.

«Sein Kopf ist dann ganz rot … Ich will ihn dann ablenken. Aber nichts hilft.» Ihr Blick geht nach oben. Sie schüttelt den

Kopf. Dann schaut sie mich an: «Nun habe ich gelesen, Selbstbefriedigung hat mit sexuellem Missbrauch zu tun. Aber Benno ist nicht missbraucht worden. Dafür leg ich meine Hand ins Feuer, ehrlich nicht. Ich bin da völlig sicher.»

Eine andere Situation. Sie «habe Angst», erzählt mir Gisela Bartels mit stockender Stimme. Ihre Tochter Jasmin, sieben Jahre, masturbiere ständig …

«Ständig?»

«Na, nicht ständig, aber mir fällt's halt auf …» Sie ist unsicher, wirkt verzweifelt.

«Sie haben Angst?»

«Ja. Man liest so viel, Kinder, die das machen, seien in Gefahr.»

«Ist Jasmin in Gefahr?»

«Sie nicht!» Frau Bartels' Stimme klingt bestimmt.

«Wer?»

«Ich weiß nicht … echt.» Sie hat Tränen in den Augen. «Ich hab Angst, Angst, dass Jasmin etwas passieren kann!»

«Was ist Ihnen passiert?»

Und dann erzählt Gisela Bartels, wie sie als Kind gern und häufig masturbiert habe. Ihre Tante habe sie einmal «erwischt». Sie sei ganz freundlich gewesen. Abends musste «ich zu ihr ins Bett und dann hat sie mich verführt. Damals wusste ich das nicht, was das war. Ich war ja erst fünf. Aber es war auch schön …» Sie weint. «Aber irgendwann wollte ich das nicht mehr, und dann musste ich immer zu ihr. Und sie hat dann gesagt, wenn ich nicht mehr komme, sagt sie es meiner Mutter … Ich war froh, als sie wegzog … Und später», es schüttelt Gisela Bartels, «hatte ich sogar Mitleid mit ihr, weil sie so allein war.» Sie sieht mich ernst an: «Und nun habe ich Angst, dass Jasmin Ähnliches passiert.»

Onanieren ist normal!

Onanie, Masturbation wird häufig negativ diskutiert: War es früher eine verquere Sexualmoral, die kindliche Selbstbefriedigung mit Strafe und Zurichtung belegte, so wird Onanie heute (vor)schnell unter der Perspektive des Missbrauchs gesehen. Oder anders formuliert: Häufiges Onanieren gibt *einen* (!) Hinweis auf sexuellen Missbrauch; Selbstbefriedigung wird vom Kind dann als auffälliges Verhalten inszeniert, um auf seine gravierende, bedrohliche Situation aufmerksam zu machen. Dies kann bei gezielten Verdachtsmomenten wichtig werden. Doch hat Selbstbefriedigung aus der Sicht von Kindern ein sehr weites Bedeutungsspektrum:

■ Onanie ist Bestandteil der körperlichen Selbstfindung und der emotional-sexuellen Entwicklung von Kindern. Solche Ausdrucksformen kommen häufiger vor, als Eltern meinen. Doch spielen sich diese nicht selten in unbeobachteten Momenten ab. Onanie hat zu tun mit der Entdeckung des eigenen Körpers. Selbstbefriedigung spielt im Übrigen auch in der Erwachsenensexualität eine wichtige Rolle.

■ Dass die Berührung des Körpers mit lustvollen Momenten verbunden ist, erfährt das Kind eher beiläufig: durch die Reibung der Kleidung, durch das Liegen auf dem Bauch. Solche Gefühle werden durch Manipulationen verstärkt: Die Jungen berühren den Penis, drücken ihn rhythmisch gegen weiche Unterlagen; die Mädchen reizen ihren Kitzler mit der Hand, legen sich Kissen oder Stofftiere zwischen die Schenkel, um die angenehmen Gefühle zu verstärken.

■ Onanie bedeutet für Kinder Lust, sie bringt keinen körperlichen oder seelischen Schaden mit sich. Die häufig wiederholte Selbstbefriedigung hat zu tun mit lustvollen Gefühlen, die auf ein Noch-Mehr drängen, sowie mit der spielerischen Neugierde, den Körper zu erkunden.

- Aufmerksamkeit ist dann geboten, wenn Kinder beginnen, sich gegenseitig sexuell zu stimulieren. Dies gilt insbesondere für jüngere Kinder, die die Folgen ihres Tuns nicht abschätzen können. Doch Aufmerksamkeit bedeutet nicht Verbot oder Ausgrenzung. Verbot und Ausgrenzung führen nur zu Verdrängungen, zu Heimlichkeiten. Sie helfen Kindern kaum, ein sexuelles wie körperliches Selbstbewusstsein auszubilden.

Allerdings müssen Regeln und Rituale beachtet werden, weil eine Laisser-faire-Haltung einer Werteerziehung entgegensteht. Werteerziehung meint hierbei, das Recht auf Selbstbefriedigung und zugleich die Gefühle anderer zu respektieren. Kinder können lernen, dass nicht jede Situation des Alltags geeignet ist, den Bedürfnissen nach Selbstbefriedigung spontan nachzugehen. Bei allem Verständnis ist der vormittägliche Stuhlkreis im Kindergarten ein zwar subjektiv möglicher, objektiv aber wenig passender Ort für das Ausleben körperlich-sexueller Gefühle. Dies gilt auch für die sonntägliche Kaffeerunde, wenn die Oma zum Besuch anwesend ist, um den Enkel zu sehen. Aufschieben des Bedürfnisses – nicht: Verbot! – kann ebenso hilfreich sein wie der Hinweis an das Kind, sich in eine ruhigere Ecke des Kindergartens oder in das eigene Zimmer zurückzuziehen.

Solche von Verständnis getragenen Hinweise können dem Kind im Grundschulalter dazu verhelfen, Bedürfnisse nach sexueller Stimulation nicht sofort und unmittelbar zu befriedigen, sondern aufzuschieben oder zu sublimieren, d.h. sich andere, aber adäquate Symbole zu suchen, um Lust zu spüren und auszuleben.

Ungewöhnliche Entspannungsübungen –
«Sie will zur Ruhe kommen!»

Marion Weber, Mutter der siebenjährigen Patrizia, erzählt: «Ich fand es irgendwann völlig unmöglich. Patrizia nuckelte und nuckelte. Immer ging der Daumen in den Mund. Ich hab's ihr verboten. Hab ihr die ganze Sache madig gemacht. ‹Pfui›, hab ich gesagt. ‹Du siehst aus wie ein Affe ...› und so.»

«Hat's etwas genützt?», will ich wissen.

«Und wie!», meint sie mit viel Ironie in der Stimme. «Nun onaniert sie wie verrückt. Früher hatte sie den Daumen im Mund, und nun hat sie ein Stofftier zwischen den Schenkeln, liegt auf dem Bauch, und schon geht die Post ab.» Sie wirkt nachdenklich: «Hätte sie doch bloß noch ihren Daumen im Mund.»

Eine andere Situation. Katharina, fünf Jahre, geht zwei- bis dreimal am Vormittag zu ihrem Tisch, der in der Ecke des Kindergartenraumes steht. Sie macht ihre Beine breit, schiebt die Tischkante zwischen ihre Schenkel, bewegt sich dann rhythmisch, versunken und gedankenverloren. Ihr Kopf wird rot, ihre Augen scheinen versonnen. Katharina ist in diesem Moment nicht ansprechbar. Nach zehn Minuten kommt sie wieder zu sich, steht auf, geht zu den anderen Kindern und spielt weiter.

Katharinas Verhalten fällt den Erzieherinnen auf, den Kindern nicht. Sie betrachten das offensichtlich als normal.

Katharinas Mutter, Julia Rückmers, ist besorgt: Auch zu Hause lege Katharina ein ähnliches Verhalten an den Tag. Sie benutze dort die Stuhlkante zur Stimulation. Allerdings sei ihre Scheide stark gerötet, sie habe Schmerzen, könne aber von ihrem Tun nicht lassen.

«Wann onaniert Katharina?»

«Immer!» Ich runzle die Stirn.

«Fast immer!»

«Wann genau?», bohre ich weiter.

Die Mutter überlegt, denkt angestrengt nach. Sie sucht nach Situationen, nach Anlässen, in denen sich ihre Tochter selbst befriedigt.

«Wenn sie zur Ruhe kommen will», entfährt es der Mutter spontan.

«Was war dann vorher?»

«Na ja, dann stand sie irgendwie unter Strom. Sie nimmt sich aber auch verdammt viel vor!»

«Und wie ist es mit Ihren Forderungen an Ihre Tochter?»

«Na ja, ich will schon, dass aus ihr etwas wird!»

Um die subjektive Bedeutung der Selbstbefriedigung genauer einzuschätzen, ist es unabdingbar, Zeitpunkt und Tagesabläufe der Kinder genauer zu beobachten. Viele Kinder sind ohne eine selbst gestaltete Freizeit in fest verplante Tagesabläufe eingespannt. Viele Kinder fühlen sich unter Druck, den die Eltern ausleben oder ihren Kindern als Lebensmaxime vormachen.

Permanente Spannungszustände können Kinder auf Dauer nicht aushalten. Gibt man ihnen keine Möglichkeiten, Stress zu reduzieren, fordert der kindliche Körper sein Recht: Das Kind nuckelt, es regrediert (fällt in frühkindliche Verhaltensweisen zurück), z.B. will es gewickelt werden, es hat übertriebene Zärtlichkeitsbedürfnisse – oder es onaniert. Während der entwicklungsbedingten Selbstbefriedigung kaum mit Sublimationen – also durch die Verlagerung auf andere Objekte – beizukommen ist, gelingt das bei der Selbstbefriedigung als Entspannungstechnik eher: Suchen Sie nach Möglichkeiten, den Stress, die Überforderung des Kindes generell zu reduzieren. Man kann Formen der Entspannung, z.B. Meditation, Yoga, autogenes Training, Sport mit dem Kind entwickeln, um ihm Gelegenheit zu geben, seine körperlichen Gefühle auf vielfältige Weise auszudrücken.

Wohlgemerkt: Sublimation der Selbstbefriedigung hat nichts zu tun mit Verbot. Vielmehr wird dem Kind eine Vielzahl an Techniken angeboten, damit es sich alters- und situationsangemessen entspannen kann.

«Ich mach es mir täglich ...»

In der Pubertät erkunden die Jungen ihren Körper, befreien sich von sexuellem Druck, ohne sich Unsicherheiten und Peinlichkeiten auszusetzen.

«Ich mach's mir täglich», erläutert Christian, fünfzehn Jahre. «Das ist für mich völlig in Ordnung. Neulich wollte ich mit Kathrin schlafen. Aber da ging gar nichts. Ich kriegte ihn nicht hoch. Das war komplett peinlich. Absolut blöd, weil ich einfach mit ihr schlafen wollte!»

«Ich habe mit dem Handbetrieb auch keine Probleme», lacht Jonathan, sechzehn Jahre. «Ich hab mal versucht, mit Julia zu schlafen. Aber das tat höllisch weh. Sie war irgendwie nicht feucht. Ihr tat's weh und mir auch. Mensch, hatte die Vorhaut geschmerzt. Da ist es schöner, wenn ich's mir selber mache. Da weiß ich, wie weit ich gehen kann!»

Norbert, sechzehn Jahre, fällt ihm ins Wort. «Da kann ich bestimmen, wann ich komme. Bei meiner Freundin komme ich immer zu früh. Die ist schon richtig sauer und genervt. Und ich erst mal. Denn wenn ich gekommen bin, geht gar nichts mehr.»

Selbstbefriedigung spielt im sexuellen Alltag von Jungen eine zentrale Rolle. 80% aller Jungen onanieren bis spätestens zum 15. Lebensjahr. Viele Jungen befriedigen sich mindestens einmal am Tag. Bevor es zu intimen sexuellen Kontakten zu Mädchen kommt, spielt Onanie eine zentrale Rolle, ist mehr als ein Ersatz. Jungen erkunden ihren Körper in einer selbstbestimmten Atmosphäre. Sie sind Regisseur ihrer sexuellen Inszenierung.

Zur Masturbation gehören Phantasien, die gerade in der Pubertät der Einübung in sexuelle Beziehungen dienen, ohne diese real vollziehen zu müssen und die dennoch höchst vergnüglich sind.

Phantasien können allerdings auch Zeichen einer Reifungskrise darstellen und eine divergente Entwicklung von sexuellen und moralischen Kompetenzen ausdrücken.

Eltern, die sich Sorgen machen, sollten wissen: Abweichende sexuelle Verhaltensweisen entstehen nicht durch Masturbation und Pornographie, vielmehr verleiht die Pornographie ihnen einen Ausdruck. Problematische sexuelle Verhaltensweisen können durch Pornographie allerdings verstärkt werden. Eine gefühlshaltige Familienatmosphäre, Freundschaft zu Gleichaltrigen, das Annehmen des Pubertierenden mit all seinen Persönlichkeitsanteilen reduzieren freilich solche Einflüsse. Wichtig ist eine Erziehung, die dem Heranwachsenden Verantwortung für sein sexuelles Handeln überträgt.

«Ist einfach nur geil!»
Vom Umgang mit Pornographie

Die Diskussion zur Sexualität, so befand der Soziologe Rüdiger Lautmann einmal, «ergeht sich in einer gewissen Jämmerlichkeit». Kaum ein Bereich wird so stark emotionalisiert diskutiert wie die Pornographie und deren Wirkungen. Allenfalls die Debatte in den achtziger Jahren über den Horrorfilm oder gegenwärtig über Computerspiele nahm ähnlich irrationale präkonventionelle Dimensionen an. Wie schon damals das Horrorgenre so werden heute die Einflüsse virtueller oder pornographischer Medienprodukte kaum ganzheitlich diskutiert: Die Wirkungsforschung, die Inhaltsanalyse innerhalb der Massenkommunikation, der Feminismus, die Sexualwissenschaft und Pädagogik, die Sozialpsychologie nehmen ihre Erkenntnisse gegenseitig nur sporadisch zur Kenntnis. Allein die forensische Psychologie zielt – nicht zuletzt dank der Arbeiten von Eberhard Schorsch – auf eine ganzheitliche Bewertung des Gebrauchs von Pornographie. Ansonsten herrscht eine monokausale vereinfachende Sichtweise. Dies gilt für die Befürworter der Pornographie ebenso wie für deren Gegner. Da wird *allein* der Kontakt, den Pubertierende zu pornographischen Medien haben *können*, in Zusammenhang mit abweichendem sexuellen Verhalten gebracht: Bei der Nutzung von Pornographie müsse es zwangsläufig zu Problemen bei der Ausbildung einer sexuellen Identität kommen. Solche Generalisierung bedeutet jedoch eine ungewollte Verharmlosung von möglichen Einflüssen pornographischer Medien. Denn: Nicht jeder Jugendliche ist auf Dauer durch die (lebenszeitlich begrenzte) Nutzung (z. B. Pubertät, frühes Erwachsenenalter) gefährdet.

Entscheidend sind vielmehr Fragen: Unter welchen Voraussetzungen können pornographische Angebote zu einer Verstärkung eines abweichenden sexuellen Verhaltens beitragen bzw. es stabilisieren helfen? Welche Persönlichkeitselemente bzw. psychosozialen Rahmenbedingungen stellen Schutzfaktoren dar?

Damit ist eine Ausgangsthese angedeutet: Es gibt keine einflusslose Pornographie. Aber das darf nicht dazu führen, aus problematischen Inhalten der Pornofilme auf deren Wirkung zu schließen. Man kann die frauenfeindlichen und gewalttätigen Tendenzen im Pornofilm kritisieren und zugleich eine kritische Haltung gegenüber vereinfachenden Wirkungsvermutungen einnehmen. Denn auch dies ist eine Schlussfolgerung der seriösen Forschung: Der Pornokonsum verursacht nicht ein abweichendes sexuelles Verhalten, er kann es verstärken, kann sexuelle Gewaltbereitschaft legitimieren.

Im Rahmen von Beratungsgesprächen und Elternseminaren habe ich als Familienberater (zusammen mit zwei Familientherapeutinnen) Interviews mit Jugendlichen und jungen Erwachsenen geführt. Der Zeitraum der Gespräche erstreckte sich über zehn Jahre. Der überwiegende Teil der Jugendlichen war zum Zeitpunkt des Erstkontaktes zwischen 15 und 17 Jahren alt. Es überwogen männliche Jugendliche. Insgesamt basiert die Auswertung der Gespräche auf Interviews mit 60 Jugendlichen (35 Jungen, 25 Mädchen). Um die psycho- und soziosexuelle Entwicklung der Jugendlichen beobachtend zu verfolgen, fanden nach Abschluss der Beratung weitere Gespräche statt.

Sadomasochistische Phantasien und Praktiken

Heiner, beim Erstgespräch 17 Jahre alt, kommt in die Beratung, weil sich seine Mutter extreme Sorgen ob seiner «absonderlichen» Sexualpraktiken macht. Ihr Sohn «masturbiert mehrere Male am Tag. Seit einiger Zeit wird es immer mehr.» Meinem Hinweis auf die Normalität von Onanie während der Pubertät stellt sie sofort zwei Beobachtungen entgegen: Schon sehr früh, «so ab zwölf», habe sie Pornohefte in seinem Zimmer gefunden, «aber nicht irgendwelche Hefte, so ganz ekelige. So mit Peitschen und Fesseln und so ein Schweinkram. Ich habe zunächst nicht darauf reagiert. Vielleicht sind die Jugendlichen so, habe ich mir gedacht. Aber irgendwie hörte das nicht auf. Und es wurde schlimmer und extremer. Nun fesselt er sich sogar beim Onanieren!»

«Woher wissen Sie das?»

«Neulich hat er mich um Hilfe gerufen. Er hatte sich so an sein Bett gefesselt, nur eine Hand war frei … Sie wissen, wofür … und ein Strick hatte sich um Hals und Fuß verhakt, sodass er nicht mehr allein frei kam. Es war furchtbar, ihn so zu sehen!» Sie macht eine Pause: «Neben seinem Bett nur diese Magazine mit Anleitungen für den Mist – Peitschen, Fesseln … einfach grauenhaft!»

Heiner sitzt mir zunächst schüchtern, wortkarg gegenüber. Er wirkt schmächtig, ja fast zerbrechlich, ist jedoch von ausgesuchter Höflichkeit und Verbindlichkeit. Er erzählt mir seine Biographie, berichtet davon, «schon früh sexuelle Bedürfnisse» gespürt zu haben. «Und ich konnte mit keinem darüber reden. Vor allem, weil ich dabei so komische Gedanken hatte.» Wenn er onaniert habe, dann «hab ich immer daran gedacht, dass eine Frau ganz in Schwarz mit bösen Augen zugesehen hat. Aber die hat nur geschaut, mehr nicht.»

Mit knapp 13 Jahren hat Heiner zufälligen Kontakt mit Pornomagazinen. Er findet sie auf einer Bahnhofstoilette. «Die haben mich nicht irgendwie angemacht. Aber dann waren da auch Bilder, wie Männer gefesselt waren und sich alles gefallen ließen. Ich musste diese Bilder immer und immer anschauen.» Seine Hände seien nass geworden, erzählt Heiner und «ich war irgendwie auch erleichtert. Ich war mit meinen Phantasien nicht alleine. Da gab's also noch andere, die so waren.» Heiners Augenmerk liegt nun darin, sich Pornomagazine mit sadomasochistischem Inhalt zu besorgen, er schafft es, sich «in Pornoshops zu schleichen», wie er sagt, um sich Ausstattungen für sadistische und masochistische Spiele anzusehen. «Kaufen ging nicht, dafür hatte ich kein Geld, und dann wär's auch aufgefallen, dass ich zu jung wäre.»

Über einen Versandhandel kommt er an weitere Bücher und Magazine, in denen er mehr über sadistische und masochistische Praktiken erfährt. Vor einem Jahr habe er die vier Jahre ältere Ute kennen gelernt. «Wir mochten uns und ich dachte, vielleicht hören dann deine Gedanken und Spiele auf. Aber nach kurzer Zeit, wir hatten einige Male miteinander geschlafen, waren diese Phantasien wieder da. Schon während wir miteinander schliefen, hatte ich Träume, wie mich Ute fesselt und alles mit mir macht und mir keine Chance lässt. Ich hab Ute dann mal gebeten, mich zu fesseln und mich dann fertig zu machen, aber sie hat gemeint, ich wäre völlig durchgeknallt. Und dann hat sie Schluss gemacht.»

Zwar hat Heiner weiterhin Freundinnen, mit denen er auch «schläft, aber nur, wenn wir uns auch gemocht haben.» Er stockt: «Aber richtig geil ist es nur, wenn ich es mir mache und meine Phantasien habe oder mich selber fessle.»

Ich breche hier Heiners Schilderung ab. Zwei wichtige Anmerkungen seien noch hinzugefügt, seine Biographie und seine gegenwärtige Entwicklung betreffend. Auf meine Frage, ob er sich vorstellen könne, woher seine Unterwerfungswünsche, sein Wunsch nach Ausgeliefertsein, sein Verlangen nach Gefesseltwerden, nach Schmerz in der Sexualität kommen, überlegt er nur kurz. Dann meint er: «Wenn ich gefesselt bin und onaniere, habe ich manchmal ein Bild vor Augen. Ich muss so sechs oder sieben gewesen sein. Ich hab viel ausgefressen. Und hin und wieder gab's Schläge auf den Hintern. Ich musste mich dann über den Stuhl legen. Meine Mutter kam und zog mir die Hose runter. Dann streichelte sie mir den Po, ich glaub, sie hat ihn auch eingerieben. Dann gab's drei Schläge mit einem Rohrstock, und sie sagte, es tue ihr auch Leid, wenn sie das mache, aber wenn Heinerchen bös wäre, dann müsse er eben leiden. Und einmal, ja vielleicht mehrmals, kam sie auch im Unterrock, als sie mich bestrafte. Ich spürte ihre Brüste, als sie mich einrieb. Und ich war dann ganz aufgeregt. Die Schläge taten dann nicht weh.»

Ein Blick in die Gegenwart. Heiner ist mittlerweile 25, verheiratet, gut situiert, hat zwei Kinder. Seine Frau weiß von seinen masochistischen Phantasien. In ihrer sexuellen Beziehung wird ihnen – «begrenzt, so weit es meine Frau mag» – Raum gegeben. «Das ist wie ein Ritual, das meine Frau bestimmt.»

Ob das genüge, will ich wissen. «Hin und wieder gehe ich zu einer Domina. Die ist mittlerweile eine gute Freundin. Davon weiß meine Frau aber nichts.» So, meint Heiner, halte er seine Phantasien im Zaum. Pornographie brauche er nicht mehr, die Phase sei vorüber.

Pornographische Medien und sexuelle Phantasien

An diesem Fallbeispiel lassen sich Gesichtspunkte für einen spezifischen Umgang und die Einflüsse von pornographischen Medien finden:

- Heiners abweichende Sexualität wird von ihm auf ein vorpubertäres prägendes Erlebnis zurückgeführt. Dies wird mit seinem abweichenden Verhalten in Zusammenhang gebracht. Ohne in vordergründige Kausalzusammenhänge zu verfallen, bleiben solche frühen sexuellen Prägungserlebnisse offensichtlich im Gedächtnis haften, so als drückten sie den Beginn einer sich abweichend entwickelnden Sexualität aus. Zudem kann die Bestrafung, die an Heiner praktiziert wurde, auf sadistische und masochistische Persönlichkeitsanteile der Mutter hinweisen, die diese in einem ebenso aggressiv wie sexuell getönten Ritual auslebte.

- Heiners sexuelle Phantasien in der Pubertät dienen weniger dem Abbau von Spannungen oder der Neugier, sie weisen auf frühe sexuelle Störungen hin: In seinen Masturbationsphantasien spielt er eine passive Rolle, sie sind hochgradig ritualisiert. Er kann seine Phantasien nicht wirklich genießen, weil sie mit Schuldgefühlen verbunden sind.

- Seine masochistischen Praktiken sind zunächst gebunden an Masturbation, dann zunehmend an den Geschlechtsverkehr. Heiners Phantasie will das Gefühl der unbedingten Auslieferung, ja, es hat fast das Auslöschen der eigenen Person zum Ziel.

- Im Unterschied zu anderen sadistischen und masochistischen Biographieverläufen, in denen die abweichende Sexualität abgewertet oder gar geleugnet wird, sodass sie ein Eigenleben entwickelt, gelingt es Heiner, diese zuzulassen – sei es in einem häuslichen Ritual oder durch den Besuch entsprechender sadomasochistischer Zirkel. Da Heiner seiner Sexualität einen Platz einräumt, sie teilweise einbezieht, vermag er sie einzudämmen und zu zähmen. Ein partielles Zulassen zieht allerdings eine Zweigleisigkeit nach sich: Bejahung nach innen, Verneinung nach außen. Solche Zweigleisigkeit kann auf Dauer ein labiler Zustand sein. Sie ist aber momentan Schutz davor, dass seine abweichende Sexualität sich verselbständigt und damit auf Dauer nicht integriert werden kann.

«Ich hatte wahnsinnige Phantasien»

Ulrich, 26, lebt mit seiner Lebensgefährtin in einer Großstadt, er absolviert zurzeit die Ausbildung zum Facharzt. Den ersten Kontakt mit ihm hatte ich zwölf Jahre zuvor, als er für einen Skandal in seiner Gymnasialklasse sorgte. Ulrich schrieb den Klassenkameradinnen anonyme pornographische Briefe. «Die waren übel», erinnert sich Ulrich. «Aber die haben nicht reagiert.» Erst als er sexuelle Bedrohungen andeutete, seine Briefe die Klassenlehrerin mit einschlossen, reagierte man. Da aber keiner den Urheber wusste, fand «ein allgemeines Gespräch darüber statt, wie frauenfeindlich und Gewalt verherrlichend diese Briefe sind. Ich hab mich daran beteiligt und die Briefe verteidigt. Frauen müssten gebumst werden. Als ich dann sagte, sie seien immer zuerst zickig und dann hätten sie Lust, gab's Aufruhr. Aber keiner hat mich verdächtigt. Tja, und eines Tages hatte ich im Unterricht eine Erektion, ich hab den steifen Penis aus der Hose geholt und meiner Klassenkameradin Sophie gezeigt. Die ist hysterisch und kreischend aufgesprungen. Und dann war was los. Lautes Geschrei und dein Schwanz gehört ab. Ich sollte von der Schule fliegen.»

Ich blättere in meinen damaligen Unterlagen, da ich an Ulrichs Schule die psychologische Beratung machte. «Du hast damals gesagt, deine Lehrerin hätte dir geholfen!» Ulrich nickt: «Die hat klasse reagiert. Unter vier Augen hat sie mir ihre Meinung gesagt. Nicht von oben herab, moralisch und besserwisserisch, aber doch ganz deutlich. Das hat mich wachgerüttelt. Und dann hat sie den Vorfall zum Anlass genommen, in der Klasse über Sexualität zu reden. Das waren tolle Stunden!»

«Was war für dich das Wichtigste?»

«Dass das Masturbieren in der Pubertät normal ist und dass es so etwas wie eine sexuelle Selbstbestimmung gibt. Was ich gemacht habe, das war eine glatte Sauerei von mir!»

Worauf er seine die Grenzen übergreifenden Aktionen zurückführe, will ich wissen. Er erzählt davon, dass er «schon früh sexuelle Wünsche» gehabt habe. «Ich hab dann auch onaniert, hatte wahnsinnige Phantasien dabei. Ich träumte immer, wie mich Kathrin und Sophie, beide hatten schon damals große Brüste, küssten, massierten, wie sie nicht genug bekommen konnten. Und ich auch nicht. Und dann hab ich im Fernsehen einen Softporno gesehen. Versteh mich nicht falsch, dem gebe ich nicht die Schuld. Aber dort ließen sich die Frauen eben alles gefallen, die Männer konnten immer. Und das machte mir Angst. Als ich Sophie einmal nach der Disco küsste, passierte bei mir nichts in der Hose. Und ich dachte, du kannst nie, ein Schlappschwanz bist du. Und da wurde ich sauer, und dann hab ich Sophie genommen. Sie wollte nicht, aber ich konnte. Das war Mist, absoluter Mist von mir. Ich hab mich dann entschuldigt.» Und dann berichtet Ulrich davon, wie er nach dem klärenden Gespräch mit Sophie «weiter masturbierte, nur ohne Schuldgefühle, und meine Phantasien wurden anders. Ich war aktiver in meinen Tagträumen. Pornos brauchte ich nicht mehr, und irgendwann hat Sophie mir verziehen. Wir waren lange befreundet, und es hat sehr lange gedauert, bevor wir miteinander geschlafen haben.»

«Ich verschlang schon sehr jung Pornohefte ...»

Stefan, 27, hat eine andere psycho- und soziosexuelle Entwicklung hinter sich. Auch er entwickelte bereits früh sexuelle Wünsche und Phantasien, die er seit dem zwölften Lebensjahr über Masturbation verwirklichte. Da er körperlich älter wirkte, besuchte er vom 15. Lebensjahr an Pornokinos, «verschlang» – wie er sagte – «Pornohefte geradezu». Heterosexuelle Kontakte hatte er nicht, sie kamen erst vom 19. Lebensjahr an zustande, befriedigten aber nicht. Zur Realisierung seiner Masturbationsphantasien benutzte er zunehmend – vom 16. Lebensjahr an – technische Hilfsmittel. Dabei verletzte er einmal seinen Penis, sodass ärztliche Betreuung notwendig wurde. Zudem kam er in eine psychologische Beratung, da sich Stefan mehr und mehr aus sozialen Kontakten zurückzog. «Ich lebte damals in meiner Wunschwelt, meinen Phantasien. Da fühlte ich mich sicher. Aber ich war auch getrieben. Ich wollte nicht onanieren, ich wollte nicht in die Kinos, aber irgendwie zog's mich dann doch dazu. Das war fast wie ein Zwang.»

Worauf er das heute zurückführe, frage ich. Gibt es Bilder, an die er sich erinnern könne? Dann berichtet er, wie sein Vater «ständig zwei Frauen im Bett hatte, meine Mutter und eine Freundin. Ich hab's einmal heimlich gesehen. Und die Freundinnen wechselten ständig. Das waren wohl Nutten. Ich weiß es nicht genau. Darüber wurde nicht geredet. Aber deshalb gab's ständig Krach. Mein Vater verteidigte sich, er brauche das nun einmal. Als ich dann einmal meinen steifen Penis sah und mir einen runterholte, ging's mir schlecht. Ich wollte doch nicht wie mein Vater sein. Mich von der Sexualität treiben lassen. Ich hatte ständig Schuldgefühle.»

Nach der therapeutischen Beratung während der Pubertät ging es Stefan «einige Zeit besser. Der Druck war weg. Ich hatte zwei oder drei feste Beziehungen. Aber dann ging's wieder los. Ich bin jeden Tag in die Pornofilme, hab's mir selber gemacht. Bin zwei- oder dreimal in der Woche zu Prostituierten, die ich ständig wechselte. Eine Stunde nach dem Orgasmus musste ich schon wieder Sex haben. Ich war süchtig, eines Tages war mir klar, ich brauche Hilfe.» Stefan geht nun seit einiger Zeit zu einem Therapeuten, «um meinen Drang zu beherrschen. Allmählich lerne ich, damit umzugehen.»

Sexuell süchtig?

Bei Ulrich wie bei Stefan stehen Masturbationsphantasien, wie sie für Pubertätsverläufe durchaus typisch sind, im Mittelpunkt. Dabei kommt dem Umgang mit Pornographie eine die Phantasien begleitende und unterstützende, gleichwohl nicht verursachende Bedeutung zu. Masturbationsphantasien stellen sich bei Jugendlichen unter drei Gesichtspunkten als bedeutsam dar:

- Sie dienen einer Einübung in sexuelle Interaktionen, ohne diese real vollziehen zu müssen.
- Sie erregen die Phantasien und bereiten Vergnügen.
- Sie sind eine kompensatorische Flucht aus Alltagsvollzügen.

Ulrichs Exhibitionismus verweist darüber hinaus auf andere wichtige Aspekte, die typisch für die Pubertät sind:

- Sie sind Zeichen einer Reifungskrise, sie drücken eine divergente Entwicklung von sexuellen und moralischen Kompetenzen aus.
- Der Jugendliche verleugnet durch den Exhibitionismus

seine Minderwertigkeit, indem er seine phallische Macht demonstriert.

Doch im Unterschied zu Stefan wird Ulrich mit seinen Phantasien nicht allein gelassen. Es finden Gespräche statt, die ihm auch die Nicht-Akzeptanz eines gewalttätigen sexuellen Verhaltens deutlich machen. Aber er fühlt sich mit seinen gesamten Persönlichkeitsanteilen angenommen, sodass er seine sexuellen Phantasien nicht abspalten und ausgrenzen muss. Durch die Gespräche mit erwachsenen Bezugspersonen gelingt es ihm, seine sexuellen und moralischen Fähigkeiten zusammenzubringen, sodass es ihm allmählich möglich ist, die Reifungskrise zu überwinden. Anders sieht die Situation bei Stefan aus. Bei ihm entwickelt sich eine «sexuelle Süchtigkeit», wie sie der Psychologe Gebsattel schon Mitte der 30er Jahre beschrieben hat. Bei Stefan kann man einen Verfall der Sinnlichkeit feststellen, der durch mehrere Gesichtspunkte gekennzeichnet ist:

■ Es kommt zu einem Ausbau der Phantasietätigkeit, wobei die Symbole (z.B. Pornographie, Bordellbesuche) allmählich an Anreiz verlieren.

■ Mit verstärkten Masturbationsphantasien und sexuellen Praktiken geht ein periodisch dranghaftes Verlangen einher, das die Person allmählich nicht mehr unter Kontrolle hat.

■ Es bildet sich ein «süchtiges» Erleben aus, das mit einer zunehmenden Häufigkeit an Masturbationsphantasien und sexuellen Praktiken bei abnehmender Befriedigung einhergeht, an deren Ende eine «Unfähigkeit zum Lusterleben», so der Sexualtherapeut Eberhard Schorsch, steht. Das abweichende sexuelle Verhalten gewinnt ein Eigenleben, es «überflutet und überschwemmt das Erleben bis hin zu dem subjektiven Gefühl des Devianten, sich gegen die Sexualität nicht mehr wehren zu können», so noch einmal Schorsch.

Bezüglich der subjektiven Bedeutung und der Einflüsse pornographischer Produktionen verweisen die Beispiele Ulrich und Stefan auf einige gewichtige Aspekte. Neben dem schon bei Heiner angesprochenen, vorpubertären Erlebnis, das auch bei Stefan eine nicht zu unterschätzende Bedeutung hat, dürften die Unterschiede zwischen beiden Jungen vor allem in den sozialen und psychischen Rahmenbedingungen zu suchen sein. Während sich Ulrich in der Familienatmosphäre und im Freundeskreis aufgehoben wähnt, zeichnet sich Stefans Umgebung durch Desinteresse aus. Stefan scheint instabil, unstetig zu sein. Gefühlsmäßige Leere durchzieht seine Um- und Nahwelt. Ihm gelingt es nicht, sich seiner sexuellen Wünsche ohne Schuldgefühle bewusst zu werden. Während bei Ulrich ein Wachsen der Sexualität und deren Einbeziehung in zwischenmenschliche Bezüge festzustellen ist, misslingt dies bei Stefan.

Die Fallbeispiele zeigen die höchst komplizierten Einflussmöglichkeiten und unterschiedlichen Funktionen, die der Pornographie im Laufe der Pubertät und der psycho- wie soziosexuellen Entwicklung zukommt. Auf einige Aspekte sei abschließend verwiesen:

1. Pornographische Medien haben ihren Einfluss. Aber sie wirken nicht an sich, vielmehr in konkreten Lebenszusammenhängen und Alltagsvollzügen. Monokausale Schlussfolgerungen verbieten sich.

2. Abweichende sexuelle Verhaltensweisen entstehen nicht durch Pornographie, vielmehr verleiht die Pornographie ihnen einen Ausdruck. Problematische sexuelle Verhaltensweisen, z. B. die Verknüpfung von Aggression und Sexualität, können durch Pornographie durchaus verstärkt werden.

3. Eine gefühlshaltige Familienatmosphäre, Freundschaft zu Gleichaltrigen, Annehmen der Jugendlichen mit all ihren Persönlichkeitsanteilen sowie Selbstbewusstsein reduzie-

ren den Einfluss der Pornographie. Hinzu kommt eine Erziehung, die dem Jugendlichen Verantwortung für sein sexuelles Handeln überträgt. Sexualerziehung im Sinne einer kognitiven Informationsvermittlung reicht bei Heranwachsenden nicht aus, gefordert ist eine Sexualerziehung, die Sexualität ganzheitlich und in Lebens- und Alltagsvollzügen betrachtet.

«Ich muss bei dir Fieber messen!»
Über Doktorspiele

«Zieh dich aus, dann kann ich untersuchen»

Magdalena, vier Jahre, hat sich mit dem gleichaltrigen Julian und ihrer «Busenfreundin» Claudia, knapp fünf Jahre, in ihr Zimmer zurückgezogen. Alle kennen sich schon lange, gehen sehr vertraut und liebevoll miteinander um. Julian muss sich auf Magdalenas Bett legen. Magdalena ist die Ärztin, Claudia ganz offensichtlich die Assistentin.

«Ausziehen!», befiehlt Magdalena: «Mal sehen, was du hast!» Julian zieht sich bis auf die Unterhose aus, wobei Claudia mithilft, weil Julian sich ungeschickt anstellt. Beide untersuchen ihn, tasten seinen Körper ab, horchen ihn ab, reden dabei leise miteinander. Es klingt alles fachmännisch.

«So, nun noch die Hose aus!», sagt Magdalena streng.

Julian nestelt an seiner Hose und zieht diese aus.

«Umdrehen!»

Julian legt sich auf den Bauch. Vorsichtig betasten beide Julians Po, schauen in sein Poloch.

«Fieber!», attestiert Claudia.

«Gut, dann messen wir!»

Magdalena wirkt sehr ernst. Sie nimmt sich ein kleines Spielzeugthermometer. Julian schaut ängstlich.

«Aber nicht hineinstecken. Das tut weh!»

Magdalena ignoriert ihn, tut so, als ob sie Fieber messe. Das Thermometer bleibt aber draußen.

«Hohes Fieber!» Zu Claudia gewandt: «Spritze!»

Claudia nimmt sich eine Spielzeugspritze aus dem Doktorkoffer, zieht diese auf, reicht sie Magdalena.

«Tut nicht weh!», meint sie beruhigend zu Julian, der verunsichert den Kopf wendet. Sie setzt sanft die Spritze auf Julians linke Pobacke. Mit einem «Tut wirklich nicht weh!» verabreicht sie mit einem kleinen Stups die Spritze.

«Na, hat's wehgetan?», fragt sie voller Mitgefühl.

Julian schüttelt den Kopf.

«Was hab ich dir gesagt?», lächelt sie. «Und nun wieder umdrehen!»

Claudia und Magdalena beäugen Julians Penis.

«Tut's da auch weh?», will Claudia wissen.

«Nein!»

«Aber eincremen müssen wir noch!», meint Magdalena bestimmt.

«Wenn man Fieber hat, kann es sich da leicht entzünden. Und es ist schon ein bisschen rot!»

Sie holt sich eine Dose mit Penatencreme, verteilt sich diese auf die Hände, Claudia tut es ihr nach. Sie reiben ganz vorsichtig Penis und Hodensack ein. Julian bekommt schnell eine kleine Erektion.

«Jetzt geht's besser!», lacht Claudia, «als wenn's so weich ist. Stimmt's?»

«Ist doch klar!», erwidert Magdalena. Als die Prozedur vorbei ist, schaut Magdalena ihren «Patienten» an.

«Jetzt anziehen! Morgen sehen wir uns wieder!»

Julian kleidet sich an.

«So, Claudia, nun bist du dran. Ausziehen!»

Wettpinkeln im Stehen – Mädchen können das auch!

Eine andere Situation: Michael, fünf Jahre, und sein Kumpel Alexander sind hinter die Büsche im Kindergarten gegangen. Sie ziehen ihre Jeans und ihre Unterhose aus, betrachten abwechselnd den Penis des jeweils anderen lange und intensiv.

«Meiner ist größer!», stellt Michael klar fest.

«Aber wenn meiner steif ist, ist er größer!», erwidert Alexander ungerührt. «Dann ist meiner ein Ständer!»

«Ist aber jetzt nicht steif!», grinst Michael.

«Jetzt nicht!» Alexander überlegt kurz: «Aber ich kann mit meinem weiter pinkeln als du, wetten?»

Er lacht: «Ich kann weiter, viel weiter pinkeln als du!»

«Wenn du weiter pisst, kriegst du von mir mein Bounty!», verspricht Michael.

«Wirklich?» Alexander wirkt völlig überrascht.

«Ehrenwort!», dröhnt Michael mit lauter Stimme.

Gerade als sie sich in Position begeben, leicht in den Kniekehlen gebeugt, ihren Penis zwischen Daumen und Zeigefinger eingeklemmt, kommt Anne hinter die Büsche gerannt, sieht die Situation, stockt kurz: «Was macht ihr denn da?»

Michael und Alexander verbergen ihren Penis hinter den übereinander geschlagenen Händen.

«Seid ihr blöd?»

«Wieso?», ruft Michael.

«Meinst du, ich hab so was noch nicht gesehen?», grinst Anne verschmitzt.

«Lass mal sehen!» Mit diesen Worten zieht sie Alexander die Hände weg. Er hat eine kleine Erektion.

«Ganz schön lang!», stellt sie kompetent fest.

«Siehste!», zischt Alexander zu Michael gewandt.

«Woher willst du das denn wissen, du blöde Kuh? Bist doch 'n Mädchen!» Michael runzelt die Stirn. «Du hast doch 'ne Scheide. Was weißt du von einem Schniedel!»

«Hab drei Brüder und bei jedem sind die alle unterschiedlich lang!» Anne wirkt völlig selbstbewusst. «Die sehen alle anders aus!» Sie überlegt: «Was macht ihr hier?»

Die beiden grinsen verlegen.

«Sagt schon!»

«Wer am weitesten pinkeln kann!», meint Michael.

«Ja, und?»

«Der kriegt 'nen Bounty!», lacht Michael.

«Da mach ich mit!» Anne klingt absolut überzeugt.

«Wie?» Alexander wirkt ungläubig. «Wie, mitmachen?»

Michael schüttelt den Kopf: «Das geht nicht!»

«Wieso geht das nicht?» Sie stößt Michael an. «Wieso soll das nicht gehen?»

«Weil du 'n Mädchen bist! Und Mädchen pinkeln im Sitzen!»

«Spinnst du!» Anne ist ungehalten. «Meine Brüder pinkeln im Stehen. Meine Mama findet das doof. Aber sie ärgern sie und pinkeln im Stehen. Und wenn wir im Garten sind, pinkle ich auch im Stehen, mit denen um die Wette. Und gar nicht so schlecht!»

Alexander ist neugierig geworden: «Will ich sehen!»

Auch Anne zieht sich ihre Jeans und ihren kleinen Slip herunter.

«Ehj, die hat ja Reizwäsche an!», ruft Michael.

«Woher willst du das denn wissen?» Alexander zieht die Stirn in Falten.

«Hat meine Schwester seit neuestem. So'n …Tonga!»

«… Tanga heißt das!», verbessert Anne.

«Ist doch egal, sieht jedenfalls bescheuert aus!», stellt Michael fest.

«So, jetzt fangen wir an!», meint Anne mit fester Stimme.

Die drei stellen sich in Position – leicht in den Kniekehlen gebeugt. Anne hat ihren Unterleib weit nach vorne gedrückt. Beide Hände sind in die Hüfte gestützt. Michael und Alexander schwenken stolz ihren Penis, halten ihn nach vorn.

«Fertig, los!», schreit Anne.

Beide sehen wie gebannt auf Anne, aus deren Scheide ein kleiner Strahl im Gras verschwindet. Michael kann sich vor Lachen kaum halten, nur ein paar Tropfen kommen aus seinem Penis, Alexander gibt sein Bestes, drückt und drückt, aber er kommt an Annes Leistung nicht heran.

«Stark!», gibt Alexander unumwunden zu. «Absolut starke Leistung!»

Anne zieht sich an: «Und wo sind die Bountys?» Sie schaut Michael an.

«In meinem Rucksack!»

Als sie sich gerade angezogen haben, kommt Anja, die Erzieherin, hinzu.

«Ah! Hier seid ihr!» Die drei Kinder schauen sich etwas verlegen an, so als habe man sie gerade bei etwas Verbotenem erwischt.

«Was habt ihr denn hier so lange gemacht?»

Alexander lacht: «Wettpinkeln!»

«Wie bitte? Was habt ihr gemacht?»

«Wettpinkeln!», wiederholt Alexander. «Und Anne hat die Goldmedaille gewonnen.»

Unsicherheit der Erwachsenen bei sexuell getönten Spielen

Erwachsene reagieren auf Spiele, in denen sexuelle Themen dargestellt werden, mit erheblicher Unsicherheit. Diese Spiele dienen für Kinder, um Wirklichkeit zu erfahren. Über Spiele erkunden, erobern sie sich die Welt. Im Spiel bringen sie das, was sie wissen wollen, im wahrsten Sinne auf den Begriff. Das Spiel unterliegt meist eigenen, von den Kindern selbst entwickelten Regeln und Ritualen. Dies gilt besonders für Rollenspiele, bei denen die Kinder in unterschiedliche Identitäten hineinschlüpfen, höchst verschiedene Erfahrungen machen können.

Gerade Rollenspiele sind für die Entwicklung des Mitgefühls, des Sich-in-andere-Hineinversetzens und der Rücksichtnahme unerlässlich.

Für Kinder sind Doktorspiele Spiele wie andere auch. Ihre Faszination gewinnen sie zusätzlich daraus, dass viele Eltern irritiert sind, wenn sie sie beobachten. Manche reagieren geradezu geschockt, handeln mit Verboten und Drohungen und erhöhen damit den subjektiven Stellenwert dieser Spiele. Dabei weisen Doktorspiele oder Spiele mit sexuellen Inhalten Besonderheiten auf, die man wissen muss, um einzuschätzen, ob solch ein Spiel angemessen oder problematisch ist.

Doktorspiele finden meist hinter verschlossenen Türen oder in nur schwer einsehbaren Innen- und Außenbereichen statt und sind oft unerwünscht. Sie werden nicht zugelassen. Doktorspiele sind intime Spiele, die nur den Kindern gehören. Die Unzugänglichkeit des Raumes signalisiert: «Ihr stört! Lasst uns allein!»

Wenn man nun trotzdem den Raum betreten muss, um zu überprüfen, ob sich die Kinder an die abgesprochenen Regeln halten, sollte man nicht einfach hineinplatzen, sondern anklopfen, einen Augenblick warten, um die kindliche Intimsphäre zu wahren.

Wenn man die Kinder dann vielleicht mit hochrotem Kopf, aber glücklich sitzend sieht, empfiehlt sich keine ärgerlich fordernde Formulierung wie: «Was habt ihr denn da gemacht?», sondern eine ruhige Feststellung: «Ihr habt bestimmt etwas Schönes gespielt!»

Doktorspiele wenden sich in der Regel nicht sofort dem Genitalbereich zu, haben nicht allein anatomische Vergleiche oder Untersuchungen zum Inhalt. So wichtig die Erkundung des Körpers ist, das Bestreben, etwas über das andere Geschlecht zu erfahren, ein ausbalanciertes und harmonisches Doktorspiel nimmt die Gefühle aller Beteiligten ernst, respektiert das Recht des beteiligten Kindes auf körperliche Unversehrtheit.

Die Faszination der Doktorspiele nimmt im Grundschulalter ab. Die körperlichen Unterschiede (zwischen Jungen und Mädchen) sind nun bekannt, eine spielerische Erkundung des Körpers ist nicht mehr vonnöten. Doch können sich Spiele mit sexueller Thematik bis in das Schulalter fortsetzen – nur hat es dann eine andere Bedeutung: Man vergleicht sich in seinem Aussehen, der Busen- oder Penisgröße, Jungen machen Spiele, wie man am schnellsten beim Onanieren zum Orgasmus kommt.

Die elterliche Unsicherheit, die sie mit den Doktorspielen haben, liegt wohl darin begründet, dass sich viele an diese Spiele in der eigenen Kindheit nicht oder nur ungern erinnern. Sie wollen damit nichts mehr zu tun haben und sehen deshalb in ihren jüngeren Kindern «kleine Sexmonster, die es schon ganz früh ständig wilder treiben», wie es einmal ein Vater ungehalten ausdrückte, als ich die Doktorspiele verteidigt habe. Dabei zeigen alle Studien – auch jene aus früheren Jahrzehnten –, wie normal die Doktorspiele für ein bestimmtes Entwicklungsstadium waren und sind. Etwa drei Viertel aller Kindergartenkinder waren und sind in diese Spiele – ob nun aktiv oder als Beobachter – involviert.

Damit das Doktorspiel aber ein Spiel bleibt – und nicht zu einem Zwang wird, dem sich ein einzelnes Kind unterwerfen muss –, muss man einzelne Regeln beachten:

■ Das Prinzip der Freiwilligkeit muss absolute Gültigkeit haben. Kein Kind darf gezwungen werden, daran teilzunehmen. Ungleichgewichtigkeit im Spiel baut eine Hierarchie auf, die eine Balance verhindert. Dies ist häufig dann gegeben, wenn die Spielpartner größere Altersunterschiede aufweisen. Wenn ein siebenjähriges Kind – egal ob Junge oder Mädchen – ständig drei- oder vierjährige Kinder untersucht, ist besonderes Augenmerk geboten, und dies vor allem, wenn das jüngere Kind psychisch unter Druck gesetzt oder materiell für die Teilnahme belohnt wird.

■ Das Doktorspiel stellt sich als ein Rollenspiel dar, d.h., es muss im Spiel ein Tausch der Rollen – z.B. vom Arzt zum Patienten, vom Vater zur Mutter – stattfinden. Dabei kann es durchaus normal sein, wenn ein Kind eine Zeit lang – z.B. über Tage oder Wochen – eine Rolle einnimmt und erst dann in die andere Rolle schlüpft.

■ Spiele sind mit Spaß und mit Freude verbunden. Dies gilt gleichermaßen für Doktorspiele. Falls Kinder keine sichtbare Freude daran haben, ihnen ihr Unwohlsein angesehen wird, sind diese Spiele sofort zu unterbinden, weil das Prinzip der Ausgeglichenheit nicht mehr gegeben ist. Wenn ein Kind nicht die Kraft findet, sich aus dem Spielablauf zurückzuziehen, ist es dabei von Erwachsenen zu unterstützen.

■ Jedes Kind hat das Recht auf körperliche Unversehrtheit. Liebevoller Umgang ist oberstes Gebot. Deshalb nehmen die Gefühle füreinander einen herausragenden Stellenwert ein. Kinder haben ein Gespür dafür, wer an diesen Spielen teilnehmen darf. Kinder akzeptieren nicht jeden, nur einem vertrauten Kreis ist der Zugang zu den Spielen erlaubt, weil so gegenseitige Verlässlichkeit – eine Grundvoraussetzung für das Doktorspiel – gewährleistet ist. Deshalb gehören Gegenstände, mit denen man möglicherweise Penis, Scheide oder Poloch manipulieren kann, nicht zum Doktorspiel dazu.

■ Manchmal sind Doktorspiele ein unbewusster Hinweis des Kindes darauf, mehr über den Körper oder die erwachende Sexualität erfahren zu wollen. Dann können Spielinhalte durch Bilderbücher oder Gespräche vertieft werden.

■ Jedes Kind hat das Recht, zu jeder Zeit aus dem Spiel aus-
zusteigen, wenn es nicht mehr mitmachen will oder es
fühlt, dass es dieses Spiel emotional nicht aushalten kann.
Dieses «Nein!» ist von den Spielpartnern bedingungslos
zu respektieren und nicht als Schwäche zu interpretieren.
Wird ein «Nein!» nicht geachtet, stellt dies durchaus einen
Grund dar, in das Doktorspiel einzugreifen und es zu beenden.

«Sind die nicht stark?»
Pferde und Mädchen – auch eine
sexuelle Beziehung?

«… mein Pferd – mein Freund –
wie im Märchen»

«Seit meine Melanie so etwa acht Jahre alt ist», erzählt mir
Sonja Peters, «dreht sich alles, aber auch wirklich alles, nur
um die Pferde. Ich dachte, das wäre eine momentane Ma-
rotte.» Sie schmunzelt. «Auch ich hatte ja so eine Phase. Ich
weiß noch», sie denkt nach, «da gab's Fury, so eine Serie im
Fernsehen, da war ich ganz wild drauf. Und dann hatte ich
noch eine Freundin, deren Eltern hatten ein Pferd. Da bin
ich damals mit hingegangen. Aber irgendwie haben mir diese
großen Tiere Angst gemacht. Als ich einmal auf so einem Vieh
drauf saß, da wollte ich sofort wieder runter, weil ich dachte,
wenn ich da runterfalle, breche ich mir den Hals!» Sonja Peters lächelt: «Da dachte ich, solche großen Tiere sind nichts
für dich.» Sie schüttelt den Kopf. «Aber Melanie kommt nicht
mehr los davon. Nun ist sie vierzehn. Wir haben ihr vor einiger Zeit ein eigenes Pferd gekauft, das sie mit großer Liebe

hegt und pflegt. Jede freie Minute verbringt sie im Reitstall. Sie hat wirklich großen Spaß daran. Das sieht man ihr an.»

Sonja Peters denkt nach. «Ach was, Spaß. Die ist richtig süchtig nach ihrem Blacky. Wenn der mal krank ist, dann ist sie noch kränker. Neulich hat sie im Schlafsack neben ihrem Pferd gepennt, nur weil der 'ne Entzündung am Gelenk oder so etwas Ähnliches hatte. Ihre schulischen Leistungen leiden auch darunter.» Sie nickt heftig: «Aber wenn ich ihr verbiete, zum Pferd zu gehen, ist sofort Aufruhr im Hause Peters. Dann kenne ich meine Melanie nicht mehr!»

Sonja Peters wirft ihren Kopf hin und her: «Da kann sie zur wilden Bestie werden. Also so etwa!» Doch dann schmunzelt sie: «Ich hab mal gelesen, wenn Mädchen 'nen Freund haben, wird das Interesse am Pferd weniger.» Sie sieht mich grinsend an: «Aber dann ist das nächste Problem da, nicht im Stall, sondern bei mir im Hause, in Melanies Zimmer. Vielleicht denke ich mir dann, hätte Melanie bloß noch das Pferd!»

Melanie, mit der ich später spreche, versteht ihre Mutter «überhaupt nicht». Sie wirft ihren Kopf hin und her: «Süchtig soll ich sein? So'n Quatsch!» Sie wird richtig wütend: «Neulich sagt meine Mutter doch, ich hätte was Erotisches, 'ne Liebesbeziehung zu meinem Blacky! Unmöglich! Ich sag doch zu ihr auch nicht, sie geht zum Golfen wegen dieses süßen Lehrers, der allen Frauen in der Midlifecrisis den Kopf verdreht! Der sammelt doch Pokale, und die Pokale sind die Frauen!» Sie ist immer noch ziemlich ungehalten: «Eltern müssen einem immer etwas vermiesen, müssen überall Probleme sehen, wo's keine gibt! Ich find's im Stall toll. Da kann ich mich um Blacky kümmern, kann reiten, da sind Freundinnen, mit denen kann man reden, die wissen nicht alles besser, wie meine Mutter!»

Sie schmunzelt: «Neulich habe ich mal irgendwo gelesen, man wird sexuell gereizt, wenn man reitet. Dass ich nicht lache! Mit Jannek, meinem Freund, da schmusen wir, streicheln uns. Das kann mein Blacky nicht! Erotische Beziehung, ich bin doch nicht pervers!»

Susanne, Melanies Freundin, knapp sechzehn, nickt zustimmend, als sie die Worte hört: «Ich mag Pferde, mein älterer Bruder pflegt seine Vespa, so ist das eben. Aber ein Pferd braucht mehr Aufmerksamkeit als so ein komisches Moped. Den Roller kannst du in die Garage stellen, das Pferd nicht, es verhungert!» Sie denkt nach, zieht ihre Stirn in Falten: «Wenn du in den Stall kommst, und das Pferd erkennt dich, dann ist das einfach toll. Das ist, als ob du einen Freund besuchst. Das Pferd freut sich, es genießt es, wenn du es pflegst. Pferde sind treue, richtig verlässliche Freunde!» Sie überlegt: «Davon verstehe nur ich etwas, meine Eltern haben davon absolut keine Ahnung, von Tieren nicht, von Pferden schon gar nicht. Aber das macht auch nichts. Sonst würden sie auch noch in dieser Sache mitreden. Sie quatschen schon genug herum!» Dann lächelt Susanne ganz verträumt: «Und wenn Melanie und ich dann durch den Wald reiten oder über Wiesen, dann ist es ganz schön. Dann komme ich mir manchmal wie im Märchen vor. So richtig wie im Märchen. Wo gibt es das schon!» Doch dann schaut sie mit einem Male ganz ernst: «Ob ich verknallt bin in das Pferd, wie manche mir das andichten? Dass ich nicht lache! Wissen Sie, in wen ich verknallt bin?» Ich schüttle den Kopf.

«In Jan, der ist hier Stallknecht. Der ist absolut süß. Aber der übersieht mich ständig, weil der was mit 'ner anderen hat, dieser blöden blonden Tusse. Nur weil die schon älter ist und so 'n scharfen Mini, dieses coole Auto, fährt. Eine absolut blöde Kuh!»

Eine intensive Beziehung voll Magie – auch ein wenig erotisch?

Wie den pubertierenden Jungen Fahrrad oder Moped zum Objekt der Begierde wird, wird dies den Mädchen häufig das Pferd.

Verschiedene Autoren – allen voran Sigmund Freuds Tochter Anna – haben in der Beziehung der Mädchen zu Pferden eine stark erotisch gefärbte Komponente gesehen. Die Reiterinnen – so Anna Freud, aber auch andere Psychologen und Psychologinnen, die die Faszination der Mädchen für Pferde gedeutet haben – fühlen sich eins mit dem mächtigen Pferd. Es baut sich in der Folge eine innige symbiotische Beziehung auf, die in eine Freude an der absoluten Macht über das Pferd gipfelt. Im Reiten drücken sich Herrschaftsgelüste aus, die – so eine psychoanalytische Erklärung – auf den Penisneid des Mädchens hindeuten. Im Reiten – so geht die Argumentation weiter – bilden sich genitale Bedürfnisse des Mädchens ab – das Reiten wird zum Masturbationsersatz.

Die Überlegung, sexuelle Erregung, gar die Befriedigung sexueller Bedürfnisse, sei beim Reiten vorrangig, wirkt doch sehr konstruiert, erscheint eher als ein unhaltbares theoretisches Konstrukt, zumal sie die Aussagen und Erklärungen der heranwachsenden pubertierenden Mädchen nicht oder nur unzureichend berücksichtigt.

Zweifelsohne wird Sexualität – Melanie und Susanne verdeutlichen es – bei den «Pferdemädchen» thematisiert. Dies ist mehr als normal, gehen pubertierende Mädchen doch die ersten sexuell getönten Beziehungen – Streicheln, Schmusen, Petting – zwischen dem 10. und 14. Lebensjahr, also jener Zeit, in der das Pferd wichtig wird, ein. Der (attraktive, gut aussehende, begehrenswerte) Junge gerät in das Blickfeld, wird zum Objekt, an dem und über den sexuelle Phantasien ausgelebt werden können.

Die Beziehung zum Pferd hat dagegen – nimmt man die Gespräche mit Mädchen ernst – eine andere Grundlage. Es ist eine stark gefühlshaltig geprägte Beziehung. Das Mädchen geht mit Haut und Haaren in dieser Beziehung auf. Das Pferd ist für das Mädchen eine wichtige Herzensangelegenheit. Es nimmt alles ernst und wichtig, was in Zusammenhang mit dem Pferd steht, und nimmt sich deshalb – im wahrsten Sinne des Wortes – alles zu Herzen.

War das Mädchen in den ersten Lebensjahren häufig auf die Mutter fixiert, ließ die Mutter – umgekehrt – ihrer Tochter weniger Raum und Zeit für eigene Wege, so muss die Pubertierende in dieser Zeit – «Hänschen klein» gleich – in die Welt hinaus. Mädchen müssen sich abgrenzen, zugleich sich der Zuwendung der Mutter, aber auch des Vaters versichern. «Halt mich, aber lass mich los!» Das ist die Hymne des Trotzalters und dann später der Pubertät. Halt mich! Dieser Satz bedeutet: Versteh mich und meine Bedürfnisse, schau genau hin, was ich von dir, was ich von euch gelernt habe: Verantwortung für ein geliebtes Wesen – jetzt eben die Pferde – zu übernehmen. Dies sind Kompetenzen, die ihr mir vermittelt habt! Und dafür bin ich euch dankbar!

Die intensive Beziehung zum Pferd enthält somit weniger eine sexuelle Tönung – diese Beziehung hat vielmehr soziale, moralische und emotionale Komponenten:

- Das Mädchen lernt eigenverantwortliches Tun, und es lässt sich freiwillig auf dieses Handeln ein.
- Das Mädchen übernimmt Pflichten, erwirbt Pflichtbewusstsein. Ohne die Pflege, ohne die Fürsorge des Mädchens könnte ein Pferd schwer im Stall überleben.
- Das Mädchen grenzt sich durch die Beziehung zum Pferd von den Eltern, besonders von der Mutter ab. In der Pflege

des Pferdes steckt somit die Botschaft: «Das ist etwas, was mir gehört! Aber wie ich das mache, das ist etwas, was ihr mir gezeigt habt!»

Das Pferd und alles, was damit verbunden ist, ist somit ein Symbol für den Übergang von der Kindheit in die Welt der Erwachsenen: Es steht für Ablösung aus vertrauten Zusammenhängen, für die neuen, unbekannten Herausforderungen; es steht für soziales und moralisches Lernen: Einfühlung, Mitgefühl und Verantwortung für etwas wahrzunehmen, sich dieser Verantwortung bewusst zu werden. Dadurch wird letztlich Selbstwertgefühl ausgebildet, das eigene Selbstbild gestärkt.

Doch darüber hinaus umgeben Pferd, Stall und das Reiten eine gefühlshaltige Aura, eine Art Zauber, eine Magie, die nicht loslässt: Der schöne Pferdekörper, der Sinnlichkeit ausdrückt und der einen anzieht, in seinen Bann schlägt.

«Aber», so nochmals Melanie, «das ist nichts Sexuelles, das ist doch kein Ersatz für miteinander schlafen. Reiten ist einfach nur schön. Ich bin dann in einer anderen Welt. Natürlich, wenn ich so reite, so träume und Jan, der Knecht, würde aus den Büschen springen, sich zu mir aufs Pferd setzen, mich küssen und wir würden in einem lauen Sommerwind davon reiten, da würde ich glatt den Verstand verlieren!» Sie zuckt mit den Schultern: «Aber gegen diesen Mini habe ich keine Chance. Also träume ich weiter!»

«Alte Heulsuse!» – «Blöder Typ!» Friedfertige Mädchen – böse Buben?

Unterschiedliche Spielaktivitäten oder Vorlieben bei den Medien sind bei Jungen und Mädchen vielfach ein Randthema in der pädagogischen Diskussion. Dies gilt auch für den Umgang mit Sexualität und Aggressionen. Es wird zwar auf unterschiedliche Programmvorlieben bei Jungen (z. B. Sportsendungen) und Mädchen (z. B. Musik- und Familiensendungen) und spezifische Vorlieben bei Freizeitaktivitäten (z. B. Jungen: Sport, mit Freunden spielen, Computeraktivitäten; Mädchen: Musizieren, Basteln/Werken, Lesen) aufmerksam gemacht. Diverse Untersuchungen konzentrieren sich auf die in den Medien enthaltenen Bilder zur Weiblichkeit und sehen darin die Ursache bzw. den Verstärker von Geschlechtsrollenstereotypen. Solche Unterschiede werden vielfach geschlechtsspezifisch genannt. Ich spreche aber von geschlechtsgebundenen Unterschieden. Damit will ich ausdrücken: Auch Mädchen haben Interesse an Action, und Jungen finden sich in Themen wieder, in denen zwischenmenschliche Beziehungen angesprochen werden – wenn auch in wesentlich geringerem Ausmaß.

Ausschließlich an ein Geschlecht gekoppelte Aktivitäten und Muster sind nicht festzustellen – jedenfalls legen das die vorliegenden Untersuchungsergebnisse nicht nahe. Die Begründungen für die unterschiedlichen Aktivitäten und Muster sind insbesondere durch Sozialisations- und Erziehungsprozess gegeben, d. h., die geschlechtsgebundenen Unterschiede sind nicht unabänderlich, vielmehr sind sie durch biographische Erfahrungen und Lernprozesse veränderbar – wie natürlich auch zu verstärken.

Die gebratene Puppe

Werner Mahler ist Erzieher in einem Schülerhort einer norddeutschen Kleinstadt. Ich habe mich mit ihm verabredet, um seinen Erziehungsalltag kennen zu lernen. Als ich ankomme, «war schon», wie er sagte, «ein Ding passiert». Er hatte beobachtet, wie Jörg und Armin, sieben und acht Jahre alt, eine zerfetzte Stoffpuppe zerschnitten, dann in die Küche gingen, sich eine Pfanne holten, die Puppenglieder hineinlegten und anfingen, sie zu rösten. Als sich Brandgeruch verbreitete, ging Werner Mahler in die Küche.

«Was macht ihr denn hier?»

«Siehst du doch.»

«Ihr spinnt wohl!»

«Aber weißt du», sagte er dann zu mir, «das Schärfste kommt jetzt. Sagt doch Jörg, sie hätten gestern einen Zombie bei Freunden gesehen. Mir ist der Kinnladen runter. Ich war sprachlos und muss völlig bescheuert ausgesehen haben. Ich hab die beiden dann aus der Küche geschmissen. Die haben die ganze Zeit nur gegrinst. Das hat mich noch zusätzlich auf die Palme gebracht. Ich habe gehofft, ich bleibe von der Horror-Scheiße verschont, nun das. Ich hab erst gedacht, die filmen mich. Aber das sah so echt und ganz überzeugend aus.»

Wir haben uns am selben Nachmittag mit Jörg und Armin unterhalten. Beide Kinder sehen – und deshalb war der Erzieher auch so überrascht – sehr wenig fern. «Tom & Jerry oder, wenn wir brav sind, auch schon mal 'n Krimi. Aber so was ist schon gruselig genug», meint Jörg.

Am Wochenende waren die Kinder mit ihren Vätern zum Angeln gefahren. Alle hatten geangelt, aber die Kinder durften die gefangenen Fische nicht schlachten. Armin: «Das war gemein. Das war ganz gemein. Dabei hatte mein Vater mir das versprochen. Ganz fest. Und ich hab mich drauf gefreut. Aber dann hat er gesagt, ich würde die Tiere quälen. Dabei stimmt das gar nicht.» Und Jörg ergänzt: «Wir durften nur angeln und haben so viele Fische gefangen, aber die haben wir einfach wieder reingeschmissen. Die waren ganz schön sauer mit der Zeit.»

Im Verlauf des Gesprächs kommt dann heraus, dass sie ihr Puppen-Spiel vor allem deshalb gemacht haben, «um zu üben, wie das ist, wenn man schlachtet und kocht. Wir dürfen ja nichts richtig, wir müssen immer spielen. Jetzt haben wir

das probiert, dann können wir das vielleicht das nächste Mal.»
Und Armin fährt fort: «Das hat doch solchen Spaß gemacht,
wie Papi da mit dem Fisch 'rummacht. Nur wir durften nicht.
‹Weg, ihr quält nur›, richtig weggedrückt hat er mich. Nur zu-
sehen durften wir.»

Auf meine Frage, warum sie Werner Mahler diese Geschichte nicht erzählt, ihm stattdessen etwas von einem Zom-
biefilm berichtet hätten, grinsten sich beide an. Sie wollten
darauf nicht antworten und fingen immer wieder an, von
ihren Enttäuschungen während der Angel-Tour zu erzählen.
Erst als ich am Abend den Hort verließ, zupfte mich Armin
am Ärmel: «Du, weißt du, warum?»

«Nein.»

«Werner ist ja ganz nett. Nur wenn wir so Sachen sehen im
Fernsehen, die er nicht mag, da schaut der immer so komisch.
Das mögen wir nicht leiden an ihm. Deshalb haben wir das
gesagt mit dem Zombie. Wir haben's einfach probiert, und
er hat uns das ja auch geglaubt. Angeschmiert haben wir ihn,
und er hat genauso doof geguckt, wie wir dachten. Und hinterher haben wir uns kaputtgelacht.»

Jörg und Armin haben in der Bratszene jene Ohnmachts-
gefühle, die sie am Sonntag durchmachten, nochmals aktuali-
siert. Sie haben eine Situation konstruiert, die eigenen, selbst
geschaffenen Regeln unterliegt, eine Szene gespielt, die ihre
Kompetenz und Qualifikation bestätigen soll.

Als ihr Erzieher eingreift, die Spielsituation und die damit
einhergehenden Emotionen stört, fühlen sie sich ähnlich ge-
maßregelt wie beim sonntäglichen Angeln. Während sie sich
dort durch das Zurückwerfen der Fische wehren, setzen sie
am Montag ihr Wissen über die Einstellung des Erziehers
zum Fernsehen und zum Video ein, um sich auf ihre Art und
Weise mit ihm auseinander zu setzen. Indem sie mit seinem
Schrecken spielen, ihn zum «Ausrasten» bringen, bekommen
sie eigene Allmacht bestätigt.

Unterschiedliche Verarbeitungsmuster

Jungen sind mehr an Abenteuern und Action, an den Eigenschaften der Helden interessiert: Die Kraft des Helden, seine Körperbeherrschung, seine Motorik, seine Bewegungen, seine Stimmgewalt, seine Dominanz, sein Kampfwille lassen ihn für Jungen bedeutsam werden. Auch die phantastisch-magischen Momente in den Medienangeboten faszinieren Jungen genauso wie die nach außen gerichtete Aggression, die dann im Spiel sichtbar wird.

Mädchen weisen demgegenüber den Beziehungs-, Trennungs- und Autonomiethemen in den Filmen größere Bedeutung zu. In den Handlungen der Familienserien, «Seifenopern» oder den Tier- und Arztgeschichten entdecken sie ihre (Alltags-)Themen wie Nähe und Distanz, Trennung und Sichfinden, den Kampf um Selbständigkeit. Mögen Serien wie «Die Biene Maja», «Heidi», «Die Lindenstraße» oder «Der Landarzt» – aus der Sicht von Erwachsenen – keine aufgesetzten, vordergründig Gewalt verherrlichende Szenarien enthalten, aus der Sicht (vor allem) von Mädchen geht es durchaus um die Konfrontation mit gewalttätigen Alltagserfahrungen: loslassen und losgelassen werden, Eigenständigkeit und Behütung, Liebesentzug und Urvertrauen. Dies kann ein Fallbeispiel verdeutlichen.

«Ich will nicht, dass du arbeiten gehst!»

Beate, fünf Jahre, zieht sich schon seit einigen Wochen, sobald sie morgens in den Kindergarten kommt, in die Spielecke zurück. Sie nimmt sich eine kleine Puppe, die sie Heidi nennt, und inszeniert Gespräche, die über Wochen hinweg in immer gleichen Wiederholungen verlaufen. Beate schlüpft dabei in die verschiedenen Rollen.

Beate: «Mutti muss jetzt gehen, hörst du.»

Heidi: «Warum kannst du denn nicht bleiben?»

Beate: «Aber das hab ich dir doch gesagt.»

Heidi: «Aber was hast du mir gesagt?»

Beate: «Aber Heidi, das weißt du doch.»

Heidi: «Musst du gehen?»

Beate: «Ich hab's dir doch gesagt. Ich muss arbeiten, und du musst hier bleiben. Du bist doch schon ein großes Mädchen.»

Heidi: «Ich möchte nicht, dass du gehst.»

Beate: «So, Heidi, nun sei schön brav und bleibe hier. Heute Abend bin ich wieder da.»

In anderen Spielen beschimpft «Heidi» ihre Mutter, klagt sie an oder hat Wutausbrüche. Die von Beate gespielte Mutter reagiert mit großer Geduld, zugleich aber mit einer penetranten Betulichkeit. Beate kommt zudem regelmäßig zu ihrer Erzieherin, um sich aus einem «Heidi»-Buch vorlesen zu lassen. Dabei verlangt sie immer wieder nach zwei Auszügen, in denen es um Trennung und Wiederkehr geht, darum, wie Heidi mit dem Alleinsein fertig werden muss. Beates Mutter erzählt auf einem Elternnachmittag, dass ihre Tochter auch zu Hause ein «Heidi»-Rollenspiel inszeniert, zudem die Zeichentrickserie mittels Videokassette täglich zwei- bis dreimal sieht. Beates Mutter beobachtet mit wachsender Sorge, wie die «Fernseh-Heidi» das alltägliche Handeln und Spielen ihrer Tochter bestimmt.

Beates Mutter beabsichtigt, wieder zu arbeiten. Dieses Vorhaben hatte sie mit ihrem Mann an mehreren Abenden so besprochen, dass Beate nichts hören konnte. «Ich wollte sie doch nicht beunruhigen.» Wie sich dann aber im Nachhinein herausstellt, hatte Beate einmal Gesprächsfetzen gehört. Auch an den nächsten Abenden lauschte sie an der Wohnzimmertür. Dabei blieb der Eindruck bei ihr hängen: «Mami geht weg, um zu arbeiten. Und dann bin ich allein.» In dem «Heidi»-Film fand sich Beate mit ihrer Situation vor allem in den Trennungs- und Abschiedsszenen wieder. So gewann der bei der Film-«Heidi» ablaufende Entwicklungsprozess für Beate zunehmend an Bedeutung. In ihrem Spiel drängten die in der Film- und Buchrezeption durchlebten Phantasien in die Wirklichkeit, in ihrem Spiel suchte Beate nach eigenen Lösungsmöglichkeiten. Als Beates Mutter mit ihrer Tochter im Anschluss an das Beratungsgespräch offen über ihre in Aussicht stehende Berufstätigkeit redet, nimmt die Intensität der Rollenspiele ab, die Bedeutung von «Heidi» – in Form des Buchs und der Kassette – bleibt aber über längere Zeit hinweg bestehen.

In den Nachspielen herrschen bei Jungen nach außen gerichtete – auch zerstörerische – Aggressionen, Action und die Suche nach Orientierung vor, bei den Mädchen überwiegen dagegen Beziehungsspiele.

In einer Folge der «Schwarzwaldklinik» ging es um den Unfall zweier Jungen: Sie hatten sich aus Übermut und um einem Mädchen zu imponieren in einer unterirdischen Höhle, die sie nicht betreten durften, verirrt und waren dort verunglückt. In einer dramatischen, spektakulär inszenierten Rettungsaktion wurden sie befreit und in die Klinik gebracht. Diese Folge konfrontierte einige der zuschauenden Kinder mit Ängsten, Verboten und Aggressionen: Die Sendung zeigt die negativen Folgen des Verstoßes gegen Verbote und soziale Normen sowie damit einhergehende Sanktionen von Bezugspersonen. Auch kann der Unfall als existenzielle Vernichtungserfahrung erlebt werden. Oder der Film zieht durch eine Action-Dramaturgie die Kinder in den Bann und berührt sie gefühlsmäßig stark.

In zwei Kindergruppen eines Kindergartens waren einige Tage später folgende Spiele zu beobachten:

«Die müssen sterben!»

Die eine Gruppe bestand aus Jens, Jörg, Niko und Peter. Alle sind zwischen fünf und sechs Jahre alt. Sie spielten in einer Ecke des Gartens. Dort hatten sie aus Zweigen, Blättern, Papier, Pappe, Sand und Wasser eine Höhle mit vielen Gängen konstruiert, eine «gruselige» Höhle, wie Peter erklärt.

Jens hat Playmobil-Figuren geholt, diese werden in die Höhle geschoben, bis sie nicht mehr zu sehen sind.

Niko: «Die kommen da nie mehr raus.»

Jörg: «Die müssen sterben.»

Peter: «Ich nicht. Ich weiß, wie ich da rauskomme.»

Es folgt ein Gespräch darüber, wie man sich aus solch brenzligen Situationen retten könnte.

Jens: «Ich hätte He-Man mitgenommen, der hätte mir geholfen.»

Jörg: «Brauchst du nicht, im Berg gibt's Geister, die helfen einem, ich mein, die helfen Kindern.»

Niko: «Quatsch, da hilft nur ein Sprechfunkgerät.»

Jörg: «Funktioniert aber im Berg nicht.»

Jens: «Hilft eben doch nur He-Man.»

Peter: «Oder mein Zauberstab. Da kann man alles mit machen.»

Alle fangen an zu lachen.

Jens und Jörg stehen auf, während die beiden anderen vorsichtig nach den Figuren suchen. Die beiden kommen zurück. «So, jetzt holen wir sie raus.» In der einen Hand halten sie He-Man, mit der anderen Hand werfen sie Steine auf die Höhle, bis diese einstürzt. Dann fangen alle an, nach den Figuren zu wühlen. Als sie sie in den Händen halten, entspinnt sich ein Gespräch.

Jens: «Gut, dass He-Man da war.»

Jörg: «Die wären sonst nie rausgekommen, nie.»

Jens, mehr zu sich selbst als zu den anderen: «Die hatten

Glück, dass das He-Man gemacht hat. Wenn das die Eltern gemacht hätten, hätte es was gesetzt.» Niko und Peter ahmen Schläge auf den Hinterkopf nach und fangen an zu grinsen.

«Wir helfen, obwohl sie selber schuld sind»

In der anderen Gruppe sind Olivia, Heike und Inga, drei fast sechsjährige Mädchen, versammelt. Sie haben ein Zimmer der Puppenstube zu einem Operationssaal umgebaut. Aus dem Erste-Hilfe-Kasten des Kindergartens haben sie einige Utensilien entnommen. Dann holen sie sich zwei Puppen, legen diese auf den Operationstisch und beginnen ihre Operation.

Olivia ist die Ärztin, Heike und Inga sind die Schwestern.

Olivia: «Das Messer.»

Es wird gereicht, der Puppe wird der Leib aufgeschlitzt.

Heike: «Sieht schlimm aus.»

Olivia: «Die Salbe.» Inga reicht Heike die Salbe, die in den aufgeschlitzten Bauch gedrückt wird. Dann nimmt Olivia ein Tesa-Band und klebt den Bauch zu. Inga reicht ihr eine weitere Puppe.

Inga: «Was müssen die auch so unvernünftig spielen!»

Heike: «Sind eben Jungen!»

Olivia: «Die Schere.» Der Puppe wird ein Bein geschient.

Heike: «Das andere muss wohl auch ab?» Olivia nimmt eine Schere, schneidet das Bein ab.

Inga: «So kann es kommen!» Dann holt Heike einen Puppenwagen, legt die «Patienten» hinein und fährt damit fort.

In den hier dargestellten Spielen setzen die Mädchen- und die Jungengruppen jeweils geschlechtsgebundene Akzente:

■ Die Aggressionen der Jungen richten sich stärker nach außen, vor allem in den Nachspielen und Erzählungen. Dies mag auch Resultat eines Aneignungsstils sein, der Gefühle während des Sehens vermeidet und unterdrückt und sich im Nachhinein in Motorik und Lautstärke entlädt. Mädchen zeigen ihre Betroffenheit, ihre Verunsicherung und ihre Ängste während des Sehens und Hörens offener. Sie fühlen mehr mit den Opfern, versetzen sich in die Lage der Betroffenen, sind an den Folgen aggressiver Akte interessiert.

■ Es sind nur selten Spiele zwischen Jungen und Mädchen zu beobachten. Sind Mädchen in die Spiele integriert, nehmen diese schnell die Opferrolle ein.

■ In den Abenteuer- und Rollenspielen dominieren Körperlichkeit und Kraft. Während in den Konfliktlösungen von Mädchen die realistische Komponente überwiegt, fällt bei den Jungen der Einsatz von Magie und Phantastik auf.

■ Das Nachspielen der Mädchen wirkt ruhiger, stiller, zurückgezogener. Dies ist die Konsequenz aus dem offenen Umgang mit Gefühlen während des Nachspielens. Mädchen arbeiten in den Spielen nicht so sehr die physische als vielmehr die psychische Anspannung ab.

■ Jungen spielen Gefühle herab, unterdrücken diese. Verunsicherungen werden durch Übermotorik oder abwertende Bemerkungen geleugnet; das soll Gleichgültigkeit, Lässigkeit, Souveränität oder Kompetenz vorspiegeln. Jungen überfordern sich gefühlsmäßig. Dies hat Auswirkungen auf das Nachspiel und die Nachbereitung. Sie dienen dazu, die körperliche Anspannung durch Bewegung abzubauen.

Unterdrückung von Aggressionen

Die Spiele der Jungen sind in Thema und Symbolik deutlicher zu identifizieren. Offen aggressive Spiele der Mädchen werden nicht selten von Erwachsenen früher reglementiert und konsequenter unterdrückt. Ich möchte diese Einschätzung am Umgang mit Monsterfiguren und den Barbie-Puppen konkretisieren.

Während etwa zwei Drittel der von mir befragten Jungen angeben, mindestens ein Mal mit Monster- und Actionfiguren Kontakt gehabt zu haben, und nahezu die Hälfte eine entsprechende Figur besaß, hatten nicht einmal zehn Prozent der Mädchen vergleichbare Objekte, der Mehrzahl der Mädchen wurden die Monstergestalten von ihren älteren Brüdern «vererbt». Nur zwei Mädchen kauften sich bzw. ließen sich eine Monstergestalt schenken, «um die Mami zu ärgern, weil die dagegen war». Doch beeindruckender, weil tiefe Einblicke in gesellschaftliche Sozialisierungsprozesse verschaffend, sind die Argumente, mit denen Mädchen Monsterfiguren ablehnen bzw. ihnen gleichgültig gegenüberstehen. Auf der Basis von Gruppengesprächen sowie teilnehmenden Spielbeobachtungen lassen sich drei Begründungen festhalten.

Mädchen ist zunächst die Art und Weise, wie Jungen mit den Figuren spielen, zu laut, zu aktions- und bewegungsbetont. Sie lehnen die Spiele als unkooperativ ab.

Hinzu kommt, dass Mädchen nicht wirklich in die symbolischen und ritualisierten Spielverläufe einbezogen sind, sondern meistens Statisten bleiben oder zu Bestandteilen der Requisite werden. Die Spielvorschläge und Handlungsanweisungen der Mädchen werden von den Jungen nicht ernst genommen bzw. nicht anerkannt. Dies macht die Teilhabe am Spiel – aus der Sicht der Mädchen – langweilig und uninteressant.

Diese beiden Beobachtungen decken sich mit den Ergebnissen einer Langzeitstudie der amerikanischen Psychologin Maccoby, wonach Mädchen gleichgeschlechtliche Spielkameradinnen bevorzugen. Maccoby nennt hierfür zwei Gründe: Im Jungenspiel dominiert äußere Bewegung, es ist häufig rau und grob und gekennzeichnet von einem auf Dominanz zielenden Wettbewerb. Während Mädchen Spiele durch Vorschläge zu beeinflussen versuchen, bevorzugen Jungen den direkten Anweisungsstil, um damit zum Erfolg zu kommen. Jungen kommandieren mehr, fallen sich ins Wort. Mädchen meiden das Spiel mit Jungen, weil sie hier keine Chance zur Verwirklichung ihres Spiels haben. Und dies ist eben auch ein Grund, weshalb Mädchen das Spiel mit Monsterfiguren ablehnen.

Noch eine weitere Begründung bringen Mädchen vor: Vor allem Mütter – aber auch Erzieherinnen und Sozialpädagoginnen aus dem Elementarbereich – sehen es nicht gerne, wenn Mädchen mit Monsterfiguren spielen, während Jungen dieses – wenn auch widerstrebend – gestattet wird. Mädchen dürfen stattdessen durchaus mit Barbie-Puppen oder vergleichbaren Figuren spielen.

«Vom Unbewussten zum Unbewussten»

Für geschlechtsgebundene Unterschiede beim Ausleben von Aggression oder im Umgang mit körper- und gewaltbetonten (medialen) Symbolen gibt es eine Vielzahl sich häufig widersprechender Erkenntnisse aus Soziologie, Psychologie, Psychoanalyse, der Pädagogik oder auch der Biologie. Der ganz spezifische Umgang mit Aggressionen scheint kulturell bedingt, durch Erziehung gesteuert und beeinflusst zu sein. So lassen sich erste Erklärungen für die beschriebenen Unterschiede im Umgang mit Gewaltsymbolen finden.

Eine Vielzahl von Autorinnen und Autoren verweist darauf, dass eine geschlechtsgebundene Erziehung – z.B. im Hinblick auf Aggression – schon früh einsetzt und auf meist unbewussten kulturellen Mustern fußt. Während männliche Babys länger gestillt werden, erzieht man Mädchen früher und intensiver zur Selbstverantwortung, sie werden stärker in familiäre Abläufe und häusliche Pflichten einbezogen. Anders ausgedrückt: Gesellschaftliche Normen und Werte schlagen lebenszeitlich früher durch als bei Jungen. Mädchen begreifen und verinnerlichen offensichtlich eher, wie gesellschaftliche Repräsentanten (z.B. Familie und Schule) sie sehen möchten: bereit zum Opfer, kooperativ, kommunikativ, vermittelnd, sich unterordnend. Die Ablehnung des lauten, auf Wettbewerb und Durchsetzung orientierten Spiels oder der offene Umgang mit Aggressionen könnte hier eine Erklärung finden.

Während Jungen die Suche nach Autonomie möglicherweise leichter zugestanden wird, Wort- und körperliche Gewalt nicht sofort verboten ist, haben es Mädchen schwerer, sich zu behaupten. Ihnen gesteht man allenfalls eine an häuslichen Pflichten orientierte Selbständigkeit zu. Während Jungen beim Kampf um Autonomie aktive, zumindest wohlwollende und tolerierende Unterstützung finden, setzt man Mädchen enge Grenzen, sehen sich Mädchen von Liebesverlust bedroht, wenn sie Selbstbewusstsein und Eigenständigkeit entwickeln wollen. Weil die Angst vor Liebesentzug dominiert, richten Mädchen ihre Aggressionen häufiger nach innen – z.B. in Form psychosomatischer Erkrankungen –, oder sie binden ihre Aggressionsphantasien an Symbole, die sozial akzeptiert werden.

«Böse Puppe, du gehörst bestraft!»

Dies läßt sich beispielsweise im Rollenspiel mit den Barbie-Puppen beobachten. Diese Spiele werden von manchen Erziehern, aber auch den wenigen wissenschaftlichen Betrachtungen als Einübung in typische, von der Gesellschaft gewünschte Frauenrollen gesehen. Dabei wird kaum beachtet, dass im Spiel der Mädchen mit den Puppen bereits verinnerlichte, kulturell anerzogene Handlungsmuster durchscheinen. Zunächst findet das zumeist ruhige, zurückgezogene Spiel mit den Puppen weniger Beachtung als das laute, auffällige

Spiel mit Monsterfiguren. Deshalb werden die in den Barbie-Spielsituationen gebundenen und enthaltenen Themen nicht selten übersehen.

Zwar ist das An- und Auskleiden besonders häufig zu beobachten, doch bearbeiten Mädchen über die und mit den Barbie-Puppen zugleich entwicklungsbedingte Themen. Dazu gehört die Auseinandersetzung mit Aggression, wie einige Fallbeobachtungen aus den Rollenspielen von Mädchen zeigen:

■ Sandra, fünf Jahre, hat eine «böse» und eine «gute» Barbie-Puppe. Die «böse» wird im Rollenspiel mit dem Entzug schöner Barbie-Kleidung bestraft.

■ Anke, sieben Jahre, bestraft ihre «böse» Puppe, indem sie die langen blonden Haare abschneidet, dabei kommentiert sie: «Das hast du nun davon. So sieht jeder, dass du böse warst!»

■ Meike, acht Jahre, bestraft ihre Puppen beim Rollenspiel, indem sie diese in einen Schrank einsperrt und mit den Worten verlässt: «Wenn ihr wieder brav seid, komme ich zurück.»

■ Sabine, sieben Jahre, wählt sich das Doktorspiel, um ihre «böse» Puppe zu behandeln. Sie setzt ihre Puppe in einen Stuhl, fesselt sie, zieht eine Spritze aus dem Doktorkoffer auf und stößt diese genussvoll, aber mit Vehemenz in den Puppenarm, begleitet von einem vernehmlichen und befreienden: «So!»

■ Katharina, acht Jahre, kämmt ihrer «bösen» Puppe die Haare, wenn es darum geht, «Dampf abzulassen». Sie umfasst dazu kräftig mit Daumen und Zeigefinger den Hals der Puppe, so als wolle sie sie würgen, nimmt dann den Kamm und zieht diesen stark und intensiv durch die Haare, sodass die Puppe – wäre sie ein menschliches Wesen – heftige Schmerzen haben müsste. Dabei redet sie leise vor sich hin: «Halt still, du Biest!» oder «Tut richtig weh, du Miststück!»

oder «Sei froh, dass du nicht in den Ofen kommst!» oder «Wehe, du sagst, dass es weh tut!».

Wenn Mädchen im Rollenspiel Aggressionen zurückgezogen und verdeckt bearbeiten, dabei nach außen gefühlvoll und sozial erscheinen, ist das die Folge einer Erziehung, in der Mädchen weniger Aggressionen oder Aggressionsphantasien zugestanden werden. Die Anwendung von Aggressionen – darauf hat Margarete Mitscherlich hingewiesen – hat mit Schuldgefühlen zu tun, die von Jungen und Mädchen unterschiedlich wahrgenommen und erlebt werden. Während Jungen meist Schuld auf Sündenböcke übertragen, ihnen damit angstfreie Rachephantasien eher möglich sind, erleben Mädchen die Ausübung von Aggressionen als Gefährdung einer Beziehung zu den Eltern. Sie fürchten Liebesverlust, suchen sich deshalb – so Bruno Bettelheim – «harmlose, froh machende Sublimierungsmöglichkeiten». So dienen Mädchen Pferdegeschichten oder Arztspiele als Ventil. Die Ausbildung der Aggression ist eng verbunden mit dem Verhalten der wichtigsten Bezugspersonen. Ohne konstruktive Aggression ist Autonomie und Loslösung nicht möglich. Aggression stellt sich bei Mädchen stärker als bei Jungen als Beziehungskonflikt dar. Entscheidend ist demnach, wie Mütter mit den Trennungswünschen des Mädchens umgehen und diese auf die mütterlichen Reaktionen reagieren.

«Mama! Ich hasse dich …»

Tina, knapp 6 Jahre, kommt zu ihrer Mutter, baut sich vor ihr auf: «Ich hasse dich!»

«Tina!» Die Mutter klingt empört. «Was sagst du da!»

Tina, ganz ruhig: «Ich hasse dich!»

«Was soll das, Tina! Du spinnst wohl!» Zornesröte macht sich im Gesicht der Mutter breit.

«Ich spinne nicht! Ich hasse dich, du blöde Kuh!»

Tina grinst ihre Mutter an, weidet sich an deren zunehmender Verzweiflung.

«Tina! So etwas sagt man nicht! Ich sag's auch nicht zu dir!»

«Kannst es aber zu mir sagen!», antwortet Tina fast fröhlich.

Die Mutter schüttelt vehement den Kopf: «Bei dir tickt es doch nicht richtig!»

«So etwas sagt man nicht zu Kindern! Sonst kriegen sie einen Schaden!» Tina grinst dreckig: «So, jetzt möchtest du mich wohl auf den Mond schießen! Tu's doch!»

«Für die blöde Kuh entschuldigst du dich auf der Stelle!» Die Mutter klingt erregt.

«Entschuldigung!», lacht Tina. «Entschuldigung, du blöde Kuh! Ich wollte sowieso gehen.»

Tina hat ihrem Wunsch nach Eigenständigkeit auf drastische Weise Ausdruck gegeben. Die Mutter reagiert darauf verständlicherweise mit Entsetzen, gleichzeitig reglementiert sie Tina, überführt die symbolische Phantasie in Realität. Tina zürnt, ist (noch) nicht anpassungsbereit. Sie reagiert mit Hass, führt Aggressionen nach außen ab. Margarete Mitscherlich hat darauf hingewiesen, dass Mädchen Autonomie widersprüchlicher und schuldbeladener erleben als Jungen. Mädchen machen sich eher von Mitmenschen abhängig, ordnen sich unter. Die Über-Ich-Bildung, die die Einhaltung und Verinnerlichung von elterlichen Geboten und Verboten bedeutet, vollzieht sich bei Mädchen lebenszeitlich früher als bei Jungen, d.h., die mit Schuldgefühlen einhergehenden Aggressionen werden früher verinnerlicht, die dann durch Unterordnung, Anpassung, ständige Zuwendungsbeweise oder Rückversicherungen überwunden werden sollen. Aggressionen werden nicht nach außen abgeführt, sondern sie werden nach innen gekehrt. Die nach innen gekehrte Aggressivität entlädt sich aber nicht selten in plötzlichen, ungekonnten aggressiven Akten. Dazu Tinas Mutter: «Ich lasse viel mit mir machen, bis es nicht mehr geht.»

Die geschlechtsgebundenen Unterschiede im Ausleben von Aggression sind kein Schicksal, schon gar nicht auf körperlich-anatomische oder biologische Aspekte zu reduzieren.

Noch genauer als bei den Jungen müssen Phantasien und Spiele bei den Mädchen ernst- und angenommen, auf ihre verborgenen Wünsche und Symbole hin gedeutet werden. Phantasie und Spiele geben Hinweise darauf, neue Erfahrungen und Möglichkeiten zu erproben. Dies ist umso wichtiger, als die Erziehung zum Umgang mit Aggressionen eine Erziehung vom «Unbewussten zum Unbewussten» ist, soll heißen: Vor allem Mütter – aber nicht nur sie! – vermitteln ihren Kindern, vor allem den Mädchen, ihre häufig hilflose Haltung im Umgang mit Aggression.

«Frauen müssen uns bedienen!»
Von kleinen und großen Machos

«Jungen und Mädchen sind typisch anders!»

Befragt man Eltern über typische Merkmale von Jungen, finden sich Eigenschaftsworte wie aktiv, aggressiv, leistungsorientiert, grob, mutig, rational, selbständig, selbstsicher oder stark. Mädchen werden hingegen als ängstlich, emotional, freundlich, sozial aktiv, schwach, unselbständig oder passiv charakterisiert.

Auch wenn polare Gegenüberstellungen unsinnig, verfälschend und verzerrend sind, besitzen Menschen doch sowohl «männliche» als auch «weibliche» Persönlichkeitsanteile – und Zuschreibungen prägen auch Sicht- und Handlungsweisen.

«Mädchen und Jungen sind doch unterschiedlich», meint ein Vater auf einem Elternseminar. «Da führt doch nun mal kein Weg daran vorbei!» Er erntet dafür Zustimmung – nicht allein von Männern. Von Geburt an, mithin schon im Baby- und Säuglingsalter, findet eine Trennung der Geschlechter statt, und es wäre ignorant, würde man die geschlechtsspezifischen Unterschiede einfach leugnen. Das Geschlecht ist zunächst einmal durch die unterschiedlich verteilten Chromosomen bestimmt. Daraus ergeben sich die anatomischen wie physiologischen Differenzen bei Jungen und Mädchen.

Vera Schuster sieht noch weiter gehende Unterschiede. «Wenn ich meinen Sohn, er ist sieben, vergleiche mit seiner Schwester, die wird jetzt fünf: Luzie hat früher geredet, ist insgesamt weiter als Robert. Aber er ist burschikoser, schlägt auch mal zu, er ist ständig im Garten unterwegs, während die Luzie mehr rumsitzt, ganz mit sich zufrieden.»

Als die Mutter diese Vergleiche anstellt, erntet sie von vielen Eltern Unterstützung, manche allerdings widersprechen ihr, weil sie komplett andere Erfahrungen gemacht haben.

Die Beobachtungen spiegeln wider, was die Wissenschaft in vielen Untersuchungen bestätigt hat: Zwar zeichnen sich Mädchen durch bessere sprachliche Fähigkeiten aus, zwar verfügen Jungen über komplexere visuell-räumliche Kompetenzen, haben höhere Werte in mathematischen Fähigkeiten, neigen stärker zu nach außen gerichteten Aggressionen, doch sind die Unterschiede bei intellektuellen Fähigkeiten und Persönlichkeitsmerkmalen längst nicht so eindeutig und klar verteilt wie bei den anatomischen Unterschieden. Es ist schlichtweg fahrlässig, von einem «typischen Jungenverhalten» zu reden. Aber Zuschreibungen bestimmen die Sichtweise auf die Geschlechter und prägen pädagogisches Handeln.

Dies wird deutlich, wenn es darum geht, die emotionalen und sozialen Fähigkeiten von Jungen und Mädchen zu bewerten. Fürsorglichkeit, soziales Interesse, Furcht oder Schüchternheit sind eben nicht – wie man es im Alltag vorschnell tut – an das weibliche Geschlecht gebunden, stellen gar «typische Mädcheneigenschaften» dar. Hier haben zahlreiche Forschungen überhaupt keine Unterschiede zwischen den Geschlechtern festgestellt. Wenn ständig davon geredet wird, dass Männer stärker an Beruf und Öffentlichkeit, den außerfamiliären Angelegenheiten interessiert seien – mithin als männlich geltende Eigenschaften –, Frauen demgegenüber auf Haushalt und Familie verwiesen sind, so sind derartige Differenzierungen gewiss nicht nur biologisch bestimmt, sondern auch das Ergebnis von sozialer Zuordnung, das Resultat ideologischer Vorurteile.

Biologische Unterschiede, die die Anatomie und Physiologie bestimmen, sind kein Schicksal. Wenn man sie auch nicht grundsätzlich verändern kann, sind sie beeinflussbar. Für die Erziehung von Jungen bedeutet das: Sie müssen sich annehmen lernen und dem männlichen Geschlecht zugehörig fühlen. Sie müssen lernen, sich vom «Männlichkeitszwang» zu befreien und geschlechtstypische Zuschreibungen («Ein Junge ist stark!», «Ein Indianer weint nicht!») souverän zu handhaben («Ich darf schwach sein und weinen und bin doch ein starker Junge!»). Eltern, Lehrer und Erzieherinnen sollten wissen: Dies ist kein kontinuierlicher Prozess, er dauert lange, reicht bis in die Pubertät hinein und ist von ständigen Brüchen und Rückschritten begleitet. Nur wenn Jungen eine Geschlechtskonstanz ausgebildet, die Phase von einseitigen und egozentrischen Klischees überwunden haben («Mädchen sind doof!», «Sie sind zickig!», «Jungen spielen nicht mit Puppen!», «Jungen kämpfen!», «Jungen sind böse und frech!»), kann man die Geschlechterrolle differenzieren und alle Anteile leben, die damit zusammenhängen.

Es wird zu schnell von geschlechtsspezifischem Verhalten geredet. So bewertet man Verhalten und Handeln ausschließlich unter Geschlechtskriterien («Jungen kämpfen mehr!», «Jungen stören mehr!», «Mädchen sind sozial interessierter!»). In einem nächsten Schritt richtet man dann seine pädagogischen Handlungsmuster darauf aus: Wenn Jungen mehr kämpfen, lässt man ihnen auch Raum und Zeit, um sich auszutoben und auszuleben. Wenn sich Jungen mehr an Grenzen reiben, dann ist man nachsichtiger bei Grenzüberschreitungen, wenn sich Mädchen sozial interessierter zeigen, dann bürdet man ihnen eben vorzeitig entsprechende Verantwortung auf.

Es kommt darauf an, zwischen geschlechtsspezifisch und geschlechtstypisch (oder auch geschlechtsgebunden) zu unterscheiden. Geschlechtsspezifische Merkmale kommen nur bei einem Geschlecht vor und reduzieren sich auf wenige Merkmale (z.B. Fortpflanzungsorgane, Körperbau). Geschlechts*typische* bzw. *-gebundene* Eigenschaften kommen bei einem Geschlecht häufiger vor als beim anderen. Um es an einem Beispiel zu verdeutlichen: Mädchen lernen eher und differenzierter zu sprechen als Jungen. Hier unterscheiden sich die Geschlechter. Dies schließt nicht aus, dass es auch Jungen gibt, die gewandter und komplexer als Mädchen reden können. Doch bei den sprachlichen Fähigkeiten sind die Unterschiede zwischen den Geschlechtern, also zwischen Jungen und Mädchen, deutlicher ausgeprägt als innerhalb der Geschlechter.

Geschlechtsspezifische Zuschreibungen fangen im Kopf an und wirken sich auf pädagogische Handlungsmuster aus – nach dem Motto: Ein Junge ist ein Junge! Wenn durch geschlechtstypische Beschreibungen (eben nicht Zuschreibungen) der Blick geöffnet wird auf das, was Jungen (und Mädchen) auch sind und sein können, dann kann man Jungen ganzheitlicher fördern.

Wenn die Hormone Tango tanzen

Britta Jonas berichtet von Erfahrungen mit ihrem fünfjährigen Sohn Tillmann. «Unser Sohn war mit eineinhalb Jahren richtig schüchtern, ein zurückhaltendes Kind. Der hatte Angst, wirklich, vor jedem Neuen hatte er Angst. Der hing an meinem Rockzipfel, ließ mich nicht los. Wie eine Klette!» Das habe sie nicht ausgehalten, manchmal sogar ärgerlich gemacht. «Heute wünsche ich mir die Zeit herbei, als er noch so kuschelig war. Nun ist er rotzfrech, trotzig, fordert mich heraus, überschreitet ständig Grenzen, reizt mich.» Sie frage sich manchmal, ob Tillmann mit seinen fünf Jahren schon in der Pubertät sein könne. «Der benimmt sich wie ein Halbstarker!» Sie wirkt nachdenklich: «Wie das wohl in ein paar Jahren sein wird?»

«Mein achtjähriger Anton», erzählt seine Mutter, Lilo Hubertus, «fordert und fordert. Der stellt sich vor den Spiegel, lässt die Muskeln spielen, und dann höre ich ihn sagen: ‹Ich bin der Stärkste!› Dabei haben wir, mein Mann und ich, uns bemüht, dass er nicht stark sein muss, um ein Junge zu sein. Nun das! Es ist kaum zu glauben!» Bis vor einem Jahr habe sie noch mit ihm gerangelt und gerauft, aber das wolle er nun nicht mehr. «‹Mit Frauen kämpfe ich nicht›, hat er mir neulich gesagt. ‹Du tobst doch nur mit mir, weil du das irgendwo gelesen hast. Mit Papa kämpfen, das ist viel echter, viel brutaler. Du kämpfst nur mit dem Kopf, Mama.›» Sie blickt ernst drein: «Und dann die frauenfeindlichen Sprüche gegenüber seiner etwas älteren Schwester: Tusse, Zicke, das sind noch die harmlosen Ausdrücke!» Sie wirkt richtig verzweifelt. «Ich versteh das nicht! Woher hat er das bloß? Von uns bestimmt nicht! Und wir passen auf, was er im Fernsehen und in der Werbung sieht!»

Jochen Voigt, Vater von zwei Jungen und einem Mädchen im Grundschulalter, erzählt: «Also, Arne und Michael fordern mich wesentlich mehr als Claudia. Sie sind schon immer kräftiger gewesen. Wenn ich meiner Tochter gesagt hab, wo es langgeht, gab es auch mal die eine oder andere Widerrede, aber sie hat dann eher gehorcht. Ich musste mir nicht den Mund fusselig reden. Meine Söhne provozieren mich mehr, wollen klare Anleitungen. Ich muss da mehr den Chef raushängen, komme mir manchmal vor wie ein Dompteur. Mit Claudia konnte man sich hinsetzen, ein Brettspiel machen, Halma, Mensch ärgere dich nicht ... Arne und Michael brauchen Bewegung, die wollen sich ständig mit mir messen. Die versuchen ununterbrochen, die festgelegten Regeln zu überschreiten, um zu sehen, was passiert. Wenn man bei denen nicht aufpasst, entsteht schnell Chaos.»

Ist Testosteron an allem schuld?

Diese Beobachtungen weisen auf eine von Eltern und professionellen Pädagogen oft wenig beachtete Tatsache hin, die für die unterschiedliche Entwicklung der Geschlechter von Bedeutung ist: die Auswirkungen des Hormons Testosteron. Um nicht missverstanden zu werden: Man kann nun nicht alle produktiven wie zerstörerischen, sozialen wie brutalen Verhaltensweisen von Jungen mit Testosteronschüben erklären, gar entschuldigen. Doch wäre es auch unzulässig, die Energie solcher Hormonproduktionen auszublenden, gar nicht wahrhaben zu wollen. Testosteron und seine Bedeutung für die Entwicklung der Jungen ist kein Schicksal, die Hormonproduktion lässt sich durch eine ebenso einfühlsame wie klare und konsequente Erziehung begleiten.

Jungen werden zwar als Jungen geboren, aber bis zur achten Schwangerschaftswoche existieren sie als Zwitter. Erst dann gelangt das Y-Chromosom hinzu. Jetzt entwickeln sich männliche Geschlechtsmerkmale (Penis, Hoden) – ausgelöst durch Testosteron, das von nun an auch in den Hoden produziert wird. Ein neugeborener Säugling hat so viel Testosteron im Blut wie ein vorpubertierender Jüngling. Die Folgen sind unter anderem, dass bei männlichen Babys Erektionen auftreten. Erst im Laufe der ersten Lebensmonate normalisiert sich der Testosteronspiegel. Das Hormon spielt bis zum dritten Lebensjahr nicht mehr die entscheidende Rolle, sodass es auch keine signifikanten, auffallenden Unterschiede im Handeln von Mädchen und Jungen gibt. Wenn sich solche zeigen, hat das mehr mit dem Temperament, den Charaktereigenschaften und den subjektiven Zuschreibungen durch Erwachsene zu tun als mit objektiv messbaren Geschlechtsunterschieden.

Jungen wie Mädchen fremdeln, reagieren schüchtern, entwickeln Trennungsängste, klammern, brauchen Halt, haben «Ängste». Erst vom 36. Lebensmonat an lässt sich beobachten, wie der Testosteronspiegel wieder ansteigt. Das wirkt sich auf das Verhalten und das Handeln vieler Jungen (nicht aller wohlgemerkt!) aus: Sie werden körperlich aktiv, testen Grenzen aus, treten in Machtkämpfe mit ihren Eltern ein, gebärden sich wie kleine «Halbstarke».

Die Trotzphase als erste Pubertät

Man kann den Eindruck gewinnen, als befinden sich die Jungen in einer Phase, die man später Pubertät nennt. So kann man denn das Trotzalter als eine Art erste Pubertät bezeichnen. Jungen begehren auf, grenzen sich ab, revolieren, wollen Mitspracherechte, wirken gefühlsmäßig unausgeglichen, suchen die Auseinandersetzung mit ihren Eltern. Viele Eltern berichten von einer interessanten Beobachtung. Je heftiger die Konfrontationen in dieser frühen Pubertät sich gestalten, umso gemäßigter fallen die Kämpfe in der Zeit zwischen dem 11. und 15. Lebensjahr aus. Andere Eltern machen die entgegen gesetzte Beobachtung: Je harmonischer die Eltern-Jungen-Beziehung in den Jahren zwischen vier bis sechs, desto heftiger gestalten sich dann die Auseinandersetzungen in den Jahren der Pubertät. Diese Beobachtungen sind streng wissenschaftlich nicht untermauert, können aber als durch alltägliche Erfahrungen abgesicherte Faustregel gelten.

Auch wenn sich die Testosteronproduktion um das sechste Lebensjahr herum normalisiert, dominieren bei Jungen körperliche Aktivitäten. Sie grenzen sich von Mädchen vehement ab, Rollenstereotype dominieren. Jungen definieren sich über die Bewegung, das Handeln, den Kampf und die gleichgeschlechtliche Peergroup. «Männlichkeit» ist angesagt. Eine Differenzierung der Geschlechterrollen scheint in dieser Phase nahezu unmöglich. Sie stößt auf Blockaden und Widerstände der Jungen.

Zwischen dem 11. und 13. Lebensjahr kommt es zu einem vehementen Anstieg des Testosterons. Der Junge tritt in die Pubertät ein, mit der enorme Wachstums- und Energieschübe verbunden sind. In dieser Phase beeinflusst Testosteron das Muskelwachstum, den Körperbau und den Wunsch vieler Jungen nach Bewegung, Dynamik, nach Sportarten, die mit Kräftemessen und Wettbewerb zu tun haben. Es fällt auf, dass Jungen großräumige Spiele lieben, die nach festgelegten Regeln verlaufen und eine durchaus hierarchische Struktur aufweisen. Für Jungen ist die Reibung an Regeln normal, sie testen aus, sie überprüfen, was passiert, wenn sie Regeln übertreten.

Auch wenn es den typischen Jungen oder das charakteristische Mädchen nicht gibt, so weist das Spielverhalten der Jungen, das nach Hierarchie und klarer Anweisung verlangt, auf einen Unterschied im Gehirnaufbau bei Jungen und Mädchen hin. Es ist nicht alles durch Hormone bedingt, was sich an Unterschieden im Verhalten von Jungen und Mädchen zeigt.

Die rechte Gehirnhälfte ist – unabhängig vom Geschlecht

– für Gefühle, die Bewegung, das Handeln oder den Gleichgewichtssinn zuständig. Das Sprachzentrum liegt in der linken Gehirnhälfte. Bei Jungen finden sich nun zwei charakteristische Besonderheiten: Die linke Gehirnhälfte bildet sich langsamer heraus – mit allen Konsequenzen für die Sprachentwicklung. Zudem sind die Gehirnhälften weniger verbunden als bei Mädchen, was einer Spezialisierung der Hirnhälften bei Jungen Vorschub leistet. Die bessere Vernetzung der Gehirnhälften hilft beim schnelleren Erlernen der Sprache, Mädchen sind hier den Jungen voraus. Da bei mathematischen Fähigkeiten die linke Hälfte des Gehirns mehr gefordert ist, hat die Spezialisierung hier ihre Vorteile für den Jungen. Sie verfügen über bessere und komplexere rechnerische Kompetenzen.

Die geringe Verbindung beider Gehirnhälften bringt auch Nachteile mit sich. Da die rechte Hälfte, die für Gefühle zuständig ist, sich zögerlicher ausbildet, können Jungen weniger gut über Gefühle reden. Jungen handeln eher, wollen sichtbare Ergebnisse.

Biologische wie neurologische Prozesse beeinflussen somit die Entwicklung der Jungen – doch umgekehrt bestimmen soziale Rahmenbedingungen auch die Hormonproduktion. Eine gewalttätige Erziehung in der Familie führt beispielsweise dazu, dass mehr Testosteron produziert wird, Jungen ständig wie unter Dampf stehen. Noch ein weiterer Aspekt ist zu beachten: Dominante Jungen verfügen über einen höheren Testosteronspiegel. Sie geraten schneller ins Blickfeld von Müttern, Lehrerinnen und Erzieherinnen. Zwar wird häufig über die «bösen Buben» geklagt, gleichzeitig machen sie pädagogische Handlungsabläufe erst spannend.

Hormone und die Aufteilung der Hirnhälften mögen zwar biologisch bestimmt sein, doch ist es zu einfach, sie als Entschuldigung für unsoziale oder menschenverachtende Handlungen anzuführen. Auch Jungen reden über Gefühle, zeigen sich sozial interessiert – man muss sich nur auf sie einlassen, sie dort abholen, wo sie in ihrer Entwicklung stehen.

Jungen und Mädchen sind sexuelle Wesen

Die Sexualität von Jungen ist ein Thema, das viele Mütter beschäftigt: «Als unser Jonas», erzählt Maria Weber, «gerade acht Wochen alt war, sah mein Mann seinen kleinen, steifen Penis und fragte, ob das normal sei. Als ich nickte, schmunzelte er, so als wolle er sagen, der fange ja früh an. Als ich Jonas stillte, da grapschte er richtig fest nach meinen Brüsten, so als wolle er demonstrieren, die gehören mir. Mein Mann sah das durchaus widersprüchlich, mal konnte er richtig eifersüchtig auf seinen Sohn sein, dann war er stolz auf ihn. ‹Der wird wohl mal ein richtiger Frauenheld. Der schlägt nach seinem Vater, aber das geht nun wirklich früh los.›»

«Als der Matthias so ein Jahr alt war», erzählt seine Mutter, Carola Schneider, «da legte er seine Hände zwischen seine Schenkel, wenn er einschlafen wollte. Ich glaube, er spielte ganz sanft mit seinem Glied. Es schien ihn zu beruhigen, jedenfalls schlief er nach kurzer Zeit ein. Seine Hände blieben aber die ganze Zeit dort.»

Sie habe eine ähnliche Beobachtung gemacht, fährt Johanna Mahler, die Mutter des mittlerweile siebenjährigen Stephen, fort. Ihr Sohn habe partout kein Kuscheltier haben wollen. Die flogen sofort aus dem Bett. «Ich dachte schon, er wäre nicht normal. Alle anderen Kinder haben doch so etwas. Nur Stephen ignorierte das. Aber der legte seine Hände auch zwischen seine Schenkel, wenn er einschlafen wollte. Nur bewegte er die kaum. Die lagen einfach nur so zwischen seinen Beinen. Oder er nuckelte ganz intensiv, sein Daumen verschwand geradezu in seinem Mund.»

«Mit dem Nuckeln», meint Petra Weber, «habe ich wohl einen Fehler gemacht. Als Benedikt so drei war, nuckelte er heftig, eigentlich immer! Der Kinderarzt meinte, das wäre für den Kiefer und den Gaumen unvorteilhaft. Also habe ich ihm das abgewöhnt» – sie stöhnt, wendet ihren Blick gen Himmel –, «mit allen Tricks, mit Bestechungen, mit Betteln, mit Drohungen. Irgendwann hat er den Daumen aus dem Mund genommen. Nun hat er seinen Penis entdeckt. Und jetzt macht er damit herum, wenn's ihm zu langweilig ist oder er sich beruhigen will.» Sie lacht: «Ehrlich gesagt, das Nuckeln war mir lieber! Alle gucken nun verschämt weg, wenn Benedikt mal wieder anfängt. Meine Schwiegermutter mag schon gar nicht mehr kommen.»

Hilde Spielmann machte andere Erfahrungen: «Erik hat diese Bedürfnisse anscheinend nicht.» Ob das auch normal sei? Doch etwas anderes mache ihr ernste Probleme: «Erik hält seinen Stuhl zurück. Er lässt los, wann er will. Und das meistens zum falschen Zeitpunkt.» Sie wirkt genervt: «Zack, ist die Windel voll. Dabei ist er doch schon vier.» Er geht nicht aufs Klo, da weigert er sich standhaft. Frech grinsend steht er da, mit breiten Beinen. «Ich weiß nicht, ob wir da nicht etwas falsch gemacht haben. Ich habe eben schon sehr früh Wert auf Sauberkeit gelegt.» Druck habe sie zwar bewusst nicht ausgeübt, «aber es war mir eben doch auch wichtig. Das hat er sicherlich gemerkt.»

«Ich dachte, Tobias wäre sauber», ergänzt Herta Weber, Mutter zweier Söhne, vier und knapp ein Jahr alt. «Unser Markus, der ältere, ging von allein auf Toilette, der machte das ganz selbstverständlich. Aber seit einem halben Jahr habe ich das Theater. Er will wieder die Windel. Wohl für sein großes Geschäft, er will gepudert und eingerieben werden. Das ist vielleicht ein Zirkus! Wenn man denkt, man ist durch, dann fängt alles wieder von vorne an!»

Jungen sind – wie Mädchen auch – sexuelle Wesen. Sie kommen mit einem Körper auf die Welt, den sie erkunden und erforschen. Begreifen geht über Greifen, erfassen geht über das Fassen – diese Grundsätze gelten eben nicht nur für das spielerische Erfahren von Realität, diese beiden Grundsätze treffen auch auf die Sexualität zu. Wenn sich ein Junge körperlich angenommen fühlt, kann er auch seinen Körper annehmen, wenn ein Junge liebkost wird, kann er sich liebkosen. Doch auch die Kehrseite gilt: Je weniger sich ein Junge geborgen fühlt, umso unterentwickelter ist sein Verhältnis zum Körper; je weniger er wertgeschätzt wird, umso weniger gut kann sich eine positive Beziehung zum Körper entwickeln.

Körper- und Selbstbewusstsein gehen Hand in Hand. Nur ein Junge, der sich seines Körpers bewusst und sicher ist, der ihn akzeptiert und mag, kann Selbstbewusstsein ausbilden – mens sana in corpore sano, das wussten schon die Lateiner.

Doch ein Körperbewusstsein ohne Selbstbewusstsein verkommt zur puren Machtdemonstration, stellt ein zerbrechliches Gebilde dar, das sich ständig seiner physischen Omnipotenz versichern muss. Auch selbstbewusste Jungen, die sich ihres Körpers nicht bewusst sind, wirken fragil und unsicher. Sie schwanken wie Rohr im Winde.

«Das machen doch alle!»
Über (zu) frühen Sex in der Pubertät

Erste Betrachtungsweise: Gesprächsrunde mit Eltern

«Ich bin schon unsicher», berichtet eine Mutter, «meine vierzehnjährige Anke will, dass ihr Freund, der Michael, der ist etwas älter als sie, bei uns übernachtet. Ich finde das zu früh! Und wenn ich dann etwas sage, dann meint sie nur, ich würde sie wie ein Baby behandeln. Alle anderen machten das doch auch!»

«Genau», greift eine andere Mutter in das Gespräch ein. «Diesen Satz höre ich ständig von meiner dreizehnjährigen Katja. Dabei habe ich allerdings oft den Eindruck, als wolle sie mich mit ihren Fragen auch austesten, als wolle sie meine Meinung hören, als deute sie an, setzt mal eine Grenze. Ich denke immer häufiger, dass ich auch mal deutlich ‹Nein!› sage, eine klare Grenze ziehe, weil sie dann ihrem Freund sagen kann: ‹Meine Mutter hat's nicht erlaubt.› Und alle Schuld der Welt habe ich dann.»

«Das ist ja das Gemeine», meint ein Vater etwas verunsichert. «Man ist ja heute offener, will nicht so wie die eigenen Eltern sein, die entweder strikt gegen alles waren, was nur mit Sex im weitesten Sinne zu tun hatte, oder die alles verboten haben, was Spaß machte, und man hat es dann eben heimlich, mit allen Folgen gemacht. Also erlaubt man mehr, gibt sich freizügiger, aber ist dann auch unsicherer, ob das wohl das Richtige ist. Also, ich will, dass meine fünfzehnjährige Lena ihre sexuellen Erfahrungen in einem sicheren und geschützten Rahmen macht, aber ich will auch nicht, dass ich dann zum Großvater werde!»

«Dass meine Sonja schwanger wird, mit fünfzehn, sich ihr Leben verbaut, also, das ist meine allergrößte Sorge», ruft eine andere Mutter dazwischen. «Sie werden ja immer früher reif. Natürlich wissen sie mehr, über Verhütung, ihren Körper. Ich kann Sonja da vertrauen. Sie ist schon selbstbewusst genug. Aber weiß das der Junge, mit dem sie vielleicht schläft? Manchmal kommt es ja über einen. Man ist so von den Gefühlen überrannt. Der Verstand ist nicht mehr da. Und dann passiert es mit einem Mal. Ich weiß das noch von mir. Ich war da schon fahrlässig, was Verhütung anbetraf. Wenn ich mir jetzt vorstelle, meine Tochter handelt so wie ich, dann könnte ich nicht mehr ruhig schlafen.»

«Ich hab da einen Sonnyboy, meinen Tim, der ist sechzehn, sieht aus wie achtzehn», erzählt eine Mutter. «Ich wollte ihn zuerst nicht auf den Geschlechtsverkehr ansprechen, auf Verhütung und so. Aber ich spürte, dass er ständig Freundinnen hatte. Dann hab ich mir 'n Ruck gegeben, weil, mein Mann wollte nicht mit ihm sprechen. Das ist ein richtiger Feigling. Tim wisse eh Bescheid, hat er gesagt, damit wollte der mich beruhigen. Aber es hilft doch nichts. Ich hab Tim dann angesprochen. Er tat so ganz cool, so richtig altklug. Er passe schon auf, er wisse doch, wofür ein Kondom gut wäre. Aber das war mir alles zu gespielt, zu glatt, zu oberflächlich. Da hab ich ihn dann an seine Verantwortung erinnert, dass Verhütung nicht nur eine Angelegenheit des Mädchens wäre, mit dem man schlafe, sondern eine gemeinsame Aufgabe. Er hat mir irgendwie aufmerksam zugehört. Ich hoffe, er hat kapiert, was ich meine.»

Zweite Betrachtungsweise: Gesprächsrunde mit Mädchen und Jungen

«Ich denke», so die vierzehnjährige Cornelia, «ich möchte schon mal mit einem Jungen schlafen, aber ich trau mich nicht, ich trau mich nicht. Schmusen und streicheln ja, aber mehr ist nicht drin. Und Hendrik versteht das auch, der setzt mich nicht unter Druck. Das finde ich gut!»

«Ich dachte», erzählt die fünfzehnjährige Ina, «mir passiert das nicht so schnell. Aber mit einem Male war ich mit Max im Bett. Das ging alles ganz fix. Wir hatten nix dabei, kein Kondom, kein Spray, absolut nix. Hinterher haben wir beide die Panik gekriegt. Ich hab dann hinterher ausgerechnet, dass nichts passiert sein konnte, weil ich gerade meine Blutung hatte. Max hat nur blöd geguckt, wie ich da gerechnet habe. Der hatte von fruchtbaren und unfruchtbaren Tagen keine Ahnung. Der hat doch wirklich geglaubt, wenn du die Tage hast, kannst du nicht schwanger werden, und deshalb schläft man in dieser Zeit auch miteinander, wenn man keine Kinder haben will. Da hab ich ihn hinterher erst mal aufgeklärt. Spaß haben wollen, aber von nichts 'ne Ahnung haben. Manchmal sind Jungen reine Milchbubis.»

«Das ist doch zu einfach», ereifert sich Jonas. «Manchen Mädchen sieht man doch an: ‹Den will ich haben!› Und dann willst du kein Schlappschwanz sein, weil du das ja auch geil findest. Geb ich ehrlich zu. Natürlich weiß ich viel über Verhütung. Über das, was sich da bei Frauen im Körper abspielt, da weiß ich nicht ganz so viel, also darüber, wann du 'n Kind machen kannst oder wann nicht. Klar bin ich aufgeklärt darüber, 'nen Gummi zu benutzen. Auch schon wegen Aids. Aber wenn du scharf bist, ist doch der Verstand im Arsch. Dann bist du doch – wie mein Vater sagt – schwanzgesteuert. Es ist wirklich so, das ist, als ob du bekifft bist und neben dir stehst. Da fällt dir die Verhütung doch erst ein, wenn du völlig platt nebeneinander liegst. Oder dann passiert dir das andere: Du bist unsicher, völlig aufgeregt. Nicht nur du bist aufgeregt, auch deine Freundin. Das war bei mir beim ersten Mal so. Ich hatte zwar 'n Kondom dabei, hatte es meiner Mutter versprochen, aber ich krieg das Ding, nein, ich krieg erst die Verpackung vom Kondom überhaupt nicht auf. Die Hände waren schweißnass. War das ein Scheiß. Und dann, als ich das Ding endlich in der Hand hatte, kriegte ich das Ding nicht rüber, weil mein Schwanz schlapp war. In den Aufklärungsbüchern sieht das immer so glatt aus. Aber das ist reine Technik. In der Wirklichkeit, wenn du nervös bist, hast du keinen Ständer, du bist 'n armer Schniedel. Meine Freundin, die Britt, die hat mich damals getröstet, weil ich mir wie 'n Versager vorkam. Sie hat mich dann gestreichelt, ganz zärtlich, und mit einem Mal, flutsch, war ich drin, ohne Kondom. Ich hab ihn dann, bevor ich gekommen bin, rechtzeitig rausgezogen. Denk ich mir schon, das ist doch genau

der Unterschied zwischen Theorie und Praxis in der Aufklärung. Du weißt viel, aber wenn's drauf ankommt, erlebst
du Pleiten, Pech und Pannen. Aber nun fragen Sie bloß nicht,
wie man uns noch besser aufklären könnte. Ich weiß es wirklich nicht! Ich glaub, die Lehrer und die Eltern, die geben sich
viel Mühe. Man muss manchmal seine Erfahrungen machen.
Und das ist dann nicht immer schön!»

Dritte Betrachtungsweise: Wissenschaftliche Ergebnisse

Der Sexualpädagoge Norbert Kluge schreibt:

«Das tatsächliche Wissen der Jungen über den genauen
Empfängniszeitpunkt ist besorgniserregend. Im Jahr der sexuellen Reife beantwortet ein Drittel von ihnen die Frage
richtig, etwa ein Drittel falsch, und mehr als ein Drittel gibt
zu, über das Konzeptionsoptimum der Frau nichts zu wissen.»

«Zwischen vermeintlichem und tatsächlichem Wissen über
reproduktive Tatbestände herrscht insbesondere zum Zeitpunkt der sexuellen Reife bei den Mädchen eine bemerkens-
werte Diskrepanz. Die Jungen wissen ohnehin weniger, ja zu
wenig über biologische Fakten.»

«Jungen stehen den Mädchen im generellen Verhütungsverhalten erkennbar nach. Ihre aktive Rolle müsste daher mit
speziellen Maßnahmen gefördert werden.»

Betrachtet man die Gesprächsrunden und die wissenschaftlichen Befunde genauer, dann hat man eine Erklärung dafür,
warum es in den letzten Jahren häufig zu frühen Schwangerschaften oder zu einem Anstieg der Abbrüche bei fünfzehn-
bis achtzehnjährigen Heranwachsenden kommt.

Da ist zunächst die früher einsetzende Geschlechtsreife.
Durchschnittlich werden die Mädchen mit knapp zwölf Jahren geschlechtsreif, können schwanger werden. Verkompliziert

wird die Situation dadurch, dass es erhebliche Wissenslücken bei der Verhütung, aber auch beim Wissen über Körperfunktionen gibt. Die Mehrzahl der geschlechtsreifen Pubertierenden hält sich für umfassend informiert und angemessen aufgeklärt. Die Risiken, die ein ungeschützter Geschlechtsverkehr mit sich bringen kann, werden demgegenüber nicht wahrgenommen oder unterschätzt. Immerhin nutzen 20 % der unter sechzehnjährigen Jugendlichen beim «ersten Male» – welche subjektiven oder objektiven Begründungen dafür auch immer angeführt werden – *keine* Verhütungsmittel. Dabei findet die Kohabitarche (also das «erste Mal») lebenszeitlich früher statt. Schon manche dreizehn- oder vierzehnjährigen Heranwachsenden haben ihre ersten Koituserfahrungen und empfinden dies als ein wichtiges und schönes Erlebnis, das nach Wiederholung drängt. Immerhin kann man beim folgenden Geschlechtsverkehr einen Trend zu einem bewussteren Verhütungsverhalten beobachten.

Die Gründe für das fehlende Problembewusstsein sind vielfältig:

- Manche Mädchen und Jungen haben mit dem Geschlechtsverkehr nicht gerechnet. Es geschah spontan, aus einer Lust heraus. Lust entsteht im Bauch, der sich vom Kopf nicht bestimmen lässt. Deshalb wird man Teenager-Schwangerschaften oder Schwangerschaftsabbrüche bei Minderjährigen nicht immer verhindern können.
- Es gibt mythisch-magische Erklärungen, wonach beim «ersten Male» nichts geschehen könne. Deshalb brauche man nicht aufzupassen.
- Fast die Hälfte aller vierzehn- bis siebzehnjährigen Heranwachsenden reden nicht oder erst «hinterher» über Verhütungsfragen. Die Kommunikation zwischen den Mädchen und Jungen erweist sich als gestört, ist von Unsicherheit gekennzeichnet: Während er glaubt, sie nehme vielleicht

schon die Pille, meint sie, er habe ein Kondom dabei. Diese vermeintliche Selbstsicherheit erweist sich als Trugschluss mit allen gravierenden Konsequenzen. Die fehlende Kommunikation zwischen Mädchen und Jungen ist allerdings ein Spiegelbild der Kommunikation zwischen Eltern und Kindern, genauer: zwischen Mutter und Tochter bzw. Vater und Sohn. Während die weiblichen Pubertierenden genauere Details über Verhütung wissen, sieht die Situation bei den männlichen Jugendlichen problematischer aus. Ihr Verhütungswissen stellt sich als ausgesprochen defizitär, als unterentwickelt dar.

■ Dies gilt insbesondere für das Wissen über die Körperfunktionen – und betrifft nun nicht allein die Jungen. Das Wissen über Eisprung, Regel und die fruchtbaren Tage weist erhebliche Lücken auf. Mit Beginn der Menarche, der ersten Regel, und der Ejakularche, dem Zeitpunkt des ersten Samenergusses – so der schon zitierte Norbert Kluge in einer groß angelegten Untersuchung über das «Sexualverhalten Jugendlicher heute» – wissen nur $3/5$ aller Mädchen und $1/7$ aller Jungen Bescheid über eine sichere Verhütung. Selbst fünf Jahre nach dem ersten Samenerguss ist bei 50 % der Jungen das Wissen über «den genauen Zeitpunkt der Empfängnis besorgniserregend» (Kluge). $1/3$ gibt eine völlig falsche Antwort. Hier zeigt sich, dass Mädchen bei der elterlichen Aufklärung bevorzugt werden. Dies ist vor allem ein Verdienst der Mütter, die besonders auf Fragen der Schwangerschaftsverhütung achten. Dem gegenüber steht ein fehlendes Sexualwissen bei Jungen, die – was die Verhütung anbetrifft – mehr darauf achten, dass das Mädchen für die Verhütung sorgt. So kommt denn der Verhütungsberatung bei Jungen ein herausragender Stellenwert zu, um sie zugleich zu einem selbstverantworteten sexuellen Handeln zu ermutigen.

Allerdings sollte man sich einen Gedanken vor Augen

führen, wenn es um ungewollte Schwangerschaften bei minderjährigen Teenagern geht: Sie wird es – allen sexualerzieherischen Bemühungen zum Trotz – weiter geben.

Das unvorsichtige Verhalten beim Geschlechtsverkehr, die Bereitschaft zum Risiko beim «ersten Mal», das spontane, intuitive Handeln aus dem Bauch heraus hat ja nichts damit zu tun, dass die pubertierenden Mädchen und Jungen zu «dumm», ignorant, sexbesessen, oberflächlich, nur an flüchtigen, schnellen Abenteuern, einem One-Night-Stand interessiert wären. Die pubertierenden Mädchen und Jungen gehen vielmehr – wie der Sexualwissenschaftler Gunther Schmidt ständig betont – sehr wohl verantwortungsbewusst mit ihrer Sexualität um, schmeißen ihren Körper wegen eines flüchtigen sexuellen Genusses nicht weg. Aber der Volksmund, der für alle sinnlichen Genüsse des Lebens den passenden Spruch bereithält, hat schon Recht, wenn er formuliert: «Wenn der Piephahn steht, ist der Verstand im Eimer!» Das, was der Volksmund aus alltäglichen Beobachtungen in Spruchweisheiten zusammenfasste, hat die Hirnforschung in ihren Untersuchungen bestätigt. Die Anthropologin Fisher hat die Gehirne verliebter, «verknallter» Pubertierender untersucht – wobei diese Ergebnisse wohl für Erwachsene in der zweiten Phase zwischen dem vierzigsten und fünfzigsten Lebensjahr auch zutreffen würden. Doch das ist eine andere Geschichte.

Hirnforschung kann jede Romantik entzaubern, aber Eltern zugleich Verständnis für ihre gefühlsmäßig durchgedrehten Pubertierenden vermitteln, wenn sie – ob Mädchen oder Junge – mit sehnsuchtsvoll geweiteten Blicken, wenn sie mit offenem Mund schmachtend dasitzen, ihnen alles egal ist, sie durcheinander sind, Liebeslieder und -gedichte lesen, meinen, sie schweben, sich «on the dark side of the moon» wähnen oder an Herbert Grönemeiers Lippen hängen, wenn sie Suppen mit Gabeln löffeln, wenn sie nur noch an ihn oder er nur noch an sie denkt, die Welt drum herum komplett egal ist.

Im ersten Stadium der Verliebtheit entsteht das sehnsüchtige Verlangen: «Den will ich!» oder: «Den krieg ich!» Hierbei spielen Hormone wie das Testosteron oder das Östrogen eine herausragende Rolle. Sie stärken das sexuelle Verlangen. Risiken oder Gefahren werden dabei komplett ausgeblendet. «Er» oder «sie» sind im Blickpunkt.

In einem zweiten Stadium wirkt das sexuelle Objekt der Begierde anziehend. Alles und jedes dreht sich um diese Person. Man fühlt sich seelenverwandt, empfindet die gleichen Schwingungen. Hier sorgt der Neurotransmitter Dopamin für verliebte Stimmungen, spürbar an den Schmetterlingen, die von nun an alle im Bauch flattern, Schmetterlinge, die alles leicht und rosarot werden lassen. In diesem Moment werden jene Gehirnteile aktiv, die besonders auf Dopamin ansprechen. Man belohnt sich, man will immer mehr. Genug ist dann eben nicht genug. Alle Lust will in diesem Zustand Ewigkeit! Bei sexuellen Handlungen und Reaktionen sind jene Gehirnareale besonders aktiv, die mit Dopamin-Rezeptoren besetzt sind. Das Gehirn will belohnt sein, verlangt ständig nach neuen Annehmlichkeiten: begehrt werden und sein, sich geborgen fühlen und Geborgenheit geben, geliebt sein und werden, küssen, streicheln, Geschlechtsverkehr. «Sex ist für das Gehirn», so der Neurologe Arnow, «eine Belohnung!»

Gerade das pubertierende Hirn eines Heranwachsenden verlangt nach «Neuem», nach «schönen Gefühlen», nach «aufregenden Situationen», nach immer mehr, nach – dem Dopamin sei Dank! – starken Sehnsüchten, nach Herausforderungen, und übersieht dabei die Gefahren, die mit manchen Situationen nun einhergehen. Pubertierende überschätzen sich, haben sich nicht immer im Griff, sind Getriebene, ticken nicht richtig. Dies ist vor allem bei Jugendlichen der Fall, die lebenszeitlich früh ihre Menarche oder Ejakularche erleben. Der gesamte Fortpflanzungsapparat ist schon ausgebildet, ohne dass andere Teile des Gehirns fertig sind. Bei den Pubertierenden entsteht eine große Spannung zwischen «Ich kann!» und «Ich kann aber noch nicht!», zwischen «Ich will!» und «Ich will noch nicht!» Es baut sich eine Selbstüberschätzung auf, die für manch Risiko behaftetes Handeln verantwortlich ist.

Nun ist an sexuellen Handlungsmustern nicht nur das Testosteron oder Östrogen beteiligt, involviert sind auch Androgene, die in den Nieren gebildet werden. Ein erster Androgenschub – im Einklang mit Menarche und Ejakularche auch als «Andrenarche» bezeichnet, erfolgt um das zehnte Lebensjahr herum und ist für die erste Verliebtheit und Schwärmerei, die sich häufig um diese Zeit herum finden lassen, mit verantwortlich.

Als ich diese Informationen jüngst auf einem Elternseminar gab, meinte eine Mutter: «Was nützt es mir, wenn ich weiß, dass mein Sohn ein Hormonbomber ist, und meine Tochter jemand, die gerade östrogenbekifft mit ihrem Freund pennt! Vor allem dann, wenn's passiert ist, sie mich zur Oma gemacht hat, wenn sie heulend vor mir sitzt und ich einen klaren Kopf behalten muss, nur weil sie ihre Hormone nicht im Griff hatte?»

Jetzt ist Sexualerziehung dringend vonnöten

Hintergrundinformationen haben sehr wohl hohe sexualerzieherische Bedeutung. Gerade weil Pubertierende sich nicht steuern können, weil zwischen früh erwachender körperlicher Reife, dem Gefühl, es kann mir nichts passieren, weil ich einzigartig und unverletzbar bin, gerade weil «der Verstand häufig im Eimer ist», wie es ein pubertierender Junge einmal ausdrückte, ist die Erziehungsverantwortung der Eltern so wichtig:

- Eltern – Mutter und Vater – müssen immer wieder auf die Verhütung zu sprechen kommen, auch wenn die Heranwachsenden großspurig tun, sie würden schon alles wissen – nach dem Motto: «Hör auf! Kenn ich doch schon alles! Seid ihr denn blöde!» Zwischen Wissen und Handeln besteht ein großer Unterschied. Zur Verhütung gehört eben nicht allein das Wissen über Pille, Kondom oder andere Mittel, zur Verhütung zählen Informationen über Regel, Eisprung und fruchtbare Tage. Jungen haben hier, wie schon angeführt, erschreckende Wissenslücken, und dies zu einem Zeitpunkt, zu dem sie den Geschlechtsverkehr schon länger praktizieren. Gerade männliche Pubertierende haben nicht selten einen erheblichen Nachholbedarf im Sexualwissen, der durch Gespräche unter Gleichaltrigen nicht aufgeholt wird, schon gar nicht durch jene Informationen, die in den Medien aufbereitet werden, kompensiert sind.

- Sollte ein junges Mädchen schwanger werden, braucht es elterliche und professionelle, medizinische und psychologische Unterstützung. Die schlimmste Erfahrung, die minderjährige Schwangere machen, ist das Gefühl, allein gelassen und abgeschoben zu werden. Schwangere Teenager brauchen überlegt handelnde Eltern, keine Eltern, die sich in Vorwürfen («Ich wusste, dass es so kommt!», «Was hast du mir da angetan!») oder Selbstvorwürfen («Ich habe versagt!», «Ich hätte mehr kontrollieren müssen!») ergehen. Schwangere Mädchen brauchen Halt und Geborgenheit, die Gewissheit, von ihren Eltern angenommen zu sein. Ob man sich gemeinsam für eine Fortsetzung der Schwangerschaft oder einen Abbruch entscheidet, das muss ganz individuell besprochen werden. Das hat mit materiellen, mit sozialen, aber auch mit moralischen und mit religiösen Erfahrungen zu tun. Da müssen alle Beteiligten ihren ganz individuellen Weg gehen. Nur so können sie das Kreuz tragen, in der Hoffnung, getragen zu werden. Eine physische Last, eine psychische Belastung – egal, wie man sich entscheidet – bleibt allemal. Rückblickende Vorwürfe wie: «Hätte ich doch meiner Tochter verboten, dass sie mit ihrem Freund schläft», helfen in dieser Situation wenig. Jetzt hilft nur der Blick nach vorn.

■ Eltern geben sich – was das sexuelle Handeln ihrer Kinder betrifft – gelassener und liberaler als alle Generationen vorher. Das ist gut so, hat es doch zu einer größeren Offenheit geführt, wenn es um das Ansprechen sexueller Themen geht. Es hat zu mehr Selbstbewusstsein beigetragen, mit der sich die Mehrheit der Jugendlichen untereinander körperlich begegnet. Eine größere Offenheit hat aber zugleich auch elterliche Verhaltensunsicherheiten mit sich gebracht. Man weiß nicht genau, was man zulassen, wann man etwas sagen kann. «Man will ja nicht so sein», hat es einmal eine Mutter ausgedrückt und hinzugefügt: «Man will nicht so sein, wie die Eltern waren!» Die Unsicherheit von Vater und Mutter korrespondiert gleichwohl mit jener der Heranwachsenden. Auch sie sind häufig unsicher, verlieren sie sich doch nicht selten im Markt der Möglichkeiten: «Alles ist möglich. Doch was ist richtig für mich?»

«Warum setzt er keine Grenze?»

Die fünfzehnjährige Tina erzählte neulich kopfschüttelnd, als sie bei mir in der Beratung saß, sie bekomme von ihrem Vater nie eine Zeit mit, wann sie am Freitagabend von der Disco zu Hause zu sein habe. Auf meine Frage, ob sie denn eine Zeit von ihm haben wolle, rief sie spontan aus: «Na klar!»

«Warum?»

«Erstens will ich mich mit ihm streiten, wann ich zu Hause

zu sein habe, und zweitens will ich, dass er an mich denkt, wenn ich nicht da bin!»

Als ich den Vater mit dieser Aussage konfrontiere, meint er: «Das verstehe ich nicht! Ich durfte früher in meiner Pubertät nie etwas, fühlte mich wie eingesperrt. Mein Kind, das hatte ich mir damals geschworen, soll es einmal besser haben, dachte ich mir!» Er schüttelt den Kopf: «Wie man's macht, macht man's verkehrt!»

Aber genau darum geht es nicht. Hinter Sachfragen – «Wie lange darf ich heute in der Disco bleiben?», «Darf ich bei meinem Freund/meiner Freundin übernachten?» – verstecken sich nicht selten Erziehungsfragen: «Was sagt ihr dazu?», «Welche Meinung habt ihr dazu?», «Wenn es euch nicht passt, dann will ich eure Meinung hören!»

Hinter mancher Maßlosigkeit, mit der Pubertierende manchmal daherkommen, steckt der Wunsch nach Begleitung, nach helfender Unterstützung. So wünschen sie sich hin und wieder ein elterliches «Nein!», wenn sie fragen, ob sie beim Freund oder der Freundin übernachten dürfen.

Aber bedenken Sie: Die Pubertierenden werden nicht freudig aufspringen, wenn Sie Ihre Ablehnung artikulieren. Sie werden beschimpft, Sie seien altmodisch, einfach peinlich, absolut daneben. Und dann sollten Sie auch das bedenken: Überlegen Sie sich einmal, Ihre Kinder springen nach Ihrer Ablehnung nicht wütend auf, sondern kommen zahm auf Sie zu, lachen Sie an und sagen: «Danke für deine großartige Unterstützung! Es war großartig, wie du das gesagt hast! Jetzt weiß ich, was ich tun soll!» Wenn Ihre Kinder so handeln, dann haben Sie etwas falsch gemacht!

«Mein Sohn ist schwul!»
Wenn das Kind anders ist

«Er spielt mit Puppen, ist das normal?»

«Als Markus so vier oder fünf war», so fängt sein Vater, Thomas Geier, an, «da dachte ich, der ist nicht normal, der ließ sich die Haare lang wachsen. Als er zum Friseur sollte, machte er ein Theater. Der beruhigte sich nicht mehr. Dann spielte er mit Puppen. Mit Jungenspielsachen hatte er nichts am Hut. Ich sah ihn schon ins Rotlichtmilieu abgleiten. Jetzt ist er zwölf und pfeift Mädchen nach. Nun ist er wieder normal!»

Sonja Brandt berichtet: «Unser Thomas, ein richtiger Rabauke, war elf, da hatte er zwei Freunde. Einmal habe ich heimlich beobachtet, wie die drei zusammen onanierten. Da war ich total fertig!»

«Ich hab bald gespürt, ich steh nicht auf Mädchen»

«Ich hab schon früh gespürt, dass ich nicht auf Mädchen stehe», erzählt der sechzehnjährige Jakob. «Aber ich hab's mir nicht eingestehen wollen und besonders auf Macho gemacht, obwohl ich das absolut blöd fand. Aber ich wollte nicht als Schwuchtel gelten.

Tja, und als ich fünfzehn war, hab ich's meiner Mutter gesagt. Die hat geweint, aber mich in den Arm genommen und gesagt, ich sei ihr Sohn, egal, was passiert ist. Bei meinem Vater, da war es anders. Der ist völlig ausgerastet. Der hat mich zum Psychologen geschickt, damit der mich normal macht. Aber der hat meinen Vater zu sich geholt, damit der normal wird.» Er lacht: «Jetzt verstehen wir uns mittlerweile.

Aber so richtig anfassen mag er mich nicht. Vielleicht denkt er, ich stecke ihn an.»

Betrachtet man die sexuellen Vorlieben von Jungen, sind zwischen geschlechtstypischen Erwartungen, die die Eltern und die Umwelt haben, und einer dauerhaften sexuellen Orientierung zu unterscheiden. Da existieren zunächst Phasen, in denen Jungen sich gleichgeschlechtlich ausrichten – etwa, wenn sie im Kindergarten in Banden organisiert sind; im Schulalter, wenn sie unter ihresgleichen sein wollen oder eben in der Pubertät. Die gleichgeschlechtliche Bindung hat zwei Funktionen: man grenzt sich nach außen – von Mädchen – radikal ab, man solidarisiert sich nach innen, wobei auch hier eine Differenzierung zu beobachten ist: die großen gegen die kleinen, die starken gegen die schwachen Jungen. Jungen, die bestimmten Rollenklischees nicht entsprechen, haben es doppelt schwer: Da sind die gleichaltrigen Jungen, die untypisches Verhalten schnell als «schwul» oder «weibisch» abtun, da sind Eltern, Verwandte und Bekannte, die sich Sorgen machen, verunsichert reagieren, wenn Jungen den Erwartungen nicht entsprechen, wenn sie Kleider tragen wollen, Puppen den Bauklötzen vorziehen oder ihre Haare zu Zöpfen flechten. Diese Jungen geraten schnell in den Verdacht, mit ihnen stimme etwas nicht, sie seien «auf dem Weg zu einem anderen Ufer».

Homosexualität zeigt sich manchmal schon in der Pubertät

Homosexualität als dauerhafte Veranlagung empfinden Pubertierende vom zwölften Lebensjahr an. Sie stellt eine normale Variante der Sexualität dar. Sie ist ein Teil der sexuellen Ausrichtung des Menschen, die sich aus einem Gemenge genetischer, neurologischer und biologischer Einflüsse zusammensetzt. Umweltfaktoren spielen hierbei keine Rolle.

Eltern können also in dieser Hinsicht nicht falsch oder richtig handeln.

Würde dieser Umstand mehr ins Bewusstsein rücken, könnte man über schwule Jungen vorbehaltloser und weniger verklemmt und ängstlich reden. Man könnte Eltern die Schuldgefühle nehmen. Man könnte offener auf das Kind zugehen, den schwulen pubertierenden Jungen aus seiner (manchmal) selbst verordneten Isolation befreien, ihm Angst und Unsicherheit nehmen, ihm helfen, zu seiner Sexualität zu stehen. Indem ein Junge das Gefühl erfährt, so angenommen zu sein, wie er ist, kann er lernen, sich auch anzunehmen: selbstbewusst und ohne Scheu.

Schwule Jungen haben es schwer: abgelehnt von gleichaltrigen Heterosexuellen und begleitet von den Eltern, die hin und her gerissen sind zwischen widersprüchlichen Gefühlen. Da ist Verunsicherung, da ist der quälende Gedanke, falsch erzogen zu haben, aber da ist auch die Überzeugung: «Das ist immer noch unser Sohn, egal, was da kommen wird!»

Genau das ist schwulen Jungen häufig unklar. Sie empfinden Halt- und Orientierungslosigkeit, haben Probleme, sich zu outen, zu ihrer Veranlagung zu stehen und diese mitzuteilen. So machen schwule Jungen viel durch: Sie leugnen ihre Homosexualität lange und geraten dadurch in Isolation. Viele denken dann auch an Selbstmord. Nicht selten ist die Mutter die erste Person, die eingeweiht wird. Der Vater bleibt ausgespart, erwartet man doch von ihm keine angemessene, keine einfühlsame Antwort.

Dabei gibt es keine perfekte Reaktion, wenn Eltern erfahren, dass ihr Sohn schwul ist. Wenn man sich selbst bemitleidet («Warum gerade er?»), wenn man sich mit Schuldvorwürfen geißelt («Was habe ich nur falsch gemacht?»), so mag diese erste Reaktion den Schockzustand ausdrücken, in den man geraten ist. Schwule Jungen wünschen sich in dieser Situation am meisten, nach wie vor der Sohn ihrer Eltern zu sein. Es kommt mithin nicht auf viele Worte der Eltern an, bedeutsam ist die Haltung. Es gilt, den Sohn so anzunehmen, wie er ist. Hier ist keine kurzfristige Haltung gefragt, sondern es stellt sich eine lebenslange Aufgabe.

Die Balance von Nähe und Distanz finden

«Ich bin nicht eure Kuschelpuppe!» Von Grenzen und Grenzüberschreitungen

Anna-Lena, knapp zwei Jahre, steht im langen Flur der elterlichen Wohnung. Es klingelt. Die Mutter öffnet die Tür, Anna-Lena wartet ein paar Schritte hinter ihr. Als sie die Oma entdeckt, die Anna-Lena seit einigen Monaten nicht gesehen hat, wohnt die Oma doch in einer entfernten Stadt, versteckt sich das Mädchen instinktiv hinter der Mutter, hält sich an einem Bein fest. Anna-Lena sucht Schutz hinter dem Rücken der Mutter. Es folgt eine kurze, herzliche Begrüßung zwischen den Erwachsenen.

«Es muss immer so schnell gehen, ich brauche Zeit!»

Die Großmutter, ganz freundlich gelassen: «Na, wo ist denn Anna-Lena?» Die hält sich krampfhaft hinter der Mutter verborgen, nicht bereit, sich auf die Lockungen der Oma einzulassen. Als diese einen Schritt vortritt, um ihre Enkelin zu erspähen, läuft Anna-Lena ein paar Schritte in den Flur hinein. In sicherer Entfernung stoppt sie, dreht sich um, schaut ihre Oma unsicher an.

«Na, komm, Anna-Lena!» Die Stimme der Großmutter klingt weiter freundlich, nicht drängelnd. Aber Anna-Lena bleibt stur. Sie lässt sich auf nichts ein – die Zeit ist noch nicht reif für Annäherungen. Nun bekommt die Stimme der Großmutter einen ungeduldigen Klang, und sie breitet ihre Arme aus, streckt sie in Richtung ihrer Enkelin aus – so als wolle diese sich freudig in ihre Arme stürzen.

Doch Anna-Lena tut ihr den Gefallen nicht: je vehementer die Bemühungen der Großmutter, die Enkelin anzulocken, umso mehr versteift diese sich, die Arme abwehrend ineinander verschränkt. Die aufeinander gepressten Lippen verraten Ablehnung, so als wolle sie sagen: «Nein, ich komme nicht!»

Die Mutter geht zwei Schritte in Richtung auf Anna-Lena zu, die – froh um den vertrauten Halt – sich in den Rock ihrer Mutter verkrallt: «Was ist denn, Anna-Lena? Kennst du Oma nicht mehr?»

Anna-Lena schüttelt den Kopf. Sie kann sich beim besten Willen nicht an die liebenswürdige Person erinnern, die da in einiger Entfernung steht. Wie denn auch? Sind seit ihrem letzten Besuch doch Monate vergangen.

«Na, nun geh zu Oma!», meint die Mutter etwas genervt. Anna-Lena bleibt stocksteif, bewegt sich keinen Millimeter vorwärts. Die Großmuter nestelt an der abgestellten Reisetasche, holt Schokolade hervor, von der sie weiß, da «schmilzt meine Enkelin dahin», wedelt damit in der Luft: «Guck mal, Anna-Lena, die magst du doch. Hat Oma dir mitgebracht!»

Anna-Lena schaut neugierig an ihrer Mutter hoch. Tatsächlich – Oma hat ihre Lieblingsschokolade mitgebracht.

«Na, nun geh mal.» Die Mutter versucht, ihrer Tochter einen kleinen Stups zu geben. Noch hat Anna-Lena auf «Nein» geschaltet. Sie bewegt sich nicht – nur ihr Kopf dreht sich neugierig in Richtung der Großmutter.

«Na, komm, Anna-Lena!» Die Stimme der Mutter wird lauter:

«Oma hat dich so lange nicht gesehen. Die ist ganz traurig, wenn du nicht gehst.»

Dieses Mal klappt es: Langsam, ganz langsam löst sich Anna-Lena aus der Verbindung zu ihrer Mutter, geht vorsichtig, Schrittchen für Schrittchen, tastend auf die Großmutter zu, die sie in ihre Arme zieht. Es kommt, wie es kommen musste: Die Großmutter hält Anna-Lena – aus ihrer Sicht verständlich – klammernd in ihren Armen. Anna-Lena lässt alles über sich ergehen. Sie spürt nicht die Umarmungen, die – herzlich gemeinten – Küsse, Anna-Lenas Augen sind auf die Schokolade gerichtet, und ein hilfloser Blick geht in Richtung Mutter, so als wolle sie sagen: «Ich hab Oma ja lieb. Aber muss es immer so schnell gehen?»

«Halte Distanz!»

Die psychischen wie emotionalen Bedingungen, die sexuellen Missbrauch befördern können, fangen früh an oder werden durch unüberlegte Handlungsmuster von Erwachsenen, die sich der Konsequenz ihres Tuns nicht bewusst sind, begünstigt. Junge Kinder entwickeln ab dem sechsten Lebensmonat, dem so genannten Fremdel-Alter, hervorgerufen durch eine Verfeinerung ihrer Sinneswahrnehmung – z.B. der visuellen Kompetenzen –, die Fähigkeit, zwischen vertrauten und unvertrauten Personen zu unterscheiden. Vertraute Menschen, die das Kind täglich oder ganz regelmäßig erleben, geben Halt, Orientierung und Verlässlichkeit. Auf diese Personen bezieht sich das Kind, ihnen vertraut es bedingungslos.

Den unbekannten Personen steht es zunächst skeptisch, «fremdelnd» gegenüber. Es betrachtet unvertraute Menschen aus einer Distanz. Diese Distanz verschafft dem Kind Sicherheit. Ein Erwachsener kann diese Distanz aushalten, denn sie hat nichts mit fehlender Liebe oder Emotionalität seitens der Kinder zu tun. Das kleine Kind – aber nicht nur das kleine – braucht viel mehr Selbstvertrauen zu sich, um Kontakt zu dem ihm unbekannten Menschen – und sei es die Großmutter – aufzunehmen. Das Kind setzte – wie Anna-Lena – eine Grenze. Aus der Sicht des Erwachsenen mag dies einigermaßen befremdlich wirken. Aber eine durch das Kind in dieser Weise gezogene Grenze bietet Schutz, sie verschafft ihm Sicherheit. Nur im Wissen und im Vertrauen darauf vermag sich das Kind in einer ihm unvertrauten Situation zurechtzufinden. Das Kind spürt instinktiv, ohne diese Grenze bin ich überfordert, würde ich mich emotional ausliefern. Hat das Kind die unbekannte Person lange genug aus sicherer Distanz erlebt und eingeschätzt, beginnt es, sich sicherer zu fühlen, nimmt es – wenn auch zunächst nur zögernd und vorsichtig – Kontakt auf. Das kann über Blickkontakt gehen, über kleine Spielchen, die Annäherung signalisieren. Wichtig: Die Regeln dieser Spiele bestimmt das Kind.

Werden die von Kindern aufgebauten Grenzen wie bei Anna-Lena nicht respektiert, werden sie durch Bestechung, z.B. Spielzeug, Süßigkeiten oder emotionale Nötigung («Oma ist ganz traurig!») niedergerissen, *können* Verhaltensunsicherheiten die Folge sein. Wohlgemerkt: Sie müssen nicht auftreten! Verhaltensunsicherheiten ergeben sich vielmehr aus der Häufigkeit, mit der Kindern dieser Erziehungsstil aufgebürdet wird. Für das Kind stellt sich solches Verhalten der Eltern als Zwickmühle dar: Da ist einerseits das eigene Gefühl, dass mein «Nein!» stimmt, dass mein Körper «Halte Distanz!» signalisiert; da sind andererseits vertraute Erwachsene, die einen auffordern, gegen das eigene innere Gespür zu handeln.

Wer Kinder in diesem Lebensabschnitt nicht darin bestärkt, zu eigenen Gefühlen zu stehen, macht sie handlungsunsicher, entzieht ihnen Schutzmechanismen, die sich in anderen Situationen – z.B. wenn Eltern oder andere Bezugspersonen nicht anwesend sind – als hilfreich und lebenserhaltend erweisen.

Deshalb: Bestärken Sie Ihr Kind in seinem «Nein!», auch wenn das anderen Personen wehtut! Akzeptieren Sie Grenzen, die das Kind setzt! Ihr Kind erfährt: Meine körperliche Unversehrtheit wird von jenen Personen, zu denen ich Vertrauen habe, höher bewertet als irgendwelches «gutes Benehmen», das die Umwelt von mir erwartet.

Das Kind verinnerlicht dadurch ein wichtiges Modell: Erwachsene haben Respekt, haben Achtung vor meinem Körper! Und umgekehrt: Erwachsene, die meinen Körper nicht respektieren, werden auf Distanz gehalten.

«Sind distanzlose Kinder gefährdet?»

Kinder, deren «Nein!», deren Wünsche nach Distanz von Erwachsenen ständig missachtet werden, handeln nicht allein unsicherer, misstrauischer oder ängstlicher gegenüber eigenen Gefühlen; sie werden auch distanzlos, da sie keine Beziehung zu festen Bezugspersonen aufbauen bzw. nicht lernen konnten, zwischen bekannten Personen, denen man vertrauen kann, und unbekannten Personen, denen man abwartend gegenübersteht, zu unterscheiden.

Für diese Kinder sind alle Menschen gleich fern bzw. gleich nah. Da Kinder ohne Bindung nicht leben können, vielmehr gefühlsmäßig verwahrlosen würden, gehen sie ohne Distanz auf jeden Erwachsenen – aber auch auf Kinder – zu. Sie werfen sich ihnen – im wahrsten Sinne des Wortes – an den Hals, kriechen auf ihre Schöße, klammern sich an jeden Rock- und Hosenzipfel, den sie fassen können. Und werden sie von einer Person abgewiesen, dann steht schon die nächste als Klammerobjekt bereit.

Diesen Kindern fehlt es meist an Selbstwertgefühl. Sie verfügen zudem über kein körperliches oder sexuelles Selbstbewusstsein, sind mithin in erheblichem Maße missbrauchsgefährdet, können ihre Anlehnungs- und Sicherheitsbedürfnisse doch jederzeit zum körperlichen und seelischen Schaden des Kindes ausgenutzt werden.

Distanzlosigkeit ist nun nicht allein Folge eines Erziehungsstils; Distanzlosigkeit kann sich auch aus ungünstigen

Lebensumständen während des ersten Lebensjahres ergeben: z.B. eine durch Krankheit bedingte längere Abwesenheit des Kindes von der Familie; Tod und Trennung von der Mutter; ständig wechselnde Bezugspersonen etc. Bauen Kinder in den ersten Lebensmonaten keine feste Bindung auf, sind sie nicht eingebunden in ein verlässliches Koordinatensystem, dann *können* Distanzlosigkeit und fehlendes Körperbewusstsein die Folge sein.

Erlebter Missbrauch

Björn, fünf Jahre, fällt seinen Erzieherinnen im Kindergarten während der letzten Wochen auf: An bestimmten Tagen kotet er ein, setzt seine «Häufchen» so gezielt in den Sandkasten oder die Spielwiese, dass sie nicht zu übersehen sind. Danach geht er in den Waschraum, zieht sich Jeans und Unterhose aus, stellt sich in die Dusche, nimmt eine Handdusche zur Hand, spült sich damit den Po ab. Zwei- bis dreimal am Tag geht er zudem in die Puppenecke, nimmt sich eine Puppe, setzt sie sich auf den Bauch, ahmt einen Geschlechtsakt nach, den er lautstark kommentiert: «Ich fick dich tot!» Auch wenn er dieses Spiel beendet hat, geht er mit seiner Puppe zum Waschbecken, säubert sie zwischen den Beinen, trocknet sie dann zärtlich ab, legt sie in die Ecke zurück.

Die Erzieherinnen finden zunächst keinen Zugang zu Björn, obgleich sie sein Einkoten als ernsten Hilfeschrei deuten. Ähnliches gilt für sein Spiel in der Puppenecke oder sein Waschritual. Das Kindergartenteam lädt mich gemeinsam mit einer Kollegin sowie Björns Mutter zu einem Gespräch ein. Die Erzieherinnen fühlen sich mit der Gesamtsituation überfordert. Auch der Vater ist eingeladen, er bleibt der Unterredung allerdings fern.

Die Mutter, Paula Schmitz, 35 Jahre, wirkt unscheinbar: Die Haare fallen strähnig und ungewaschen über ihr Gesicht, die Augen sind dunkel umrandet, liegen tief in den Höhlen. Sie trägt Jeans, darüber einen langen Pullover, der bis zu den Knien fällt, keine Konturen ihres Körpers sichtbar werden lässt. Breitbeinig, erschöpft sitzt sie im Sessel. Die Hände zittern, als sie eine Tasse mit heißem Kaffee anfasst. Sie sieht elend aus, Kummer, Leid und Unglück stehen ihr im Gesicht geschrieben.

Die Erzieherinnen erzählen sehr genau von ihren Beobachtungen, versuchen, Paula Schmitz zu einer Stellungnahme zu bewegen.

Nachdem sie anfänglich den Gesprächsverlauf blockiert hat: «Ich weiß auch nicht, woher das kommt!», erzählt sie, sie habe «das mit der Puppe zu Hause schon mal gesehen. Das war aber sein Teddy.» Sie denkt nach: «Aber er kann's nicht sehen!»

«Was nicht sehen …», fragt meine Kollegin.

«Wenn mein Mann über mich herfällt.»

Und dann erzählt sie, wie ihr Mann sie jeden Tag zwinge, mit ihm zu schlafen.

«Ich lass das geschehen. Ich denke an was anderes. Wenn er auf mir liegt. Der stöhnt nur und stößt zu. Ich denke einfach an was anderes … Und dann ist der auch schnell fertig!»

«Und wo ist Björn?»

«In seinem Zimmer. Dort ist er eingesperrt, oder wir schicken ihn solange nach unten!»

«… Hört er oder sieht Björn etwas …?», will ich wissen.

«Ich weiß es nicht. Vielleicht. Vielleicht auch nicht!» Sie überlegt.

«Hinterher, ja, da bekommt er schon was mit. Wenn mein Mann fertig ist, geht er runter, will sein Essen. Beschimpft mich, dass ich nicht mitmache im Bett. Ich geh dann erst mal aufs Klo, stell mich in die Badewanne und lass lange heißes Wasser zwischen meine Schenkel laufen. Ich will sauber werden. So ist's immer: Mein Mann nimmt mich, wirft sich auf mich rauf, dann geht er. Ich spüre nichts. Gut, dann geh ich eben aufs Klo und wasch mich. So kann ich's aushalten!»

Das Team wirkt erschüttert. Eine Erzieherin verlässt den Raum, Tränen in den Augen, sie würgt, hält die Spannung nicht mehr aus.

«Wenn ich nackt unter der Dusche stehe, schaue ich meinen Körper an. Ich frage mich dann, warum mein Mann eigentlich noch Lust auf mich hat!»

Paula Schmitz wirkt apathisch, ohne Schmerz, ohne Tränen. Ein geschundener Körper, dessen Seele, um zu überleben, sich ins ganz Innere zurückgezogen hat.

«Ich glaube, irgendwas bekommt Björn natürlich mit: ‹Warum duschst du so häufig?›, fragt er. ‹Ich mach mich sauber.›Was soll ich auch sonst sagen?»

«Haben Sie den Eindruck», fragt meine Kollegin, «Björn bekommt mit, was Ihr Mann mit Ihnen macht?»

Sie sieht uns beide an: «Am Anfang hab ich noch gesagt, schick Björn raus ...aber», sie stockt, «... aber ich hab einfach nicht mehr die Kraft dazu. Er wirft mich ja auch auf den Boden ..., er schmeißt Björn schon raus ..., aber ...» Sie zuckt resignierend mit den Schultern: «Was soll's. Ich habe einfach nicht die Kraft ... Und ich denk, er kriegt schon was mit.»

Als Paula Schmitz nach dem Gespräch den Kindergarten verlässt, wird sie von ihrem Mann zu Hause erwartet. Er schlägt sie zusammen, vergewaltigt sie. Als ihr Mann dann einschläft, flieht sie in den Kindergarten. Meine Kollegin besorgt ihr einen Platz in einem Frauenhaus der nächsten Stadt. Björn kommt mit. Seine Waschrituale halten noch über einen Monat an. Erst als sich die gesamte Situation der Mutter stabilisiert, hört Björn mit dem Einkoten und seinen Ritualen auf.

Diese Situation macht einen Aspekt deutlich, der im Zusammenhang mit dem sexuellen Missbrauch manchmal nicht genug Beachtung gefunden hat. Kinder sind nicht nur unmittelbare Opfer des Missbrauchs, viele Kinder werden zu Augen- und Ohrenzeugen und damit indirekt zu Opfern sexueller Gewaltakte. Dies gilt nicht nur für Kinder aus den Krisengebieten der Welt, wo sie Vergewaltigung und sexuelle Nötigung ihrer Mutter aus nächster Nähe miterleben. Dies trifft auf Kinder im mitteleuropäischen Alltag zu, in dem sie den Missbrauch durch den Vater oder Lebensgefährten der Mutter miterleben. Das Kind macht nicht nur eine unfassbare, brutale Erfahrung, es erlebt sich auch in einer absoluten Hilflosigkeit, einer Handlungsunfähigkeit, die in zerstörerische Aggressivität umschlagen kann.

Niko, elf Jahre, erzählt: «Einmal, als mein Vater auf meiner Mutter lag …, da hab ich sie schreien hören, ganz laut …, und dann hat sie nur noch gewimmert.» Er stockt: «Dann hab ich eine Schere genommen und bin ins Wohnzimmer und hab voll in seinen Arsch gestochen.» Niko grinst verzweifelt: «Er ist aufgesprungen. ‹Gib mir die Schere›, hat er geschrien, ‹oder ich schlag deine Mutter tot.› Ich hab sie ihm gegeben. Da hat er mir mit der Schere die Haare abgeschnitten.»

Niko zeigt mir einige Stellen an seinem Kopf, an denen noch die Spuren des väterlichen Gewaltakts sichtbar werden.

Aus solchen Erfahrungen, wie sie Björn oder Niko erlebt haben, können sich vielfältige emotionale Konsequenzen ergeben.

■ Die Mutter lebt ihren Kindern ein unterentwickeltes Körperbewusstsein vor. Sie hat zudem – aufgrund ihrer Lebensgeschichte – kein sexuelles Selbstbewusstsein ausgebildet. Da es an lebbaren Alternativen fehlt, hat das Modell für die Kinder Gültigkeit. Diese Kinder können potenzielle Opfer von körperlichem wie seelischem Missbrauch werden – oder sie werden aus einem Gefühl ohnmächtiger Wut heraus selber zum Täter.

- Es kann bei Kindern zu Verhaltensregressionen kommen, d.h., sie fallen in frühkindliche Handlungsmuster zurück: Einkoten, Einnässen, Flucht in Krankheit und Schmerz … Zudem sind Minderwertigkeitsgefühle sichtbar, die Kinder wirken entmutigt, kapseln sich ab. Fehlendes Körperbewusstsein kann sich in übertriebenen Berührungsängsten zeigen.

- Verhaltensregressionen können – im wahrsten Sinne des Wortes – in zerstörerische Aggressionen umschlagen. Da Kindern wie Björn oder Niko in körperlicher Hinsicht kein Respekt entgegengebracht wird, ihr Wunsch nach körperlicher Unversehrtheit kaum erfüllt ist, entwickelt sich in den Kindern auch keine Achtung vor der körperlichen Unversehrtheit anderer Menschen.

«Mein Kind ist so neugierig, das fasst alles an!»
Vom Schmusen und Streicheln

Ausschnitte einer Gesprächsrunde mit Vätern und Müttern

Im Zentrum stehen Fragen wie:

«Darf man den Penis, die Scheide des Kindes berühren, wenn man den Säugling badet oder wickelt?»

«Was mache ich, wenn meine dreijährige Tochter meinen Penis gerne anfassen möchte?»

«Wie verhalte ich mich, wenn mein kleiner Sohn beim Eincremen eine Erektion bekommt?»

«Bis zu welchem Alter darf man mit dem Kind in die Badewanne?»

«Mein vierjähriger Simon will einen Zungenkuss von mir! Aber ich will das absolut nicht! Ich möchte ihn aber doch auch nicht einfach zurückweisen!»

Die Gespräche zeugten von einer hohen Sensibilität, davon, die körperliche Integrität des Kindes zu respektieren, aber auch zugleich Rücksichtnahme für den eigenen erwachsenen Körper einzufordern. Diese Sensibilität ist zweifelsohne ein positives Resultat öffentlicher Diskussionen über den sexuellen Missbrauch von Kindern. Ihre körperlichen Grenzen bedingungslos zu akzeptieren ist oberstes Gebot. Zugleich förderte die Gesprächsrunde ein hohes Maß an Unsicherheit zutage, wie nachstehende Ausschnitte zeigen:

«Wenn ich meinen kleinen Tim, der ist jetzt eineinhalb, bade», so eine Mutter, «und der badet gerne, dann kriegt er ganz schnell eine Erektion. Und er ist stolz darauf. Er sagt dann: ‹Schau mal!› Am Anfang habe ich weggesehen und ganz geflissentlich ‹Ja! Ja!› geantwortet. Aber das hat ihn nur noch mehr angestachelt. Nun lächle ich, sag: ‹Schön!›, und dann hat sich das. Aber ich weiß nicht, ist das nun richtig?»

«Mein Jonas, der ist jetzt knapp drei», erzählt ein Vater, «wenn ich mit dem in der Wanne bin, dann kommt der irgendwann zu mir und greift an meinen Penis. Dann freut er sich: ‹Papa, hat einen, ich hab einen, Mama hat keinen!› Mir ist das Anfassen unangenehm, ich mag das nicht, das ist mir zu intim! Jonas will auch mit mir aufs Klo, wenn ich pinkeln muss. Er schaut fasziniert, wie der Strahl aus meinem Penis kommt. Auch das ist mir nicht recht. Das empfinde ich als einen Eingriff in meine Persönlichkeit. Jetzt schließe ich die Tür zu! Aber dann reagiert er sauer!»

«Mein Sohn, der ist jetzt fünf», so erzählt eine Mutter, «der hat neuerdings eine komische Angewohnheit. Wir schmusen gerne. Aber seit ein paar Wochen gibt er mir einen Zungenkuss. Ich kann gar nicht genug aufpassen. Er sitzt auf meinem Schoß, küsst mein Gesicht ganz zärtlich und – flutsch! ist seine Zunge in meinem Mund. Ich finde das eklig. Wenn ich dann zornig reagiere, lacht er, das mache Papa doch auch. Sage ich dann, Papa dürfe das, ist er böse: ‹Du hast Papa eben lieber als mich!›»

Bei ihr wäre das überhaupt nicht so, rätselt eine andere Mutter. «Der zweijährige Jakob will nicht zu mir, lässt sich kaum berühren, wenn ich seinen Penis beim Waschen mal aus Versehen berühre, bekomme ich einen vorwurfsvollen Blick. Beim Kuss im Gute-Nacht-Ritual wendet er sich ab, tut so, als ob ich ihm wehtue. Wo andere Kinder stolz sind, ihren kleinen Penis zu zeigen, lässt mein Jakob keinen an seine Hose heran, sogar beim Baden besteht er häufig darauf, seine Unterhose anzulassen!»

Intimsphäre und körperliche Integrität des Kindes achten! – Auch die der Eltern

Jedes Kind ist anders, jedes Kind ist einzigartig und eben nicht zu vergleichen. Die Persönlichkeit des Kindes anzunehmen, heißt, seine Grenzen, die es mit seinen Worten und seinem Handeln setzt, zu respektieren.

Aber das gilt auch umgekehrt für die Eltern: Sie sind in ihren Reaktionen unverwechselbar, unvergleichlich: Was eine Mutter zulässt, kann eine andere als Zumutung empfinden, was ein Vater akzeptiert, kann der andere als Eingriff in seine Intimsphäre deuten. Jeder Vater, jede Mutter, zieht ganz eigene Grenzen und kann darauf bestehen, dass diese Grenzen respektiert werden. Genau wie das Kind haben auch Vater und Mutter das Recht, auf ihre körperliche Integrität zu bestehen. Gerade an der Frage: «Was darf ein Kind?» oder: «Was kann ich zulassen?», lässt sich ein zentrales Prinzip der Sexualerziehung verdeutlichen.

Mit der Sexualerziehung werden zentrale Werte zwischenmenschlicher Beziehungen – nicht über Worte, vielmehr durch das unmittelbare Tun – vermittelt. Einen Wert stellt dabei die gegenseitige Achtung, der gegenseitige Respekt dar. Ein anderer ist die Rücksichtnahme auf die Bedürfnisse und die Gefühle der anderen Person.

Daraus leiten sich Grundsätze ab, die helfen können, die anfangs aufgeworfenen Fragen zu beantworten und die angesprochenen elterlichen Handlungsunsicherheiten zu verringern.

- Wer ein Baby bei der Körperpflege liebevoll anfasst, es sorgsam behandelt, zärtlich streichelt, muss auch die Scheide und den Penis berühren. Durch das bewusste Auslassen der Genitalien bekommt das elterliche Tun für das Kind ansonsten eine symbolische Bedeutung. Es sind Körperregionen, die man nicht anfasst, die «schlecht sind», die man vernachlässigen kann. Dabei muss klar sein, dass die Berührung nicht sexuell gefärbt ist oder der Stimulierung von Lust – auch der eigenen – dient.
- Wenn der männliche Säugling bei der Körperhygiene eine Erektion bekommt, sollte man nicht urplötzlich die Pflege beenden, sondern das Kind weiter eincremen, es anlächeln und die Aktion in Ruhe und Gelassenheit zu Ende bringen. Allerdings: Wer ständig dem Penis oder der Scheide besondere Aufmerksamkeit widmet, trägt zu einer sexuellen Stimulierung des Säuglings bei und scheint mehr an eigenen unbefriedigten Bedürfnissen interessiert zu sein als an dem Recht des Kindes auf körperliche Integrität.
- Je älter das Kind ist, umso seltener sollten diese Akte von direkter Intimität werden. Ältere Kindergarten-, vor allem

aber Grundschulkinder setzen schnell deutliche Grenzen. Die gilt es, ohne Wenn und Aber zu respektieren. Körperlich-emotionale Zuwendung kann sich dann, wenn das Kind es möchte, anders ausdrücken: Im Küssen auf die Wange, die Stirn, die Nase, dem Kraulen des Nackens, in einer innigen Umarmung, aber auch bei Jungen besonders beliebt – im Rangeln und Raufen, in Kissenschlachten und im Toben.

- Wenn das Kleinkind es genießt, mit dem Vater zu baden, dann ist das völlig in Ordnung. Die Initiative geht dann vom Kind aus. Wer das Kind allerdings ständig überredet oder gar zwingt, mit ihm zu baden, bewegt sich auf einer schiefen, einer schlüpfrigen Ebene. Will das Kleinkind den Penis des Vaters anfassen und der Vater hat damit keine Probleme, dann kann man das zulassen. Wird er dabei sexuell erregt, muss er die Situation sofort beenden!

- Eltern können vom Kind Respekt einfordern, wenn es um das Anfassen der Genitalien von Erwachsenen (Penis, Brust) geht. Allerdings muss man auch beachten, dass im Kleinkindalter solche Berührungen eher zufällig erfolgen, sie Ausdruck einer kindlichen Neugierde sind. Sie wollen begreifen, was sie sehen. Begreifen geht über Greifen – dieser Grundsatz, Realität unmittelbar zu erfahren, gilt gleichermaßen für den Intimbereich. Intime Berührungen nehmen mit dem Beginn des Schulalters – parallel zur Ausbildung eines Schamgefühls – schnell ab.

Nun sind allerdings die körperlichen Grenzen, auf die Vater oder Mutter bestehen, höchst individuell: Die einen können Berührungen bis zu einem gewissen Grade zulassen, den anderen ist jede Annäherung – und sei sie noch so zufällig – peinlich. Eltern können ihren jüngeren Kindern in aller Ruhe und ohne Aufgeregtheit vermitteln, wenn sie nicht angefasst werden möchten. Dies gilt natürlich auch umgekehrt: Wenn ein Kind nicht gestreichelt, angefasst werden will, ist dieses zu respektieren. Indem Eltern solche Grenzen vorleben, sind sie ihren Kindern Vorbild: Das «Nein!» zur Berührung ist keine Ablehnung der kindlichen Persönlichkeit! Das «Nein!» bedeutet: «Ich möchte nicht, dass du meinen Penis/meine Brust anfasst, weil mein Körper mir gehört, weil ich darüber bestimmen möchte, wer mich anfasst!»

■ Der Zungenkuss stellt einen intimen Akt dar, der den Erwachsenen gehört. Das muss den Kindern unmissverständlich klar gemacht werden, auch wenn sie auf diese Grenze mit Unverständnis, mit Beleidigtsein, mit Trauer, dem Gefühl des Zurückgewiesenwerdens reagieren sollten. Im Schulalter nehmen die Kinder ohnehin davon Abstand. Sie finden Küsse häufig peinlich, nasse Küsse eher ekelig und küssen, wenn überhaupt, mit spitz geformten Lippen.

■ Eine klare Grenzsetzung ist ebenfalls vonnöten, wenn Jungen ihren Penis in die Scheide der Mutter einführen möchten. So verständlich diese Verschmelzungswünsche sein mögen, so wenig sind sie zu akzeptieren. Diese Wünsche sind mit liebevoller Bestimmtheit zurückzuweisen: «Das darf nur der Papa!» oder: «Miteinander schlafen, das gehört Papa und mir! Wir können nebeneinander kuscheln!»

■ Eine ähnlich deutliche Haltung muss es geben, wenn es um das Schmusen oder das gemeinsame Baden geht. Wenn Sie – als Mutter oder Vater – keine Lust zu körperlichen Zärtlichkeiten haben, dann können Sie das dem Kind zeigen und ihm damit vermitteln, dass es Zeiten gibt, wo die Eltern mit ihren Kindern nicht schmusen oder kuscheln wollen. Die damit verbundene situationsbedingte Frustration – manchmal hat man es eilig, manchmal ist man in andere Handlungen involviert (beim Kochen, beim Saubermachen, beim Telefonieren, im Restaurant oder beim Essen etc.) – können Kinder sehr wohl aushalten. Aber auch umgekehrt gilt: Kinder wollen nicht immer schmusen oder kuscheln. Schulkinder sind da manchmal sehr drastisch in ihrer Ablehnung. Besonders Jungen können – vor allem, wenn Freunde da sind – schroff auftreten, empfinden mütterliche Streicheleinheiten als ausgesprochen peinlich. Schon Babys oder junge Kinder können Erwachsenen ihre Grenzen zeigen: Sie wenden sich ab, wenn sie nicht angefasst werden möchten, sie machen sich steif, werden ganz schwer, verziehen ihr Gesicht, so als drückten sie aus: «Lasst mich jetzt in Frieden! Ich möchte alleine sein!»

■ Wenn ein Klein- oder Kindergartenkind das Bedürfnis äußert, mit Mutter oder Vater zu baden, ist es völlig in Ordnung, diesem Wunsch nachzukommen. Natürlich wollen Kinder dann die väterlichen oder mütterlichen Geschlechtsorgane anfassen. Der kindliche Forscherdrang macht eben vor nichts Halt. Wenn man aber nicht angefasst werden möchte, muss man das dem Kind klar machen und dies deutlich artikulieren. Wenn man es als unangenehm empfindet, mit dem Kind in die Wanne zu steigen, dann muss man das auch vermitteln. Man muss nicht mit dem Kind baden, wenn man es nicht möchte! Es gilt, die eigenen Gefühle zu erkennen und zu respektieren. Doch auch dies ist zu beachten: Wenn ein Kind nicht mit dem Vater oder der Mutter in die Wanne möchte, dann heißt es, diese Wünsche zu respektieren.

Ältere Kinder entwickeln ohnehin ein Schamgefühl. Sie empfinden es meist als unangenehm und unangemessen, mit den Eltern oder Erwachsenen zu duschen oder zu baden.

So gerne sich jüngere Kinder entblößt zeigen, ihren Penis, ihren Körper jedem zeigen, gar präsentieren, egal ob dieses Gegenüber es möchte oder nicht, so sehr nimmt dieses Bedürfnis ab, wenn die Kinder in das Schulalter kommen. Deshalb haben Kinder widersprüchliche Empfindungen, wenn es Eltern gibt, die ständig nackt durch die Wohnung laufen. Spätestens vom Schulalter an berührt es viele Kinder unangenehm, bauen sich Peinlichkeiten auf. Bedenken Sie: Sich nackt zu zeigen, deutet noch längst nicht auf eine Offenheit in sexuellen Fragen hin. Diese vermeintliche Lockerheit wird von manchen Schulkindern als unangemessenes Laisser-faire verstanden, als eine Grenzverletzung, die unsichere Gefühle hinterlässt.

So wichtig Schmusen und Streicheln für die emotionale Entwicklung von Babys, Kindern und Jugendlichen ist, so sehr diese den Bedürfnissen nach Bindung und Geborgenheit auch symbolisch Ausdruck verleihen, bedeutsam ist die gegenseitige Achtung, mit der dieses geschieht. Wenn Kinder Grenzen setzen, sind diese unbedingt zu respektieren. Aber umgekehrt heißt das: Auch Eltern haben Anspruch auf ihre körperliche Integrität.

«Klopft an, wenn ihr in mein Zimmer kommt!» Über Scham und Schamgefühl

Situation 1
«Sie hat gedankt – nicht mit Worten»

Die zweijährige Anna steht mit ihrer Mutter am Tresen einer Metzgerei. Annas Mutter, Carola Handke, bestellt Wurstaufschnitt. Anna beobachtete ganz genau, wie der Metzger, Herr Wulff, die Wurst aufschneidet. Hin und wieder schaut er Anna an, lächelt ihr freundlich zu. Anna erwidert kaum merklich sein Lächeln. Als der Metzger fertig ist, die Ware eingepackt, reicht er Anna eine Scheibe Wurst.

«Für dich, Anna!», sagt er mit freundlicher Stimme. Sie nimmt die Wurst, lacht ihn fröhlich an, nimmt ihren Korb und nickt zweimal. «Danke, Herr Wulff!», sagt Carola Handke und schaut den Metzger an: «Danke!» Und zu Anna gewandt: «So, komm!» Sie will ihre Tochter vorsichtig vorwärts schieben, doch Anna bleibt stehen, blickt den Metzger nochmals an und winkt ihm, fast schüchtern, mit der rechten Hand zu.

«Tschüss, Anna!», sagt er mit sanfter Stimme. «Bis morgen!»

Anna dreht sich um, blickt versonnen auf die Wurst, lächelt in sich hinein und steckt die Scheibe gedankenverloren, fast verträumt in ihren Mund.

«Der Nächste, bitte!», sagt der Metzger laut, fast forsch. Als Anna das hört, bleibt sie stehen, wendet sich wieder zum Tresen hin.

Ein älterer Mann ist der nächste Kunde, er schaut in Richtung Anna, schüttelt den Kopf: «Sie werden immer unhöflicher, die Kinder. Kein ‹Danke!›, kein ‹Bitte!›, nichts! Und von der guten Hand, die man reicht, haben sie noch nichts gehört!» Er sieht ärgerlich aus, sieht in Richtung Anna: «Wo das wohl enden soll, wenn die erst mal groß sind!» Er runzelt die Stirn, schaut den Metzger säuerlich an: «Die sollten sich schämen. Aber selbst das tun sie ja nicht mehr!» Er stockt kurz: «Also, wenn ich Sie wäre, ich würde so einem unhöflichen Kind nichts mehr geben: ‹Entweder du sagst danke! Oder es gibt keine Wurst.› Ein bisschen Dressur hat noch niemandem geschadet!»

«Jetzt machen Sie mal halblang!» Dem Metzger platzt fast der Kragen, er bleibt aber noch einigermaßen beherrscht: «Sie hat danke gesagt!»

«Ich hab aber nichts gehört!» Nun ist der ältere Mann spürbar verärgert: «Wenn man ständig Nachsicht hat, dann sieht man doch, wo das endet!»

«Ich hab aber gesehen, dass die Kleine danke gesagt hat.

Und ihr Danke kam von ganzem Herzen und nicht, weil sie ein dressierter Dankaffe ist!»

Der Mann atmet tief durch: «Zwei Schnitzel!»

«Bitte sehr!», lächelt der Metzger in Richtung Anna, die kurz zurückwinkt und dann fortgeht.

«Ist es recht so?», fragt der Metzger und hält dem Mann zwei Schnitzel hin. Der nickt, sichtlich aufgebracht.

«Darf es noch etwas sein?»

Der Mann schüttelt wortlos den Kopf.

«Bitte sehr!», schmunzelt der Metzger.

Situation 2
«Sind wir Eltern zu tolerant?»

«Ich mach mir große Sorgen», erklärt Monika Schwab, «es geht um meinen Jonathan. Der ist jetzt fünf und ist seit einiger Zeit so ganz anders geworden. Er zieht sich mehr und mehr in sein Zimmer zurück, lässt kaum einen an sich heran. Der war mal ein richtiger Springinsfeld, war fröhlich und für alles aufgeschlossen. Der rannte sommers wie winters nackt herum, zeigte jedem, wirklich jedem, auch denen, die es nicht sehen wollten, seinen Penis, matschte herum, konnte davon nicht genug bekommen. Wenn ich ihn aber duschen wollte, gab's Riesenprobleme, dann war Zoff angesagt. Der wäre am liebsten dreckig ins Bett gegangen. Und nun ist er das genaue Gegenteil. Jetzt will er sich duschen, die Hände waschen, achtet pingelig auf jeden Dreck, weil er denkt, er wird krank. Und dann will er nur noch in der Badehose unter die Dusche. Wenn der früher sein Häufchen machte, musste ich es begutachten und loben: ‹Jonathan, du bist ein kleiner Stinker!› Darauf hat er geantwortet: ‹Jonathan, großer Stinker!› Heute ist ihm das große Geschäft fast peinlich. Der verriegelt die Klotür! Also, ich weiß nicht!»

«Wenn ich das so höre», ergänzt Jana Michaelis, «beruhigt mich das ja fast. Meine Clara ist jetzt zwei und völlig schamlos. Die zieht sich überall aus. Die größte Qual, die wir ihr bereiten können, ist, wenn sie Kleidung anziehen muss. Ansonsten reißt sie sie sich vom Leibe. Dann baut sie sich nackt vor Leuten auf, bekannten oder unbekannten. Lässt aber keinen an sich heran. Wehe, die versuchen, sie zu berühren, dann schreit sie: ‹Lass!› Und wenn die nicht aufhören, dann kriegen die schon mal was auf die Finger. Da ist sie absolut resolut! Doch es gibt auch diese verdammt peinlichen Situationen. Neulich hatten wir Besuch, da kam sie nackt ins Wohnzimmer, stellte sich vor meinen Freundinnen auf, drehte sich um, zeigte ihnen den nackten Hintern und ließ einen Furz. Ich war sprachlos, meine beiden Freundinnen auch. Nur Clara lachte, hüpfte umher: ‹Clara, Kackarsch! Clara, Furzarsch!› Ich war völlig hilflos. Man sah es förmlich, sie weidete sich an unserer Ohnmacht. Bis ihre Patentante plötzlich sagte: ‹Du bist eine tolle Furzerin!› Da verließ Clara das Zimmer, kam angekleidet zurück, setzte sich zu ihrer Tante auf den Schoß, streichelte sie, flüsterte ihr kaum hörbar ins Ohr: ‹Soll ich nochmal?› ‹Nein!›, ihre Patentante schüttelte unmissverständlich den Kopf: ‹Nein!›, wiederholte sie. ‹Warum?› Clara ließ nicht nach. ‹Ich möchte das nicht!› Da sprang Clara auf, lief zur Tür hinaus, schloss diese. Und draußen ertönte ein lauter Furz.»

Jana Michaelis überlegt: «Das war auch die Zeit, in der sie mit ihrem großen Geschäft spielte, den Kot in Formen presste, so wie sie es in der Sandkiste machte. Als ich in diese Situation platzte, hab ich geschrien: ‹Bist du denn völlig verrückt geworden! Das macht man nicht! Sag mal, spinnst du! Was machst du denn da!›

‹Kuchen backen.› Da reichte sie mir eine Form!» Sie sieht mich an: «Stellen Sie sich das vor!» Dann schüttelt sie den Kopf: «Wo soll das nur enden?»

«Wenn ich das so höre!», meint Isabell Schneider kopfschüttelnd, eine Portion Ratlosigkeit ausdrückend. «Man ist doch eigentlich ständig unsicher. Und dann tun die Kinder mir auch Leid. Sie können's einem nie recht machen. Mein kleiner Sven, der ist bald drei. Der spielt gerne an seinem Penis. Ich sehe, es macht ihm Spaß. Er denkt sich ja auch nichts Schlimmes dabei, wenn er so an sich herumspielt. Da kriegt er 'nen roten Kopf, ist ganz nass, ist völlig selbstvergessen, kriegt nichts mehr mit von seiner Umgebung. Aber muss es denn mitten im Wohnzimmer sein? Er könnte doch auch in sein Zimmer gehen und das dort machen. Aber ich mag ihn auch nicht aus der Situation rausholen.» Sie denkt nach: «Ich hab als kleines Mädchen, ich muss so fünf oder sechs gewesen sein, ja auch gerne onaniert, ein Kissen zwischen den Schenkeln. Das war toll. Irgendwie habe ich das heimlich gemacht. Ich hab wohl gespürt, meine Eltern mögen das nicht. Aber einmal hat mich meine Mutter erwischt, hat dann ganz böse geschaut. Ich solle mich schämen, ein gutes Mädchen tue so etwas nicht. Dann hat sie noch gedroht: ‹Und wenn ich es nicht sehe, dann sieht es der liebe Gott. Der sieht alles.› Ich hab dann nur noch im Dunkeln onaniert, weil ich dachte, im Dunkeln kann der liebe Gott auch nichts sehen.» Sie lacht etwas verkrampft: «Wie Kinder halt so denken. Aber ich hab ständig ein schlechtes Gewissen gehabt, wenn ich mich befriedigt hab. Deshalb bin ich bei Sven auch so unsicher. Er soll kein schlechtes Gewissen bekommen. Aber er soll auch lernen, auf andere Rücksicht zu nehmen.»

Situation 3
«Pornohefte – eine Provokation»

Patrick, neun Jahre, hat einen Kampf mit seiner Mutter, Rita Peters, einer sehr nachdenklichen, einfühlsamen Mutter. Er weiß genau, wie er sie zur Weißglut bringt. Einerseits darf sie nicht in sein Zimmer, schon gar nicht, wenn er noch nicht angezogen ist, in der Unterhose, im Pyjama oder gar nackt herumrennt. Er wird dann fuchsteufelswild, wenn sie ohne anzuklopfen sein Zimmer betritt.

«Hau ab!», schreit er dann. «Ich komm doch auch nicht in euer Schlafzimmer!»

«Andererseits hat er aber» – so die Mutter – «blöde, ganz gemeine Sprüche auf Lager. Mal ist er sensibel und dann kann er aber so verletzend sein, dass ich meine, meinen Sohn nicht zu kennen. Das kann nicht dein Patrick sein, denke ich mir dann verzweifelt!»

Ich schaue sie an: «Klingt für mich noch zu abstrakt! Können Sie es nicht etwas anschaulicher machen?»

Sie nickt. Neulich habe er sie aufgefordert, doch mal aus seinem Zimmer die schmutzige Unterwäsche herauszuholen, als er aus der Haustür ging, um sich auf den Weg zur Schule zu machen.

«Hab vergessen, die rauszuholen. Das nächste Mal denke ich wieder dran!», sagte er mit ernsthafter Miene. Er gab seiner Mutter einen zärtlichen Kuss: «Ehrenwort! Versprochen!», lachte er, als er ihren skeptischen Blick sah.

Rita Peters ging in Patricks Zimmer. Als sie die dreckige Wäsche, die auf einem Haufen zusammengeknüllt dalag, hochhob, kam darunter ein aufgeschlagenes Pornoheft zum Vorschein.

«Ich war wie erstarrt! Hab gar nicht mehr genau hingeschaut! Schreckliche Bilder von Frauen mit großen Brüsten, gespreizten Schenkeln! Grauenhaft. Bei mir ratterten die Gedanken im Kopf: ‹Sagst du was? Was tust du? Wie sprichst du ihn darauf an?›»

Sie habe erst die Wäsche weggebracht. «Hab nicht mal in seine Unterhose gefühlt, ob Flecken drin waren!» Dann sei sie nochmals ins Zimmer gegangen, habe das Heft genommen: «Mit spitzen Fingern, kann ich Ihnen sagen, so, als wäre da etwas Giftiges, Ansteckendes drin!» Sie atmet aus: «Ich hab's im Altpapier entsorgt, ganz nach unten gedrückt, als wollte ich es damit zum Verschwinden bringen, es nicht wahrhaben wollen: diese Schamlosigkeit meines Sohnes, wo ich doch so drauf bedacht bin, ihm Respekt vor Frauen beizubringen.»

Patrick kommt mittags nach Hause. Seiner Mutter klopft das Herz bis zum Halse. Patrick lacht sie an, spürt ihre Unsicherheit: «Mal sehen, was sie wohl sagt?» Aber die Mutter sagt nichts, nur belangloses Zeug: «Wie war's in der Schule? Was machst du heute Nachmittag?»

«Es war wie verflixt», erinnert sie sich später. «Ich saß da in einem Mauseloch und Patrick wie eine Katze davor.» Am nächsten Tag, als Patrick das Haus verlässt, bittet er seine Mutter, sein Zimmer zu lüften. Als sie hineingeht, entdeckt sie zwei aufgeschlagene Pornohefte, «eines grässlicher als das andere! Die hab ich genommen, sie abends meinem Mann gezeigt und ihn gebeten, mit Patrick darüber zu reden.» Sie schüttelt den Kopf: «Wissen Sie, was der da gesagt hat? ‹Das ist doch normal in diesem Alter. Das verwächst sich. Was meinst du, was wir alles angeschaut haben, als ich so alt war.› Nichts hat er gesagt, dieser Schwächling!» Sie seufzt: «Also war ich mal wieder dran. Alles bleibt an mir hängen! Wie immer!»

Der nächste Mittag. Patrick und die Mutter sitzen am Tisch. Sie war extra eher von der Arbeit nach Hause gekommen.

«Ich muss mit dir reden!»

«Ich weiß!», schmunzelt Patrick.

«Wieso?» Die Frage kommt zu schnell.

«Wegen der Hefte, nicht?», grinst Patrick breit. «Stimmt's?»

«Ja, Patrick! Das sind abscheuliche Hefte!»

«Wieso?»

«Sie verachten Frauen. Die sind in den Heften nur Sexualobjekte. Hast du dir das mal genau angeschaut?» Rita Peters klingt erregt.

«Klar!», sagt Patrick laut. «Klar! Absolut geile Frauen! Richtig dicke Titten!»

«Patrick! Ich verbitte mir diese Sprache, diese schmutzige Sprache!»

«Also gut! Richtig große Brüste! So richtig zum Festhalten, wenn man drauffliegt!» Patrick sieht seine Mutter an, die er mit jedem seiner Sätze weiter in die Ecke drängt.

«Frauen muss man's doch besorgen!»

Rita Peters springt auf: «Jetzt reicht es! Du spinnst doch völlig! Woher hast du denn diese Ausdrücke? Diese schlimmen Worte! Du solltest dich schämen! Pfui Teufel!» Mit diesen Worten rennt sie wütend, mit Tränen der Verzweiflung in den Augen, zur Tür hinaus, lässt einen dreckig grinsenden Patrick zurück, dessen Blick mehr als tausend Worte aussagt: «So, jetzt hab ich's ihr gegeben!»

Zwei Stunden später. Patrick klopft an die Arbeitszimmertür seiner Mutter.

«Herein!»

Patrick geht auf seine Mutter zu, bleibt vor ihr stehen: «'tschuldigung! War ganz doof von mir vorhin!»

Patrick will sich anschmiegen.

«Patrick, noch nicht, bitte! Ich bin noch nicht so weit!»

«Bist du noch traurig?»

Rita Peters nickt: «Ja!» Sie streichelt ihren Sohn kurz. Dann verlässt dieser den Raum.

Nach einer halben Stunde geht sie in sein Zimmer: «Da hatten wir ein tolles Gespräch. Und da hab ich gemerkt, ich hab 'nen tollen Sohn», sie lacht. «Eben mit allen Ecken und Kanten.»

Situation 4
«Schamgefühl ist schon gut, aber so übertrieben?»

«Dieser Rückzug in das eigene Zimmer», so Patricia Wilhelm, Mutter der vierzehnjährigen Jessica, «der macht mir schon Sorgen. Sie schließt sich komplett ein, bedeckt ihren Körper. Ins Badezimmer darf keiner, wenn sie drin ist. Wenn wir nackt in der Wohnung herumlaufen, dann ernten wir missbilligende Blicke von ihr. In unsere Sauna geht sie nur im Badeanzug. Wehe, wir sagen dann etwas, machen uns vielleicht etwa lustig drüber. Dann kriegt sie entweder einen absoluten Wutausbruch oder sie zieht sich heulend und verzweifelt in ihr Zimmer zurück. Mein Mann ist da auch nicht besonders geschickt. Der macht schon mal 'n paar Witze über ihr Aussehen: ‹Na, mein Pummelchen, meine Pummelliese!› Meint er ja nicht böse, aber es passt zurzeit nicht. Sie lässt sich auch nicht anfassen oder berühren. Wehe, man kommt ihr zu nahe! Und auch ihr Bruder geht nicht nur nett mit ihr um: ‹Du hast doch deine Tage!›, ist seine stereotype Erklärung, wenn er sie ärgern will. Oder er nennt sie ‹Schaze›, das ist aber nicht lieb gemeint, sondern heißt übersetzt: ‹Schaaf-Zicke!› Also Jessica hat's nicht leicht, wir aber mit ihr auch nicht. Ich hoffe nur, diese Phase geht bald vorüber!»

«Aber, wenn die sich nicht zurückziehen», so Ute Roberts, «das ist auch unangenehm!» Sie erzählt von ihrem knapp sechzehnjährigen Olaf. «Der kennt überhaupt keine Schamgrenzen, der trägt alles öffentlich aus. Einfach schrecklich! Es ist ja o.k., wenn er sich selbst befriedigt, aber der macht dies bei offener Tür oder in der Küche. Er ist dann zwar dort allein, aber es kann doch jederzeit jemand reinkommen. Also, der schämt sich absolut nicht! Ich finde sein Benehmen bedenklich. Und wenn ich mal etwas sage, dann meint er nur, ich solle mich nicht so anstellen! Ich wäre konservativ, ich wäre prüde, er müsse das ausleben. Neulich bin ich auf seinem Samen, den er auf den Fußboden in der Küche gespritzt hatte, ausgerutscht, habe mich fürchterlich gestoßen. Da bin ich voller Schmerz in sein Zimmer gerannt, habe ihn gepackt, ihm eine gescheuert und ihn angeschrien: ‹Du verdammter Wichser! Ist dir denn nichts mehr peinlich?› Da grinst der mich doch an: ‹Mama, lass dich nicht so gehen! Aber ich verzeihe dir!›»

Sexualerziehung ist auch Erziehung zur Scham

Schamerziehung stellt einen zentralen Aspekt in der Sexualerziehung dar. Sie begleitet Kinder und Jugendliche: Sie sieht im Kleinkindalter anders aus als im Kindergartenalter, sie hat im Schulalter andere Inhalte und Zielsetzungen als in der Pubertät. In den 60er und 70er Jahren gab es intensive Auseinandersetzungen über die Scham: Während die einen das Schamgefühl als angeboren betrachteten, meinten andere, das Schamgefühl sei einzig und allein anerzogen. Man betrachtete das anerzogene Schamgefühl als repressiv, als negativ, weil es soziale Beziehungen bremsen, den Menschen ungesellig machen und angepasst formen würde. Diese kontrastprofilierte Diskussion – entweder angeboren oder anerzogen – gilt mittlerweile als überholt.

Schamgefühle bilden sich – wenn auch soziokulturell geprägt – im Laufe der Entwicklung eines Heranwachsenden vom Baby zum Kleinkind heraus. Schamgrenzen sind abhängig vom Zeitgeist, von kulturellen Rahmenbedingungen. Im Schamgefühl spiegeln sich zugleich gesellschaftlich verbindliche Normen und Wertehaltungen. Und auch jede Familie hat ihre ganz eigenen Regeln, Rituale und Stile, in denen sich die unterschiedlichsten Schamgrenzen zeigen – sei es in der Einstellung zur Nacktheit, in der Bereitschaft, über Sexualität zu reden, Sexualität anzusprechen, Sexualität umgangssprachlich oder sachbezogen neutral zu diskutieren.

Wenn Schamgefühle angeboren sind, so gründete dies auf alltäglichen Beobachtungen: Heranwachsende entwickeln im Laufe ihrer Biographie ganz bestimmte Eigenheiten, sich im Zusammenhang mit Sexualität und Körperlichkeit schämen zu können. In der Scham spiegelt sich zugleich die Einstellung zur Sexualität: Ein zweijähriges Kind zeigt noch ungeniert seinen Penis, präsentiert stolz den Topf, in dem es sein großes Geschäft gemacht hat. Ein Sechsjähriger handelt anders, lässt eben seine Hose an und die Toilettentür zu. Scham hat deshalb nicht nur Nachteile – und so gilt es, in der Schamerziehung die angemessene Mischung zu finden. Kinder und Jugendliche, die keine Schamgrenzen kennen, die sich bloßstellen, respektieren weder sich noch andere in ihrem Anspruch auf körperliche Integrität.

Kinder, die allerdings in sehr engen Schamgrenzen erzogen werden, die sich bei noch so verständlichen Grenzüberschreitungen, ständig «etwas schämen» müssen, wirken häufig angepasst, werden zu grauen, unselbständigen Mäusen, die sich oft nach anderen richten, was die wohl sagen würden.

Es kommt in der Schamerziehung also auf die Balance an. Man muss die «richtige» Mischung finden: ein Zuviel an Schamgefühl behindert, engt ein, zu wenig Schamgefühl stellt bloß, birgt das Risiko in sich, gedemütigt zu werden.

Ist Schamgefühl genetisch angelegt?

Jeder Mensch hat eine genetische Disposition, Scham zu empfinden. Manche senken die Augen, andere brechen den Blickkontakt ab, manche schlagen reflexartig die Hände vors Gesicht, andere erröten oder erblassen. Die genetische Disposition stellt sich von Kind zu Kind, von Jugendlichem zu Jugendlichem anders dar. Sie ist abhängig vom Temperament eines Heranwachsenden: Introvertierte Charaktere unterscheiden sich im Schamgefühl von extrovertierten Temperamenten. Die genetische Disposition wird allerdings durch die unterschiedlichsten familiären Erziehungsstile beeinflusst. Denn jede Familie entwickelt ihre ganz spezifischen Muster, mit Scham und Schamgefühlen umzugehen.

Unabhängig davon bildet sich das Schamgefühl entlang der individuellen Biographie heraus, entwickelt es sich nach einem ganz bestimmten inneren Muster. Man kann es so ausdrücken: Mit jedem Reifeschritt, den ein Kind vollzieht, verändern sich die Gefühle von Scham. Denn Reife ist verbunden mit einer Veränderung des Körpers. Gerade in Übergangsphasen der Entwicklung, zum Beispiel beim Schulanfang (zwischen dem fünften und siebten Lebensjahr) oder der Vorpubertät (zwischen dem zehnten und dreizehnten Lebensjahr), kommt es zu gravierenden Veränderungen im Schamgefühl.

Denn Kinder und Jugendliche nehmen sich und ihren Körper anders, meist nicht als schön wahr. Sie finden sich hässlich, zu dick, fürchterlich. Deshalb hat Schamerziehung nicht nur etwas mit Sexualität, damit zu tun, sich nackt zu zeigen, Schamerziehung ist immer auch zugleich eine körperliche und soziale Erziehung. Über Scham definiert man – ob nun sprachlich oder ohne Worte – Grenzen: Man lässt etwas zu, zeigt aber zugleich: bis hierher und nicht weiter.

Das passiert von dem Tag an, wo das Kind in die Welt kommt.

Entwicklung des Schamgefühls

Schon Babys setzen – nonverbal – Grenzen. Wenn man ihnen zu nahe kommt, sie genug vom Streicheln oder Schmusen haben, sie der Zärtlichkeiten überdrüssig sind, verändert sich ihr Gesichtsausdruck. Sie verziehen die Augen oder den Mund, sie wirken ernst, verschlossen, sie quengeln. Zudem machen sie sich schwer, der Körper versteift sich, so als wolle das Kind ein «Lasst mich mal in Ruhe!» signalisieren.

Zwischen dem fünften und neunten Monat beginnen die Säuglinge zu fremdeln. Sie können nun zwischen vertrauten und nicht vertrauten Personen unterscheiden. Auf vertraute Personen krabbeln sie zu, von ihnen lassen sie sich gerne anfassen, genießen die Verwöhnung; bei ihnen unbekannten Personen «fremdeln» sie: Ihr Blick wird undurchdringlich, sie krabbeln ein paar Schritte zurück und beobachten aus einem gewissen Sicherheitsabstand heraus, ob sie zu diesem Menschen Kontakt aufnehmen wollen – oder nicht. Wichtig ist: Das Kind bestimmt das Tempo der Annäherung – nicht der Erwachsene. Zum «Fremdeln» zählt auch, wie sich das Kind später in öffentlichen Räumen verhält, wie es dort Kontakt zu Menschen aufnimmt: Ob es beispielsweise die Hand zur Begrüßung oder zum Abschied reicht, ob es danke sagt – oder eben seinen ganz persönlichen Stil entwickelt, soziale Beziehungen herzustellen. Gerade stark fremdelnde Kinder, deren Handeln zusätzlich durch ein introvertiertes Temperament überlagert wird, haben leise, stille, häufig übersehene Möglichkeiten, sich auszudrücken: Da ist der zweijährige Tom auf dem Arm der Mutter und winkt ganz langsam, fast zögernd zum Abschied, indem er nur die Fingerchen der linken Hand vorsichtig bewegt. Da lächelt Anna, die noch nicht danke sagt, ihr Gegenüber an, weil sie so schüchtern ist. Manchmal drückt eine liebevolle Geste eben mehr aus als tausend Worte, die nicht von Herzen kommen, sondern weil es erwartet wird.

Die Basis für das Schamgefühl wird zwischen dem zweiten und dritten Lebensjahr gelegt. In dieser Zeit wird sich das Kind eines eigenen Schamgefühls allmählich bewusst. Das Schamgefühl geht einher mit der Ausbildung einer eigenen Identität, die sich vor allem über die Körperlichkeit vermittelt. Das Kind wird sich seiner psychischen, aber auch physischen Stärke bewusst. Es grenzt sich ab, setzt zugleich Grenzen. Hörbarer Ausdruck dieser Entwicklung sind die Wörter «Ich!» und «Nein!».

Zeigte sich das Kleinkind noch gerne nackt, fiel dem Kleinkind kaum auf, wenn es sich entblößt zwischen vielen angezogenen Menschen befand, präsentierte der Junge stolz seinen erigierten Penis der Kaffeetafel im Wohnzimmer, masturbierte er fröhlich und versonnen überall dort, wo er sich gerade befand, so schlägt dieses «vormoralische» Handeln zwischen dem vierten und achten Lebensjahr von einem Tag zum anderen in ein anderes Verhaltensmuster um: Kinder zeigen sich nicht mehr nackt, wenn auch andere angezogen sind. Sie ziehen sich auf die Toilette zurück und präsentieren nicht mehr stolz ihr «großes Geschäft». Doktorspiele finden hinter verschlossenen Türen statt, nicht aber in der Öffentlichkeit, und sind nur einem vertrauten Kreise vorbehalten, zu dem Erwachsene keinen Zutritt haben.

Das Schulkind geht weiter auf Distanz – «Mein Körper gehört mir!» Das Schulkind will aber zugleich Nähe, elterliche Liebe. Für Eltern ist diese Choreographie des Schamgefühls – «Haltet mich, aber lasst mich los!» – nicht immer leicht einzuschätzen und auszuhalten. Viele Eltern reagieren mit Unverständnis, Unsicherheit: Die einen lassen zu schnell los, wollen das Kind nicht bedrängen, andere reagieren mit starker Zurechtweisung, mit Dressur, wenn das Kind Grenzen überschreitet, nicht so handelt, wie man es gerne möchte. Dann fallen Sätze wie: «Schämst du dich denn nicht?» oder: «Du machst Omi ganz traurig, wenn du ihr nicht die Hand gibst!»

Die Veränderung des Schamgefühls als Ausdruck einer Entwicklungsphase setzt sich im Schulalter fort: Man zeigt sich nur noch ungern nackt, zieht sich zur Selbstbefriedigung zurück. Man spielt nicht mehr mit dem Kot, wie es noch die Kleinkinder machen. Schulkinder setzen klare Grenzen, was das Schamgefühl anbetrifft. Wenn es dann zu Grenzüberschreitungen im Schamgefühl kommt, dann steckt dahinter eine jugendkulturelle Provokation, um Regeln, Rituale oder Absprachen auszutesten – oder aber ein Hilferuf.

«Heute ist sie heulend rausgerannt!»

Ich komme eine Woche vor Beginn der großen Ferien in eine vierte Grundschulklasse. Ich kenne die Kinder durch zwei Hospitationen, die ich auf Wunsch der Klassenlehrerin durchgeführt habe. Der Grund waren die «ständigen Anmachen», denen sie sich ausgesetzt fühlte. Als ich die Schule betrete, kommt mir Frederick, einer der «Wortführer und Unruhestifter», entgegen. Er strahlt: «Heute haben wir es geschafft!»

«Toll, habt ihr schon eure Noten erfahren?»

Frederick schaut verwundert: «Wieso Zeugnisse?»

«Na ja, das Schuljahr geht doch zu Ende. Und ich denke, nun weißt du, wie's weitergeht!»

Bei diesen Worten schüttelt er heftig den Kopf. «Quatsch! Wir haben's heute geschafft!»

Er schaut mich an, als ob ich eine lange Leitung hätte.

«Kapieren Sie's immer noch nicht?» Ich zucke die Schultern.

«Heute ist sie heulend rausgerannt!» Ein Grinsen breitet sich über sein Gesicht aus.

«Wer ist rausgerannt?»

Frederick atmet tief aus, sagt in einer Mischung aus Mitleid und Verständnis: «Na, Frau Kalthoff.» Das ist Fredericks Klassenlehrerin.

«Was ist passiert?»

Er zögert einen Augenblick: «Tja, ich bin aufgestanden, hab mich in die Ecke gestellt und da hingepinkelt.»

«Find ich 'ne verdammte Sauerei von dir», rufe ich spontan.

«Ich auch!», entgegnet Frederick. «Aber was soll man machen?» Er sieht mich fragend an: «Ehrlich, was soll man da machen?»

«Bestimmt nicht in die Ecke pinkeln!»

«Musste sein. Die hatte doch für alles Verständnis, also so etwas!»

Er schüttelt den Kopf. «Ich wusste doch nie, wann die sauer auf mich oder die Klasse war. Ehrlich! Das wusste man nicht!»

«Du wolltest mal sehen, wie weit du gehen kannst?»

Frederick schmunzelt.

«Und?»

«War das eine harte Arbeit, bis ich das wusste!» Er überlegt, er wirkt fast weise: «Vier Jahre, stellen Sie sich das vor ... vier Jahre!»

Fehlendes Schamgefühl – ein Hilfeschrei

Ganz anders stellt sich die Situation beim sechseinhalb-jährigen Moritz dar. Er besucht den Hort. Wenn er aus der Schule kommt, geht er nach einer kurzen Begrüßung seines Erziehers schnell ins Freigelände und hinterlässt – wie es Jan, sein Betreuer, ausdrückt – «dort seine Duftmarken. Er hockt sich hin und scheißt. Er streitet das auch gar nicht ab. Konsequenzen haben nichts gebracht. Als er einmal nicht mehr hinausgehen durfte, hat er es eben im Gruppenraum gemacht oder in der Toilette neben die Schüssel.»

Moritz' fehlendes Schamgefühl, mit dem er sich bloßstellt und andere hilflos macht, ist ein verzweifelt krasser Ruf nach Aufmerksamkeit, nach Hilfe und Unterstützung. Moritz lebt in einer komplizierten, sehr gespannten Familiensituation. Seine Eltern haben höchst uneinige Erziehungsstile: Die Mutter kontrolliert ihren Sohn sehr stark, verwechselt Erziehung mit – auch körperlicher – Zurichtung, der Vater praktiziert eine Mischung aus Zuckerbrot und Peitsche, mal eine erdrückende, liebevolle Zuwendung, die kaum Grenzen kennt, mal eine körperliche und verbale Gewalt, die wie aus heiterem Himmel kommt, für Moritz meist nicht nachvollziehbar ist.

In solchen Situationen fangen die Eltern an zu streiten, sich zu beschimpfen. Dann ist die Rede von Trennung und sofortigem Auszug. Sie machen sich gegenseitig Vorwürfe ob des Verhaltens ihres Sohnes. «Wenn du dich nicht besserst», so hat die Mutter ihren Sohn vor einiger Zeit einmal angebrüllt, «dann zieht Papa aus und auch ich hau ab. Dann kannst du sehen, wo du bleibst!» Moritz fühlt sich seit dieser Zeit schuldig, hat er doch das Gefühl, seine Eltern trennten sich möglicherweise seinetwegen. Moritz macht – im wahrsten Sinne des Wortes – «Scheiß», um auf sich hinzuweisen. Er ist schamlos, schämt sich nicht, wenn er seine «Duftmarken» setzt, weil er nur so auf die erlittenen Demütigungen hinweisen kann.

Zurück zur entwicklungsbedingten Veränderung von Schamgefühlen. Die Pubertät ist nach dem Säuglingsalter die wichtigste Übergangszeit. Während am Ende des ersten Lebensjahres das Hineingleiten in das Kleinkindalter steht, die Lösung aus der symbiotischen Einheit mit der Mutter, bedeutet die Pubertät den Abschied von der Kindheit. Sie ist eine Art zweite Geburt vor den Augen und Ohren der Erwachsenen. Es ist – für alle Beteiligten – ein schmerzhafter Prozess. Der Körper des Heranwachsenden verändert sich – und dabei entsteht nicht sofort ein Adonis oder eine Venus. Die Pubertierenden schämen sich ob ihrer Körper. Manchem Pubertierenden wächst zuerst die Nase im Gesicht, sodass er eher einem ungelenken Pinocchio gleicht, bei manchem wachsen zuerst die Arme, die an einem viel zu kurzen Körper herunterbaumeln. Der Muskeltonus fehlt, alles wirkt schlaff, fast so, als würden sie nur herumhängen. Bei pubertierenden Mädchen erkennt man Fettpölsterchen, die sich irgendwann – aus der Sicht der Mädchen nach unendlich langer Zeit – verwachsen, aber momentan unansehnlich wirken. Man zieht sich zurück oder steht stundenlang vor dem Spiegel, prüft ununterbrochen, ob alles in Ordnung ist, findet sich im

Prinzip zu fett, zu aufgedunsen, einfach «beknackt», wie sich der Körper darstellt. Man schämt sich wegen der sich verändernden Körperproportionen, ist unleidlich, ist traurig, ist verzweifelt – und dann sind da noch die Eltern, die sich über einen lustig machen, die vielleicht darüber spotten, dass man die Badezimmertür abschließt, sich nicht anschauen lassen mag. Die Pubertierenden fühlen sich ständig beobachtet und angestarrt.

Bei manchen Pubertierenden wird der Körper gar zum Schlachtfeld. Man magert ab, stopft schnell und vieles in sich hinein und übergibt sich dann; andere werden fettleibig, wieder andere ritzen sich Wunden in Arme und Beine, sodass das Leiden – mal offen, mal heimlich – zutage tritt.

Scham schafft Distanz und Schutz

Schamgefühle, Schamerziehung haben vielerlei Facetten. Sie sind nicht allein auf Sexualität, gar auf Nacktheit zu reduzieren. Schamerziehung ist vielmehr Teil eines sozialen Lernprozesses, einer Werteerziehung. Ein zivilisatorisches Zusammenleben kann man sich ohne Schamgrenzen nicht wirklich vorstellen. Durch sie entstehen verbindliche Normen, durch Schamgrenzen entsteht eine Intimsphäre. Manchmal muss man sich an Schamgrenzen reiben, sich mit ihnen auseinandersetzen, um zu neuen Perspektiven zu kommen. Dies hat die Frauenbewegung in den 70er und 80er Jahren gemacht, als sie Mut bewies, um auf gesellschaftliche Doppelmoral aufmerksam zu machen: Den Männern wäre alles erlaubt, Frauen hätten sich anzupassen, hätten sich bei Grenzüberschreitungen gefälligst zu schämen. Das ist genau die Scham, die keiner braucht, bleibt man ansonsten ein angepasster Duckmäuser, der sich nichts traut.

Scham kann man somit unter einer zweifachen Perspektive

sehen: Zweifellos kann sie einengen, kann sie behindern, kann sie die Entfaltung zu einer eigenständigen Persönlichkeit nicht zulassen. Zugleich – und das ist dann die andere Seite der Medaille – hat Scham nichts Altmodisch-Konservatives an sich. Sie trägt vielmehr strukturierende Elemente in sich: Sich abzugrenzen, einen persönlichen, intimen Bereich zu schaffen, in dem die Person entscheidet, wer diesen Raum betreten darf. Scham schafft eine Distanz, ohne die eine wohltuende Nähe nicht möglich ist. Scham verlangt Achtung, respektiert aber zugleich die Schamgrenze des anderen. Durch Schamgefühle können sich somit Rücksichtnahme und Mitgefühl aufbauen. Schamgefühle bringen einen natürlichen Schutz mit sich, der gerade für Kinder und Jugendliche absolut wichtig ist. Nur der Mensch, den man liebt, darf einen nackt, unbedeckt und unbeschützt sehen – aber eben nicht in jeder Phase der Entwicklung. Manchmal mag man sich – gerade in Übergangszeiten – selber nicht leiden, weil man an seinem Aussehen, seiner Veränderung leidet – und dann will man sich nicht anstarren, anblicken lassen und sei es aus elterlicher Sicht noch so gut gemeint. Wer – wie in der Pubertät – sich selbst nicht mag und akzeptiert, will in dieser Lebenssituation auch nicht gemocht und akzeptiert werden. Man kann es den Pubertierenden in dieser Zeit nicht recht machen, weil sie selber nicht wissen, was richtig oder falsch ist.

«Die sollen uns einfach nur lassen, einfach mal die Klappe halten», so hat es einmal ein sechzehnjähriger Junge ausgedrückt, «wir kommen ja schon, wenn wir sie brauchen.»

Grundlagen der Schamerziehung

Überblickt man diese Gedanken zur Schamerziehung, dann werden einige Prinzipien deutlich, die es zu beachten gilt, will man den Draht zu Kindern und Jugendlichen erhalten:

- ■ Wenn sich Heranwachsende schämen, dann ist Verständnis

und Respekt die einzig mögliche Reaktion: beim Kind bleiben, es so annehmen, wie es ist, Dialogbereitschaft anzeigen, aber sich nicht in irgendeiner Weise über die Schamgefühle – zum Beispiel das abgeschlossene Badezimmer, die fehlende Bereitschaft, sich nackt zu zeigen – lustig machen, die Heranwachsenden gar verspotten. Unabdingbar ist, die Intimsphäre und die räumlichen Grenzen, die sie setzen, zu respektieren.

■ Umgekehrt muss aber das Kind lernen, die Intimsphäre, die Grenzen anderer zu respektieren. Von einem bestimmten Alter an kann ein Kind Bedürfnisse verschieben – zum Beispiel nach sofortiger Selbstbefriedigung, indem es in einen anderen Raum geht oder indem es dieses Bedürfnis auf einen späteren Zeitpunkt verlagert. Wenn Eltern diesbezüglich Grenzen setzen, hat das nichts mit Verboten, gar einer altmodischen Haltung zu tun, sondern mit einer Werteerziehung, die Respekt für alle Beteiligten einfordert.

■ Ein Kind darf man nicht durch ständige Vergleiche mit anderen Kindern («Schämst du dich denn nicht, wie du dich verhältst? Die anderen können das doch auch!») absichtlich beschämen, noch durch Liebesentzug («Es ist zum Davonlaufen, wie du dich verhältst!») kränken. Damit drillt und dressiert man ein Kind, hält es klein und zeigt, dass man keinen Respekt vor der kindlichen Persönlichkeit hat.

■ Die Eltern haben bei der Schamerziehung Vorbildcharakter – nicht nur in dem, was sie sagen, sondern vielmehr in dem, was sie tun: Zeigen sie zu viel Scham, hat das Auswirkungen auf das Körpergefühl und die Sexualität der Heranwachsenden; zeigen sie zu wenig Scham, so entwickelt sich keine Intimsphäre, die die körperliche und psychische Unversehrtheit aller Familienmitglieder gewährleistet.

So gilt es ständig, die «richtige» Mischung aus Nähe und Distanz zu finden. Dies ist in Übergangszeiten der kindlichen

Entwicklung nicht einfach. Schamerziehung ist eine immer währende Suche. Manchmal geht man Umwege, manchmal befindet man sich in einer Sackgasse, und wenn man denkt, da ist Licht am Ende des Tunnels, dann ist möglicherweise ein neues Problem da.

«Das ist das Nervige an der Schamerziehung», hat einmal eine Mutter formuliert, «wenn du denkst, du hast 'ne Lösung, dann steht ein neues Problem vor der Tür. Und du musst wieder nach einer Lösung suchen. Es hat einfach kein Ende!»

Von Zipfeln, Schniedeln und der Muschi
Über Sexualität reden – Gesprächsrunde mit Eltern

«Habt ihr gebumst oder miteinander geschlafen?»

«Da liest man immer wieder», so berichtet die Mutter eines sechsjährigen Sohnes, «man solle doch über Sexualität so normal reden, wie über jedes andere Thema auch. Aber ich kann einfacher über den Arm oder über den Fuß oder über das Wetter sprechen als über den Penis oder die Scheide. Dabei bemühe ich mich, unverkrampft zu wirken, aber es geht einfach nicht. Mal denke ich, meine Stimme ist zu leise, wirkt irgendwie stockend, dann kommt sie mir zu laut, zu forsch vor!»

«Mir geht es ähnlich», fährt die Mutter der siebenjährigen Claudia fort. «Vom Kopf her ist mir alles klar, aber der Bauch macht da nicht mit. Und es ist doch zu einfach, den eigenen Eltern die Schuld zu geben, nur weil sie uns das nicht vermittelt haben. Man ist doch schließlich erwachsen, für sich selbst verantwortlich. Wollten wir nicht alles anders machen, gerade, was das Reden über heikle Themen anbetrifft? Tja!» Sie schüttelt den Kopf: «Ich glaube, die Kinder spüren das! Ehrlich! Da sind wir einerseits ganz locker, zeigen uns vielleicht nackt, aber wenn's ans Eingemachte geht, an die Antworten auf Fragen ‹Wie bin ich in deinen Bauch gekommen?› oder: ‹Habt ihr gebumst oder nur miteinander geschlafen?›, da stockt mir der Atem.»

«Genau», fährt der Vater des siebenjährigen Jonas und der zehnjährigen Johanna dazwischen. «Bloß nichts Falsches sagen, bloß nichts Verkehrtes! Aber was ist falsch, was ist verkehrt?» Er blickt ratlos in die Runde. «Dann lese ich, man soll altersgerecht antworten. Aber wie hört sich das eigentlich an? Die einen raten ab, umgangssprachliche Ausdrücke in der Aufklärung zu verwenden, die anderen meinen, sie seien doch verständlicher. Die einen raten, sagt Penis und nicht Schniedel, die anderen raten, sagt Zipfel und nicht Penis. Also?» Er atmet tief aus: «Also, was nun? Und wenn du dann noch 'ne Tochter hast!» Er schüttelt irritiert den Kopf: «Für die Klitoris kenne ich keinen anderen Ausdruck als eben Klitoris. Gut, noch den Kitzler! Und dann habe ich neulich davon gehört, man solle wissenschaftlich korrekte Begriffe verwenden. Aber soll meine Frau mit Johanna über deren Vulva reden? Vulva, wenn ich das höre! Da fällt mir nichts ein. Wenn sie später mal zu ihrem Freund sagt: ‹Berühr nicht meine Vulva!›, dann ist doch Schluss mit lustig!»

«Ich glaub», lacht die Mutter der sechsjährigen Dörte und des neunjährigen Thomas, «wir gehen da häufig zu theoretisch ran. Ich lass meine beiden kommen mit diesen Fragen. Wenn Dörte fragt, ob ich eine Möse habe, dann antworte ich, man kann auch Scheide dazu sagen. Dann kam meine Freundin neulich zu Besuch, und Dörte sagte im Laufe des Gesprächs:

‹Mama hat 'ne Scheide, ich hab 'ne Möse! Ist aber dasselbe!›
Und dann schaute sie meine Freundin an: ‹Und was hast du?›
Die war völlig perplex. ‹Sag schon, Scheide oder Möse?› ‹Beides!›, meinte sie spontan. ‹Das geht nicht!›, hat Dörte gelacht
und ist aus dem Zimmer verschwunden. ‹Unglaublich!›, rief
meine Freundin: ‹Einfach unglaublich!›»

Dann erzählte sie von einer anderen Begebenheit. Thomas
wäre neulich nach Hause gekommen und hätte gefragt:
«Mama, was ist eigentlich intim sein?»
«Was meinst du, was das ist?», fragt die Mutter zurück.
«Ein bescheuertes Wort! Versteht keiner!», antwortet Thomas. Dann schaut er seine Mutter an: «Ich hab dich doch gefragt! Sag du es!»
«Wenn man sich miteinander lieb hat, ganz für sich allein
ist!»
«Also Geschlechtsverkehr!», ruft Thomas laut aus.
«Genau! Das ist das richtige Wort, Thomas!», ermutigt ihn
die Mutter.
«Ein doofes Wort ist das aber!», schimpft er. «Geschlechtsverkehr! Geschlechtsverkehr!», veralbert er das Wort mit lang
gezogener Stimme.
«Ich find bumsen besser!»
«Wieso?»
«Ich find's irgendwie cooler! Da fühlt man doch, dass da
was passiert!»
«Aber manche finden das Wort nicht gut, man verletzt mit
solchen Worten!»
«Ach so!», lächelt Thomas. «Deshalb sagst du das zu Papa
auch manchmal so leise.»
«Ich bin puterrot geworden», erinnert sich Thomas' Mutter. Dann ist er auf seine Mutter zugegangen: «Brauchst dich
nicht zu schämen», hat er gemeint, sie in den Arm genommen.
«Bumsen ist doch schön, oder?»

«Mädchen sind stinkende Fotzen!»

Als viele Eltern bei dieser Geschichte schmunzelten, wurde Thomas' Mutter ganz ernst. Das wäre nicht immer so lustig, meinte sie, und berichtete von einer anderen Gelegenheit. Eines Tages wäre Thomas aus der Schule nach Hause gekommen, habe sich sichtlich ungehalten an den Mittagstisch gesetzt. Dörte saß schon da. Thomas stand Ärger ins Gesicht geschrieben. Als die Mutter ihm einen Teller mit Suppe reichte, meinte Thomas mit gefährlich leiser Stimme: «Mädchen sind alle stinkende Fotzen!» Er sah seine Mutter an: «Alle!»

Die Mutter ließ den Teller abrupt fallen. Und Thomas wiederholte: «Alle! Alle stinkende Fotzen!»

«Thomas!», ruft die Mutter erregt. Aber er lässt sich nicht beruhigen. «Thomas!»

«Vor allem, wenn sie ihre Tage haben! Die stinken und dann sind sie richtig zickig!», kreischt er außer sich vor Wut.

«Mama, welche Tage?», fragt Dörte dazwischen.

«Ach, halt's Maul!», winkt Thomas in Richtung seiner Schwester ab. «Du kriegst sie auch bald. Und dann sitz ich mit dir nicht mehr am Tisch, weil du mir das Essen versaust!»

Die Mutter schlägt mit der flachen Hand auf den Tisch: «Thomas, ich möchte, dass du auf der Stelle gehst! Und zwar sofort!», zischt die Mutter mit schneidender Stimme.» Ihre Hand weist unmissverständlich zur Tür. Thomas steht mit betonter Langsamkeit auf, sieht erst seine Schwester, dann seine Mutter an: «Ich wollte sowieso gehen! Hier riecht es so streng!»

«Mama, der ist so gemein!» Dörte bricht in Tränen aus.

«Und ich war sprachlos!», erinnert sich Thomas' Mutter. «Ich bin später zu ihm hin. Da saß er in seinem Zimmer auf dem Bett, hat mich kritisch beäugt. Ich hab mich zu ihm gesetzt.»

«War Scheiße von mir, nicht?», hat er gesagt, ohne die Mutter anzusehen. Thomas starrte weiter vor sich hin.

«Das war völlig unmöglich, absolut unmöglich. So etwas verletzt Dörte, so etwas verletzt mich!»

Thomas nickt, umarmt seine Mutter: «Aber, Mama, wenn Tina und Jana in der Schule ihre Tage haben, Bauchschmerzen und so, dann haben alle Mitleid. Dann dürfen die machen, was sie wollen, alles. Jeder macht an ihnen rum!» Er schaut seine Mutter an: «Mama, warum hab ich keine Tage und darf mal rumzicken?»

«Ach, komm, mein Schatz!» Sie zieht ihn an sich, und er fängt plötzlich heftig an zu schluchzen.

«Er will rein gar nichts wissen!»

«Wenn Sie das so erzählen», schmunzelt die Mutter vom neunjährigen Jörg, «dann wünsche ich mir manchmal, der wäre so, wie Sie Ihre Kinder hier schildern. Aber der ist das genaue Gegenteil. Der lässt absolut nichts raus. Wie ich's auch anstelle, er blockt ab, tut so, als interessiere er sich für nichts! Er wisse schon alles! Ich weiß partout nicht, woran ich bei ihm bin: keine Frage, keine Hinweise, keine Pornohefte, rein gar nichts!» Sie überlegt: «Ich bin da ähnlich gewesen, wenn ich mich erinnere. Ich wollte von meinen Eltern auch nichts wissen. Ich hab mit meinen Freundinnen geredet, hab Bücher gelesen. Ich wusste eigentlich schon alles. Und ich glaube, ich hab meine Mutter genauso zappeln lassen wie Jörg mich heute. Das macht mich aber fertig! Ich meine, dass der das spürt. Der lässt mich einfach zappeln! Überall steht, man soll das Gespräch suchen, nicht so lange warten, bis das Kind kommt mit seinen Fragen. Man liest ja so viel von ungewollten Schwangerschaften. Aber ich finde keine Gelegenheit. Wenn er mal sagt: ‹Mama, ich muss mit dir reden!›, dann denke ich, jetzt will er etwas wissen, nun kommt er. Dann hat er nur eine belanglose Frage. Wieder nichts, denke ich mir!»

Wann sprechen Kinder und Jugendliche über Sexualität?

Kinder und Jugendliche sprechen sexuelle Themen zumeist aus zwei Gründen an:

- Zunächst sind es die Entwicklungsphasen, die sie durchlaufen. Besonders in Übergangszeiten – das Trotz- und Schulalter oder die Pubertät –, wenn vorhandenes Wissen nicht mehr ausreicht, die Umwelt und ihre Zusammenhänge zu erklären, dann beginnt ein Kind zu fragen, will neue Informationen, andere Erklärungen, will Hintergründe wissen.
- Je älter ein Kind wird, umso mehr stehen hinter den Sachvor allem Beziehungsfragen: Der Heranwachsende will sich abgrenzen, will provozieren, will losgelassen, doch zugleich gehalten werden, will sich verstanden und akzeptiert fühlen.

Wenn jüngere Kinder fragen, dann wollen sie Kontexte erkennen, eine Ordnung herstellen, um die vielfältigen Eindrücke, die sie jeden Tag aufs Neue gewinnen, zu strukturieren. Je klarer, verständlicher, nachvollziehbarer die Antworten in diesem Alter sind, umso zufriedener wirken die Kinder. Dies gilt natürlich nicht allein, wenn es um sexuelle Themen geht. Wenn die elterlichen Antworten sich als zu kompliziert, sich die Informationen als lückenhaft oder ungenügend erweisen, dann fragen die Kinder weiter, haken nach, dann sind sie hartnäckig, lassen nicht los, dann bleiben sie am Thema dran, bis ihnen eine Antwort geholfen hat – und das ist jene, die ihnen im Augenblick passt. Erwachsene – so meine Beobachtung – versetzen sich häufig zu wenig in die Denk- und Gefühlswelt der Heranwachsenden hinein, übersehen die Alters- und Entwicklungsbesonderheiten. Da wird mit jüngeren Kindern wie mit Erwachsenen gesprochen. Man meint, eine Frage sachgerecht beantwortet zu haben, ohne die emotionalen und sozialen Komponenten dieser Frage zu erkennen!

Wer Kinderfragen zur Sexualität beantwortet, muss ein Wissen über den Sachverhalt – eben die Sexualität! – besitzen und zugleich ein Wissen über die kindliche Entwicklung in unterschiedlichen Phasen – das Säuglings- und Kleinkindalter, das Kindergarten- und Schulalter und die Pubertät. Eltern und Pädagogen müssen nachvollziehen können, wie der Heranwachsende denkt und begreift: Dass ein Kindergartenkind in seiner magischen-phantastischen Realität sich eben andere Fragen stellt und damit andere Antworten braucht als ein Heranwachsender in der Pubertät, hinter dessen provozierenden Thesen häufig nicht so sehr der Wunsch nach sachgerechten Informationen steht als vielmehr der Wunsch zu erfahren, welche Haltungen Erwachsene zu bestimmten sexuellen Themen haben. Pubertierende wollen, dass Eltern Position beziehen, an denen sie sich ebenso reiben wie orientieren können.

Bei jüngeren Kindern reagieren Eltern vor allem deshalb unsicher, weil sie nicht wissen, welche Erklärungen und Begründungen sie geben können, ohne die Kinder zu überfordern: Wie kann ich Sachverhalte vereinfachen, um mich auf den kognitiven und emotionalen Entwicklungsstand meines Kindes einzulassen, ohne die Inhalte und Sachverhalte zu verfälschen?

«Und wann reden?»

Dabei ist es in der Regel viel einfacher, mit jüngeren Kindern sexuelle Themen zu bereden, als Eltern häufig meinen. Je jünger die Kinder sind, umso eher reden sie über Sexualität wie über jedes andere Thema auch. Sie verbinden mit Sexualität keine negativen, keine «schlimmen» Botschaften. Sie sind im «guten» Sinne schamlos, schämen sich nicht ob der angesprochenen Thematik. Wenn Eltern die Lust der Kinder, über alles und jedes zu reden, aufgreifen, wenn sie keine Unterschiede machen zwischen unangenehmen und angenehmen Themen, legen sie eine Grundlage für eine andauernde Gesprächsbereitschaft. Allerdings kann diese Offenheit jederzeit – wie z.B. in der Pubertät – von heute auf morgen aufgekündigt werden. Über Sexualität miteinander zu reden ist somit von Höhen und Tiefen gezeichnet – mal geht es besser, mal hat man einen Draht, dann funktioniert es überhaupt nicht mehr, herrscht Sendepause.

Wer sich auf die Unbefangenheit gerade jüngerer Kinder einlassen kann, der kann von diesen «Kleinen» eine ganze Menge lernen: Sie benennen und zeigen ganz unbefangen alle Körperteile, sie unterscheiden nicht zwischen «guten» und «schlechten». Doch bei aller Unbefangenheit setzen sie zugleich Grenzen, wer den Körper berühren darf und wer nicht. Nähe und Distanz wechseln sich ab.

Drei Gesichtspunkte scheinen mir wichtig, wenn es um das Ansprechen sexueller Bereiche geht:

- Je früher dieses stattfindet, umso leichter wird es später sein, sich dieser Thematik zu stellen, umso intensiver wird sich eine offene Einstellung zur Sexualität vermitteln.

- Zugleich sollte man aber abwarten können, wenn das Kind keine Fragen stellt: Vielleicht ist es in seiner Entwicklung noch nicht so weit, vielleicht hat es auf seine Fragen woanders kompetente Antworten bekommen. Oder man kann sich selber befragen, warum das Kind keine Fragen stellt: Hat das möglicherweise mit meinen eigenen Hemmungen oder Unsicherheiten zu tun?

- Fragen zur Sexualität setzen ein starkes Vertrauen in die Eltern voraus: Man darf sich trauen, alles zu fragen! Es gibt mithin keine Tabus. Sollte es sie geben, dann werden die Eltern darauf hinweisen. Doch: Wenn Kinder nichts von den Eltern wissen wollen, was die Sexualität betrifft, ist dies kein grundsätzlicher Hinweis auf fehlendes Vertrauen.

Manchmal besitzen Kinder ein instinktives Gefühl, ihre Eltern mit Fragen nicht zu überfordern.

Äußere Umstände, die zu Fragen anregen

Es ist nicht allein die kindliche Neugierde oder der Forscherdrang verantwortlich, wenn Fragen zur Sexualität aufkommen; es sind nicht selten äußere Umstände, die nach Erklärungen verlangen:

- Da badet Jeremias mit seiner Schwester Clara, entdeckt dabei anatomische Unterschiede. Eine Mutter berichtete einmal, ihr vierjähriger Niclas habe seine zweijährige Nichte Olga angeschaut, sie lange betrachtet – beide spielten nackt im Garten – und dann gefragt, wann aus dem Schlitz ein Piephahn wachsen würde?

- Der dicke Bauch der schwangeren Mutter, Nachbarin oder Freundin fordert geradezu heraus: «Wie ist das Kind da hineingekommen?» oder: «Wie werden Kinder gemacht?» oder – ganz philosophisch: «Wo war ich vorher, bevor ich bei euch war?»

- Ein Kind entdeckt Binden und Tampons im Badezimmer und will wissen, wofür man die braucht. Warum nur Mädchen und Frauen sie benutzen würden? Kondome, die ein Kind zufällig findet, führen zu Fragen, wozu und wie man die benutzt. Wieder andere Kinder blasen sie auf, nutzen sie als Luftballons, füllen sie mit Wasser und verwenden sie als Wasserbomben, mit denen man sich, manchmal zum Erschrecken der Erwachsenen, bewirft.

- Ein Junge stöbert im Zimmer seines älteren Bruders. Er entdeckt Pornohefte und blättert darin interessiert, aber auch irritiert herum. Möglicherweise verwirren ihn die dargestellten Genitalien, möglicherweise die Brutalität, mit der dort der Geschlechtsverkehr dargestellt ist, vielleicht die Menschenverachtung, mit der man in diesen Heften

Frauen erniedrigt. Vielleicht ist er irritiert, dass er von den Bildern sexuell erregt wird, sich selbst befriedigen möchte.

Es geht in den Gesprächen niemals nur um Informationen zur Sache, es geht zugleich um die moralischen und sozialen Aspekte, die mit der Sexualität zusammenhängen. Gegenseitiges Vertrauen, Rücksichtnahme, Respekt vor den anderen bilden den Rahmen, wenn man über Sexualität redet. Dies gilt selbstverständlich schon für jüngere Kinder. Denn die Art und Weise, wie Eltern auf deren Fragen eingehen, sie beantworten, sagt viel darüber aus, ob Kinder sich als sexuelle Wesen, die alles fragen dürfen, angenommen fühlen – oder aber nicht. Ob es Körperbereiche «da unten» gibt, die man am besten in seinen Fragen ausblendet.

Das hört sich selbstverständlicher an, als es sich in der alltäglichen Praxis darstellt. Viele Eltern können dem Kind viele Sachverhalte souverän und problemlos erklären. Wenn es um Sexualität geht, dann bauen sich Hemmungen und Peinlichkeitsgefühle auf, schlägt das Herz schneller, werden die Hände feucht, fehlen einem die Worte, weil man nach dem Passenden sucht, wird ein – ach so – professionell Halt gebendes Elternpaar zu einem schwankenden Schilfrohr in einem Hurrikan namens «Sexualität».

«Darüber kann ich schwer reden»

Hemmungen, Sexualität zu thematisieren, sind an sich noch keine «falschen» Gefühle. Hemmungen mahnen zur Behutsamkeit, zur Vorsicht, dazu, Emotionen, Einstellungen und Haltungen des Gegenübers, des Kindes, des Jugendlichen zu verstehen und zu respektieren. Hemmungen werden dann für alle Beteiligten zu einem massiven Problem, wenn Sexualität aus den Gesprächen, aus dem Alltagshandeln ausgeblendet wird, Sexualität als etwas «Schlechtes» dargestellt wird, über das man am besten nicht nachdenkt, gar redet, Heranwachsenden das Gefühl vermittelt wird, sich dafür zu schämen, wenn sie Fragen zur Sexualität haben und von ihren Eltern noch Antworten verlangen. Da benutzt man Hemmungen dazu, einen wichtigen Bereich des Zwischenmenschlichen auszublenden und einen zentralen Teil der Persönlichkeitsentwicklung zu verschweigen, sein Ansprechen moralisch zu bestrafen.

Man kann Eltern ihre Befangenheit nicht leichtfertig vorwerfen, da diese nicht selten das Resultat deren Erziehung ist. «Ich kann nun mal nicht über meinen Schatten springen», hat es einmal eine Mutter auf den Punkt gebracht. «Der Schatten verfolgt dich, du kannst ihn nicht wirklich abschütteln!»

Da man die Hemmungen nicht wirklich vergessen machen kann, sie in Mimik und Gestik, im Stimmklang zu sicht- und hörbar sind und der Heranwachsende die Unsicherheit, die Befangenheit ohnehin spürt, empfiehlt sich ein offener, offensiver Umgang mit den unsicher machenden Gefühlen:

■ Wenn man die eigenen Hemmungen direkt anspricht, dann verstehen – gerade ältere – Kinder das. Sie können nun das komische, merkwürdige «Geeiere» ihrer Eltern einschätzen. Kinder erkennen, dass die Fragen, die sie zu sexuellen Themen haben, keine unerwünschten sind, die Eltern aber Probleme mit dem Beantworten haben. Meine Beobachtung: Kinder und Jugendliche haben ein genaues Gespür dafür, wen sie ansprechen können, wer Sicherheit, wer Gelassenheit ausstrahlt – manchmal ist es der Vater, manchmal die Mutter, mal ist es die Patentante, mal der Patenonkel … Heranwachsende finden jene Person, die sie brauchen, um Antworten auf die drängenden Fragen zu bekommen. Bevor man sich in einem wortreichen, umständlichen Erklärungsschwall verliert, seine ganz persönlichen Hemmungen hat, ist es sinnvoller, mit dem Kind oder dem Jugendlichen eine Person in der näheren Umgebung zu suchen, die weniger Probleme in der Beschreibung und Erklärung sexueller Sachverhalte zeigt.

■ Eigene Hemmungen zu akzeptieren, sich so anzunehmen, wie man ist, scheint der beste Weg, diese zu überwinden. Gerade bei der Beantwortung sexueller Fragen sind authentische Antworten wichtig. Dazu gehört nicht allein, seine Unsicherheiten zuzugeben, dazu gehört auch, die eigenen, biographisch geprägten und gefärbten Unsicherheiten zu bearbeiten. Wiederum sind jüngere Kinder wunderbare Lehrmeister: Je früher man sich auf ihre sexuellen Fragen einlässt, umso leichter fallen einem die Gespräche mit ihnen in späteren Lebensjahren. Vor allem: Jüngere Kinder sind geduldige Lehrmeister. Wenn ihnen eine Antwort nicht passt, dann haken sie nach, solange sie nicht zufrieden sind. Jüngere Kinder sind auch tolerante Lehrmeister. Sie verzeihen sogar die «Wortschwallpädagogik», weil sie der Auffassung sind, auch Eltern können noch was lernen – nicht aus Büchern, sondern von ihnen und ihrer Geduld!

Typisches Fragealter

Verfolgt man die Entwicklung vom Säugling bis zum Kleinkind, lassen sich vier typische Fragealter unterscheiden.

Das *erste* Fragealter zeichnet sich um das zweite Lebensjahr ab. Zur Beruhigung für Eltern, deren Kind noch nicht fragt: Manchmal findet das erste Fragealter erst um das fünfte Lebensjahr herum statt! Manche lassen sich und ihren Eltern eben mehr Zeit.

Kinder fangen an, ihren Körper zu erkunden, entwickeln einen Begriff von Körperlichkeit, spüren – vor allem im Zusammenhang mit der nun einsetzenden Sauberkeitserziehung – welche Macht sie mit ihrem Körper ausüben können: Bleibt der Schließmuskel zu, bleiben Mama und Papa ruhig, sind sie zufrieden, strahlen übers ganze Gesicht. Öffnet das Kind den Schließmuskel unvermutet und das große Geschäft landet nicht im Topf oder in der Windel, dann erlebt das Kind die Eltern wie zwei Rumpelstilzchen. Im ersten Fragealter will das Kind Bezeichnungen für seine Körperteile – nicht allein für seine Arme und Beine, sondern eben auch für die Genitalien. Das Kind stellt Fragen ganz unbefangen, weil es sexuell unerfahren ist. Es wendet sich an Vater und Mutter, um von ihnen angemessene Antworten zu erhalten. Es möchte jedoch keine biologisch-medizinischen Fachvorträge. Kinder denken in magisch-mythischen Zusammenhängen. Sie sind in dieser Zeit weniger an Einzelheiten wie Zeugung und Geburt interessiert. Sie sind auf einer Forschungsreise, um ihren Körper genauer kennen zu lernen. Sie wollen klare, anschauliche Antworten. Ob die Eltern nun umgangssprachliche Formulierungen wählen, ob sie schnell zu Fachausdrücken kommen, sollten die Eltern selber entscheiden. Wichtig ist nur: Die Fragen müssen dem Alter angemessen beantwortet werden.

Das *zweite* Fragealter taucht zwischen dem vierten und sechsten Lebensjahr auf. Kinder begreifen Zusammenhänge. Sie wollen wissen, wie das eine mit dem anderen zusammenhängt – der dicke Bauch der Mutter mit dem angekündigten Geschwisterchen: «Wie kommt das Kind in den Bauch?» oder: «Wie bin ich da hineingekommen?» Im zweiten Fragealter taucht ein Wissensdurst auf, der etwas über Zeugung und Geburt wissen will. Nun werden die Unterschiede zwischen den Geschlechtern interessant. Neben Fragen treten jetzt Rollen- und Doktorspiele, um das Gesehene und Erfahrene auf den Begriff zu bringen. Erklärt man Kindern in diesem Alter, wie Zeugung vor sich geht, probieren Kinder dieses nicht selten im Vater-Mutter-Spiel schnell aus.

Das *dritte* Fragealter umfasst die Spanne zwischen dem

sechsten und neunten Lebensjahr. Das Gespräch zwischen Thomas, Dörte und seiner Mutter gibt davon einen ebenso lebendigen wie anschaulich-konkreten Eindruck. In den nun entstehenden Fragen werden zwischenmenschliche Beziehungen angesprochen. Kinder wissen einiges zur Sexualität – und dieses Wissen reicht ihnen bis in die Pubertät hinein völlig. In jenen Fragen, die Kinder im Schulalter stellen, sind zwei wichtige Momente enthalten, auf die es in den Antworten einzugehen gilt:

■ Fragen testen nicht selten soziale und moralische Grenzen aus. Sie provozieren, wollen bewusst verletzen. Hier sind klare Antworten vonnöten, die den Kindern anzeigen, wie weit sie gehen dürfen, da es bei der Thematisierung sexueller Fragen zugleich immer auch um Achtung und Respekt füreinander geht. Wird diese Aufgabe, diese Erziehungsverantwortung von Erwachsenen nicht wahrgenommen, ist eine seelische und emotionale Verwahrlosung der Heranwachsenden die Folge.

Dies gilt insbesondere für die *vierte* Fragephase, den Abschnitt der Pubertät. Diese Zeit fordert alle Beteiligten. Der Körper des Pubertierenden verändert sich, die sekundären Geschlechtsmerkmale bilden sich aus. Es kommt zu nächtlichen Samenergüssen, die Monatsblutung stellt sich ein. Die Heranwachsenden verstehen in dieser Zeit ihre Eltern ebenso wenig wie umgekehrt Vater und Mutter ihre «Kinder» wieder erkennen. Diese ziehen sich zurück oder machen mit Gleichaltrigen gemeinsame Sache.

«Eltern tun oft genau das Falsche, sie labern!»

«Mit denen kannst du wenigstens reden», sagt der fünfzehnjährige Heiner. «Die quatschen nicht nur, die hören zu. Und dann kann man über Weiber herziehen und dann so richtig ablachen. Die Eltern machen sich einfach zu viele Sorgen.

Dieses ständige Gefrage geht einem gewaltig auf den Keks. Die meinen es ja gut, aber was zu viel ist, ist zu viel!»

«Ich schau mir mit den Freunden Pornofilme an, die sind eigentlich echt Scheiße», erläutert Philip, 14 Jahre. «Aber irgendwie tut's dann auch gut. Denn mir machen diese Filme auch Angst. Ich bin doch nie so potent wie die Typen in den Filmen. Und so geile Frauen gibt's auch nicht, wenn ich mir meine Zicken in der Schule anschaue. Da läuft doch gar nichts, da geht aber auch gar nichts ab!»

«Also, wir machen auch schon schweinische Sachen», berichtet Michael, fünfzehn Jahre, grinsend: «Wir saufen erst Bier, dass sich unsere Blase füllt. Und dann machen wir weit pinkeln. Wer am kürzesten pinkelt, der gibt beim nächsten Mal etwas aus.» Bevor er weiterredet, macht er eine Pause. «Manchmal wichsen wir auch um die Wette. Da läuft ein Porno, und ab geht die Post.»

«Neulich», so Tim, fünfzehn Jahre, «wollte meine Mutter mit mir reden, weil ich seit kurzem 'ne Freundin habe. Sie meinte, jetzt müsste sie mich wohl aufklären. Als ob ich mit Anja penne. Da läuft gar nichts. Wir streicheln uns nur. Und als wir mal nackt nebeneinander lagen, da habe ich bei mir nichts bemerkt.» Er schüttelt den Kopf. «Dann fängt meine Mutter von Verhütung an. Aber wie soll man über einen schlappen Schwanz einen Präser stecken.» Er wirkt entrüstet. «Also, die hat wirklich von nichts 'ne Ahnung.»

«Eltern», so kommentiert Björn, sechzehn Jahre, «wollen alles richtig machen und tun genau das Falsche. Ich will nicht in die Sauna. Wenn, dann nur mit Badehose. Meine Alten lästern oder sagen, ich soll mich nicht so anstellen. Die verstehen nicht, wie's in mir aussieht.»

Will man Heranwachsende während der Pubertät in ihrer sexuellen Entwicklung begleiten, gilt es, einige Grundsätze zu berücksichtigen:

- Die sexuelle Kultur – besonders der pubertierenden Jungen – ist von einer Schamlosigkeit geprägt, die Grenzen und Anstand verletzt. Aber bei allem Verständnis für Heranwachsende: Dort wo Würde, Anstand und Respekt – besonders den Frauen gegenüber – verletzt werden, muss man unmissverständlich Stellung beziehen. Grenzüberschreitungen sind auch Versuche der Pubertierenden auszutesten, wie weit sie gehen können. Dies betrifft insbesondere die Faszination, die von Pornographie ausgeht. Schlichte Verbote helfen nicht weiter – nur deutliche Botschaften.
- Eltern müssen die Intimsphäre der Pubertierenden respektieren. Wenn sich Heranwachsende in diesem Entwicklungsabschnitt zurückziehen, wenn sie das Badezimmer abschließen, verbieten, ihr Zimmer zu betreten, wenn sie sich nicht mehr nackt zeigen, so drückt das keine Prüderie oder Verklemmtheit aus. Heranwachsende fühlen sich unwohl in ihrer Haut, sie empfinden sich als Zombie, weder als Fisch noch als Fleisch, weder als Kind noch als Erwachsener. Pubertierende brauchen Zeit, um sich in ihrer Körperlichkeit, ihrer Sexualität anzunehmen.
- Wenn die Heranwachsenden sich zurückziehen, die Geborgenheit der Gleichaltrigengruppe suchen, so ist darin kein Vertrauensbruch den Eltern gegenüber zu sehen. Gleichaltrige sind einfach näher an den anstehenden Problemen. Halten Sie sich trotzdem gesprächsbereit! Wenn der Pubertierende etwas wissen will, dann wird er zu Ihnen kommen, um das Gespräch zu suchen! Antworten Sie klar und deutlich und äußern Sie Ihre Meinung, auch wenn Ihr Sohn oder Ihre Tochter damit nicht einverstanden sind!

Fachsprache – Umgangssprache – oder Gossensprache?

«Das hört sich gut an», erzählt mir ein Vater, als ich einmal diese Regeln formuliert habe. «Aber wie sage ich es denn? Welche Sprache verwende ich?» Tja, welche Sprache verwendet man! Man hat die Qual der Wahl:

- Die Fachsprache, mit ihren medizinischen, mit ihren korrekten Ausdrücken, oder
- eine – wie es die Sexualwissenschaftlerin Petra Milhoffer ausdrückt – öffentlich akzeptierte Standardsprache. Beide Sprachen sind – so die Autorin – «von komplizierten lateinischen Fremdworten oder deren sterilen Übersetzungen dominiert. Solche Begriffe haben mit dem, was Sexualität auf der Gefühlsebene zwischen Menschen ausmacht, wenig zu tun. Gleichwohl ist es für ein sachliches Gespräch wichtig, mit den Begriffen der Fachsprache und der Standardsprache vertraut zu sein.»
- Dann gibt es noch die sehr konkrete, anschauliche Umgangssprache – voll von sinnlich-derben, mal wüsten, mal häufig auch frauenfeindlichen Bildern – und
- die Fäkalsprache, die in der Pubertät besonderes Gewicht erhält.

Die Fachsprache, so notwendig sie ist, um sich allgemein über das Thema Sexualität zu verständigen, bleibt den Heranwachsenden häufig fremd. Sie wirkt abstrakt, leblos, manchmal genauso entsexualisierend wie manch drastischer Begriff aus der Gossensprache. Wer bei Kindern und Jugendlichen biologische Sachverhalte mit Emotionen verknüpfen will, wer an die eigenen Befindlichkeiten appelliert und die Gefühle der Heranwachsenden respektieren möchte, sollte sich einer Mischung aus Anschaulichkeit, was die Vorstellungskraft der Heranwachsenden anbetrifft und Korrektheit, was die biologischen Tatsachen anbelangt, bedienen – also ein Gemenge aus

Umgangs- und Fachsprache. Kinder sollten sich – spätestens ab dem Schulalter – in sexuellen Themen angemessen, allgemeinverständlich ausdrücken können. Aber diese Sprache bleibt häufig oberflächlich, ist manchmal auch zu schwierig: Da wird aus dem Orgasmus manchmal ein «Organismus», aus der Klitoris schon mal «Kiloreis», aus Menstruation hin und wieder «Mensution», aus Ejakulation bei einigen Jungen der Ejakulator und aus der Menarche der Monarch.

Schon allein deshalb sind umgangssprachliche Begriffe notwendig, auch wenn sie für manche Erwachsene den Beigeschmack der Gossensprache haben.

Ganz zu Unrecht, wie ein Blick in die Historie zeigt: Mit dem Pimmel wurde der Stößel im Mörser beschrieben, jener Mörser, aus dem man dann die Möse ableitete. Mit dem Schwanz bezeichnete man im Mittelhochdeutschen den Schweif, genau wie die Fotze in der mittelhochdeutschen Sprache für Vut stand und dies bedeutete: faulen oder stinken. Erst im 18. Jahrhundert wurde die Fotze zu einem Schimpfwort für die Hure. Im Indogermanischen bedeutete der Busen nichts anderes als «das Geschwollene». Diese zunächst wertneutralen Gegenstandsbezeichnungen veränderten sich, als eine Sexual- und Lustfeindlichkeit im 18. Jahrhundert um sich griff, ins Negative und werden gegenwärtig häufig benutzt, um zwischenmenschliche Beziehungen grob zu entwerten und besonders Frauen ihr Recht auf körperliche und seelische Unversehrtheit zu nehmen.

Kinder verlangen nach anschaulichen, konkreten Begriffen, weil sie damit Empfindungen und Gefühle verbinden. Wenn sie hören, dass Mann und Frau miteinander schlafen, ist ihnen das häufig zu abstrakt, bumsen oder vögeln sind schlichtweg ausdrucksstärkere Umschreibungen. Ähnliches gilt für die Benennung des Penis oder der Scheide: Mit Pimmel, Schniedel oder Zipfel, mit Muschi, Möse oder Putzi verbinden sich mehr Empfindungen als in neutraleren Ausdrücken.

Doch bedenken Sie:

- Gerade umgangssprachliche Ausdrücke lösen unterschiedliche Gefühle aus. Die Gefühle der anderen sind zu respektieren. An der Kaffeetafel ist es sinnvoller und für den Ablauf beruhigender, wenn Kinder und Jugendliche nicht von vögeln oder bumsen reden, sondern von miteinander ins Bett gehen oder dem Geschlechtsverkehr. In der Umgangssprache drückt sich eine Intimsphäre aus, die den ganz persönlichen Stil einer Familie beschreibt und prägt, der nicht unbedingt nach außen getragen werden muss.
- Die Fachsprache gehört unbedingt dazu, wenn man sich über Sexualität allgemein verständlich unterhalten will. Sie ist für die öffentliche Diskussion unerlässlich, weil sie die ganz unterschiedlichen Schamgrenzen aller Beteiligten achtet. Wer ununterbrochen von «ficken» redet, achtet weder sich noch die anderen. Wer allerdings schon beim Wort Vagina oder Penis errötet, hat noch eine weite Reise vor sich.

Gesprächsregeln

Man kann Tipps formulieren, wenn man mit Heranwachsenden über Sexualität reden will:

- Für Gespräche bis zum Schulalter sind folgende Grundsätze zu beachten:

  Es ist wichtig, den Sinn einer Frage zu erkennen. Kinder fragen in der Regel nicht abstrakt, sie sind am Menschen interessiert. Da sind keine sexualwissenschaftlichen Vorträge nötig. Eltern müssen nicht alles, was sie wissen, in ihren Antworten unterbringen. Ein langatmiger Wortschwall verkennt nicht nur den Sinn der Frage, sondern geht meist auch am Erkenntnisstand der Kinder vorbei.

  Je jünger das Kind, umso konkreter, klarer, knapper und

anschaulicher können die Antworten sein. So wichtig es ist, Sachverhalte nicht zu verfälschen, so bedeutsam ist der Mut zur Lücke. Dadurch regt man die Kinder zu weiteren Fragen an. Diese sind umso wahrscheinlicher, je mehr sich Kinder durch die Antworten angesprochen fühlen.

In elterlichen Antworten können Rückfragen an die Kinder enthalten sein: «Wie stellst du dir das vor?» «Was meinst du?» Rückfragen können zu Assoziationen und Phantasien führen, die den Erwachsenen zeigen, wo das Kind intellektuell und gefühlsmäßig steht. Jedes Kind hat Vorstellungen, Meinungen, Haltungen, an denen sich Eltern orientieren sollten. Antworten, die nicht im Hier und Jetzt des Kindes anknüpfen, überfordern es.

■ Nicht jede Situation eignet sich für ein Gespräch. Wenn der sechsjährige Anton an der Kasse des Supermarktes fragt: «Mama, was ist ficken?», dann kann man die Antwort auf einen späteren Zeitpunkt verschieben – nicht weil einem das peinlich sein muss, sondern weil solche Gespräche Zeit brauchen, sich auf das Kind einzulassen, den Sinn einer Frage zu erkunden. Die Fragen der Kinder haben nicht allein den biologisch-medizinischen Sachverhalt zum Gegenstand, sondern müssen auch unter körperlich-emotionalen Gesichtspunkten ihre Antwort finden. Wenn nach der Menstruation oder dem Samenerguss gefragt wird, geht es nicht allein um physiologische oder körperliche Abläufe, sondern auch darum, was dies für die zukünftige Entwicklung bedeutet.

■ Wenn ältere Kinder und Jugendliche nicht fragen, so kann das verschiedene Ursachen haben: Sie haben sich woanders informiert oder spüren, dass Eltern unsicher sind, das Gespräch zu führen. Wer Hemmungen hat, sollte das ansprechen, aber ansprechbar sein. Selbst wenn man die Gespräche über Sexualität delegiert, sollte das der wichtigste Grundsatz sein.

- Wenn Kinder und Jugendliche fragen, wollen sie im Hier und Jetzt angenommen sein. Sie haben augenblickliche Sorgen, Probleme, einen aktuellen Wissensdurst. Sie wollen keine abstrakten Vorträge, sie wollen persönliche, authentische Antworten darüber, was Eltern wissen und denken.
- Eltern wollen, dass Heranwachsende offen und ehrlich sind. Dies setzt Offenheit und Ehrlichkeit seitens der Eltern, der Erwachsenen voraus. So schließt dann das Sprechen über Sexualität grundsätzliche Überlegungen ein: Es ist auch ein Gespräch über zwischenmenschliche Beziehungen, über die Wertschätzung des eigenen Körpers, über Achtung vor sich selbst und anderen, darüber, die Intimsphäre der anderen zu respektieren. Im Gespräch verdeutlichen Eltern ihre Haltung zur Sexualität, wobei Kinder und Jugendliche mehr auf das achten, was Eltern tun, weniger auf das, was sie nur sagen. Ob sie eine gefühlsmäßig stabile Beziehung leben und vorleben, mithin Vorbild sind oder ob sie nur etwas vorlabern.

Nachwort: Sexualerziehung ist mehr als Aufklärung

Sexualerziehung ist Begleitung ins Leben

Sexualerziehung ist mehr als technische Aufklärung. Sie lässt sich nicht auf biologisch-medizinische Gesichtspunkte reduzieren. Darüber ist man sich mehr oder minder einig.

Zweifelsohne ist ein Detailwissen über die Sexualorgane und die Körperfunktionen mehr als notwendig, sind intensive Gespräche, sind ästhetisch ansprechende (Bilder-)Bücher unabdingbar, die den Wunsch der Heranwachsenden nach Anschaulichkeit und Authentizität Rechnung tragen. Gleiches gilt für den sexualpädagogischen Unterricht.

Doch brauchen Aufklärungstechniken eine gefühlsmäßige Basis. Dieses Fundament stellt die Einheit von Körper, Geist und Seele dar. Nur eine Sexualerziehung, die den ganzen Menschen mit all seinen Empfindungen und Bedürfnissen anspricht, vermag Heranwachsende in ihren unterschiedlichen Entwicklungsphasen zu erreichen.

Sexualerziehung hat deshalb die Altersbesonderheiten der Kinder und Jugendlichen zu berücksichtigen und zu respektieren. Sexualerziehung ist nicht zuvorderst Vorbereitung auf ein imaginäres Später. Dies meint, die Fragen eines vierjährigen Kindes angemessen zu beantworten und es nicht wie ein Achtjähriges anzusprechen; auf den Wissensdurst eines achtjährigen Kindes altersadäquat einzugehen und dieses Kind nicht wie einen vierzehnjährigen Pubertierenden «voll zu dröhnen».

Begleitung meint aber nun nicht Entmündigung, gar Bevormundung. Zweifellos haben Eltern, Lehrer, haben Erwachsene Erfahrungsvorsprünge, auf die sich Kinder, auf die sich Jugendliche verlassen dürfen und müssen. Erfahrungsvorsprünge werden für die nachwachsende Generation nur dann zu einem Problem, wenn sie als Besserwisserei missverstanden und eingesetzt werden.

In der Sexualerziehung, die sich als Begleitung der Heranwachsenden begreift und deren Bedürfnisse und Entwicklungsbesonderheiten ernst nimmt, geht es vor allem um fünf Momente:

■ Die Sexualität des Kindes, der Kinder und Jugendlichen als eine ebenso positive wie sinnliche Lebenserfahrung zu vermitteln. Sexualität gehört wie Angst und Aggression zum Leben, zur menschlichen Entwicklung.

■ Sexualität meint, tiefe – angenehme wie manchmal beunruhigende – Gefühle zu erleben, diese Gefühle zu zeigen, sie auszudrücken. Es geht also nicht darum, nur über sexuelle Gefühle zu reden, es gilt, sie zu leben.

■ Sexualerziehung ist Körpererziehung. Sexualität drückt sich im und über den Körper aus. Nur jene Heranwachsenden, die sich in ihrem Körper zu Hause fühlen, die ihren physischen Rahmen akzeptieren, können sich annehmen, strahlen Selbstbewusstsein und Selbstsicherheit aus. Und weil sie ihren Körper mögen, ihn wertschätzen, können sie die Körper anderer mögen und wertschätzen. Aber umgekehrt gilt auch dies: Wenn man seinen Körper ablehnt, weil er misshandelt wurde oder weil man sich selber Schaden zufügt, kann man die Körper anderer nicht achten und respektieren. Sexualerziehung thematisiert somit den Körper – allerdings nicht im Sinne einer überzogenen Körperlichkeit, die fitnessgestählt daherkommt.

■ Zur Sexualerziehung gehört zugleich, Grenzen zu erfahren

und Ängste zu erkennen. Wer sexualerzieherisch tätig ist, muss nicht in jeder Situation perfekt und omnipotent sein. Manchmal kann es sinnvoller sein, Aufgaben an eine Person zu delegieren, die mit bestimmten Situationen anders, d. h. kompetent umgeht. Diese Aufgabe ist kein Zeichen von Schwäche, vielmehr Ausdruck von Souveränität.

■ Zur Sexualerziehung zählt aber auch, Heranwachsende auf Risiken hinzuweisen, die mit der sexuellen Entwicklung einhergehen können: sexueller Missbrauch, Pädophilie, (Kinder-)Pornographie, Geschlechtskrankheiten etc. Dazu muss man weiter die Kommerzialisierung der Sexualität (nicht allein im Bereich der Medien) oder die Zwänge in Gruppen gleichaltriger Jugendlicher rechnen.

Sexualerziehung ist Schutz vor Missbrauch

Ich bin auf den sexuellen Missbrauch von Kindern und Jugendlichen nicht in einem gesonderten Kapitel eingegangen, gleichwohl zieht sich dieses wichtige Thema wie ein Faden durch viele Abschnitte des Buches. Zwei Überlegungen haben mich dazu gebracht. Der sexuelle Missbrauch ist in vielen Veröffentlichungen – so in dem materialreichen wie äußerst informativen «Handwörterbuch Sexueller Missbrauch» – sehr detailgenau kommentiert.

Der Schutz vor sexuellem und körperlichem Missbrauch stellt sich für mich – wie in vielen Geschichten des Buches angesprochen – grundsätzlicher dar: Das Wissen über Sexualität schützt vor physischen Übergriffen. Deshalb habe ich auf deren Darstellung viel Wert gelegt. Es ermutigt Heranwachsende, «Nein!» zu sagen, wenn ein bestimmtes Maß an Nähe nicht mehr passend ist, wenn sie sich bedrängt fühlen.

Hier zeigt sich nochmals, wie wichtig die Körpererziehung hinsichtlich des Missbrauchs ist. Körpererziehung ist mehr als eine Selbstverteidigungstechnik. Kinder oder Jugendliche, die ihren Körper fühlen, strahlen Unantastbarkeit gegenüber jenen aus, die ihnen zu nahe kommen wollen.

Sexualerziehung ist Vorbild und Liebe

Dieses – leicht abgewandelte – Zitat stammt von Pestalozzi. Sexualerziehung ist vor allem Beziehung. Man kann sexualerzieherisch nur tätig sein, wenn man in Beziehung zum Kind oder zum Jugendlichen lebt, wenn man die Balance von Nähe und Distanz gefunden hat.

Heranwachsende lernen über das Vorbild – mit all seinen Ecken und Kanten. Vorbild sein heißt nicht, den sexualerzieherischen Terminator darzustellen, der auf jede Frage wie aus der Pistole geschossen die passende Antwort hat – Vorbild sein heißt, vor allem zuzuhören, präsent und authentisch zu sein.

Und Liebe umschreibt die Kompetenz, sich zu akzeptieren als Grundvoraussetzung dafür, Heranwachsende in all ihren wundersamen wie manchmal auch erschreckenden Einzigartigkeiten anzunehmen.

So wichtig es ist, Heranwachsende zu Eigenverantwortlichkeit zu erziehen, sie in die Welt hinausziehen zu lassen – auch was sexuelle Erfahrungen angeht –, so bedeutsam ist es, dass sich Elternhaus und Schule gerade in der Sexualerziehung ihrer Erziehungsverantwortung – jeder auf seine Art und Weise – jeden Tag aufs Neue bewusst werden.

Gerade angesichts der medialen Allgegenwärtigkeit ist die Präsenz sexualerzieherischer Persönlichkeiten wichtiger denn je. Denn für Jugendliche sind die Medien ausgesprochen widersprüchlich: Einerseits verschaffen sie einen Zugang zu Informationen, die sie häufig intellektuell und emotional überfordern, andererseits bietet das Internet, der Chatroom Möglichkeiten, sich anonym und häufig kompetent beraten zu lassen. Dann werden Heranwachsende wieder mit medial inszenierten Bildern konfrontiert, die sie erschüttern. Und zugleich überrascht manchmal die weise Gelassenheit, mit der Jugendliche auf das Potenzgehabe der Filmprotagonisten reagieren.

Auch wenn ich der Meinung bin, dass gefühlsmäßig stabile Jugendliche mit den nicht selten menschenverachtenden und Gewalt verherrlichenden Skripten umgehen können, für das emotionale Fundament sind die Heranwachsenden auf die erwachsenen Persönlichkeiten angewiesen, die sie in ihrer Entwicklung begleiten, die klare Positionen beziehen – selbst dann, wenn die Pubertierenden davon nichts hören wollen.

Sexualerziehung ist soziales und moralisches Lernen

Sexualerziehung ist zugleich Werteerziehung. Es geht um die Balance von körperlicher Selbstbestimmung und Rücksichtnahmen auf den jeweils anderen.

Zur Sexualerziehung gehört, die eigenen sexuellen Bedürfnisse zu erkennen und ein Recht auf sexuelle Selbstbestimmung einzufordern. Zur Sexualerziehung gehört aber gleichermaßen, die sexuellen Bedürfnisse anderer zu respektieren, deren «Nein!» zu körperlichen Kontakten zu achten. Und zur Sexualerziehung gehört schließlich, mit dem eigenen Körper liebevoll umzugehen. Nur so ist gewährleistet, die Körper der anderen liebevoll zu behandeln.

Sexualität ist eine ungeheure Lebenskraft, die gleichermaßen aufbauen wie zerstören kann. Aufgabe von Sexualerziehung besteht nun darin, die kreativen, die lebenserhaltenden, die sinnlichen Anteile dieser Kraft zu fördern, den destruktiven Anteilen Grenzen zu setzen. Und das in jeder Entwicklungsetappe, die ein Kind durchläuft.

Literaturverzeichnis

Literatur und Tipps zum Weiterlesen

Den nachstehenden Publikationen habe ich zahlreiche Anregungen zu verdanken. Sie beleuchten weitere Gesichtspunkte der Sexualerziehung, die ich manchmal nur anreißen konnte. Die mit einem * gekennzeichneten Titel sind besonders empfehlenswert.

*Arens, Ulla: Offenheit und Scham in der Familie. Kreuzlingen/München 2003

*Bange, Dirk/Körner, Wilhelm (Hrsg.): Handwörterbuch Sexueller Missbrauch. Göttingen 2002

*Berger, Manfred: Sexualerziehung im Kindergarten. Frankfurt/Main 1988

Chodorow, Nancy: Das Erbe der Mütter. München 1985

Brown, Lyn M./Gilligan, Carol: Die verlorene Stimme. Frankfurt/Main 1994

Danneker, Martin/ Katzenbach, Agnes (Hrsg.): 100 Jahre Freuds «Drei Abhandlungen zur Sexualtherapie». Gießen 2005

Dücker von, Elisabeth/Museum der Arbeit (Hrsg.): Sexarbeit. Prostitution – Lebenswelten und Mythen. Hamburg 2005

Darvill, Wendy/Powell, Kelsey: Wie kläre ich mein Kind auf? München 2001

Flaake, Karin/King, Vera (Hrsg.): Weibliche Adoleszenz. Frankfurt/Main 1995

Gay, Peter: Erziehung der Sinne. München 1986

Hartmann, Uwe: Inhalte und Funktionen sexueller Phantasien. Stuttgart 1989

Hassenstein, Bernhard: Verhaltensbiologie des Kindes. Heidelberg 2001

Haug-Schnabel, Gabriele: Sexualität ist kein Tabu. Vom behutsamen Umgang mit einem schwierigen Thema. Freiburg 1997

Hilsberg, Regina: Körpergefühl. Die Wurzeln der Kommunikation zwischen Eltern und Kind. Reinbek 1985

Hopf, Arnulf: Sexualerziehung. Unterrichtsprinzip in allen Fächern. Neuwied 2002

Kentler, Helmut: Eltern lernen Sexualerziehung. Reinbek 1981

Klein, Marty: Über Sex reden. Heimliche Wünsche, verschwiegene Ängste. Reinbek 1991

*Kluge, Norbert: Sexualverhalten Jugendlicher heute. München 1998

Kluge, Norbert (Hrsg.): Sexualunterricht in der Grundschule. Bad Heilbronn 1997

Kluge, Norbert (Hrsg.): Sexualpädagogische Forschung. Paderborn 1981

Maccoby, Eleanor E.: Psychologie der Geschlechter. Sexuelle Identität in den verschiedenen Lebensphasen. Stuttgart 2000

Mertens, Wolfgang: Entwicklung der Psychosexualität und der Geschlechtsidentität. Stuttgart 1997

Melberg Schwier, Karin/Hingsburger, David: Sexualität. Ein Ratgeber für Eltern von Kindern mit Handicap. Zirndorf 2005

*Milhoffer, Petra: Wie sie sich fühlen, was sie sich wünschen. Eine empirische Studie über Mädchen und Jungen auf dem Weg in die Pubertät. München 2000

*Mitscherlich, Margarete: Die friedfertige Frau. Frankfurt/ Main 1987

*Mönkemeyer, Karin: Kindliche Sexualität. Tabus – Konflikte – Lösungen. Weinheim 1997

*Nitsch, Cornelia/Beil, Brigitte/Diele, Beate/Schelling von, Cornelia/York, Ute: Sexualität im Familienalltag. München 1992

Nunner-Winkler, Gertrud (Hrsg.): Weibliche Moral. Frankfurt/New York 1991

Olivier, Christiane: Jokastes Kinder. München 1991

Pfäfflin, Friedemann/Schorsch, Eberhard (Hrsg.): Sexualpolitische Kontroversen. Stuttgart 1987

Preiß, Dagmar/Schwarz, Anne/Wilser, Anja: Mädchen – Lust und Last der Pubertät. Frankfurt/Main 1996

*Schmidt, Gunter: DER DIE DAS. Über die Modernisierung des Sexuellen. Gießen 2004

Schmidt, Gunter (Hrsg.): Jugendsexualität. Sozialer Wandel, Gruppenunterschiede, Konfliktfelder. Stuttgart 1993

*Schnaack, Dieter/Neutzling, Rainer: Kleine Helden in Not. Jungen auf der Suche nach Männlichkeit. Reinbek 1997

Seikowsky, Kurt (Hrsg.): Sexualität und neue Medien. Lengerich 2005

Schorsch, Eberhard/Schmidt, Gunter (Hrsg.): Ergebnisse zur Sexualforschung. Frankfurt/Main 1976

Schorsch, Eberhard/Becker, Nikolaus: Angst, Lust, Zerstörung. Sadismus als soziales und kriminelles Handeln. Zur Psychodynamik sexueller Tötungen. Reinbek 1977

*Schütz, Esther Elisabeth/Kimmich, Theodor: Körper und Sexualität. Entdecken, verstehen, sinnlich vermitteln. Freiburg 2001

Stein-Hilbers, Marlene: Sexuell werden. Sexuelle Sozialisation und Geschlechterverhältnisse. Opladen 2002

Strauch, Barbara: Warum sie so seltsam sind. Gehirnentwicklung bei Teenagern. Berlin 2003

Televizion, Intern. Zentralinstitut für das Jugend- und Bildungsfernsehen (IZI), Heft 1, 2005. Erotik und Sexualität

Wagemann, Sonia/Schönhammer, Rainer: Mädchen und Pferde. Psychologie einer Jugendliebe. München 1994

Zimmer, Renate: Toben macht schlau! Bewegung statt Verkopfung. Freiburg 2004

Literatur für Kinder und Jugendliche (und natürlich auch Eltern)

Abedi, Isabel/Hebrock, Andrea: Alberta geht die Liebe suchen. Sauerländer 2004

Amendt, Günter: Das Sexbuch. Dortmund 1979

Bell, Ruth (Hrsg.): Wie wir werden, was wir fühlen. Reinbek 1982

Bleich, Dr. Kirsten und Prof. Dr. Stefan: Tessloffs Aufklärungsbuch. Nürnberg 2004

Braun, Joachim/Kunz, Daniel: Weil wir Jungen sind. Reinbek 1997

Bredow von, Katarina: Verliebt um drei Ecken. Weinheim/Basel 2005

Cassim, Shaine: Tränen und Schokolade. Frankfurt/Main 2005

Davies, Nicola/Layton, Neal: Das Buch vom Müssen und Machen. Düsseldorf 2005

Doef van der, Sanderijn/Latour, Marian: Wie ist das mit der Liebe? Bindlach 2004

Eselsohr – Fachzeitschrift für Kinder- und Jugendliteratur, 7/2005, S. 8–13

Gee, Robyn/Meredith, Susan: Wachsen und Erwachsenwerden. Ravensburg 1987

Geisler Dagmar: Das bin ich von Kopf bis Fuß. Bindlach 2003

Grote, Tom/Kaergel, Julia: Die Liebe. Wuppertal 2005

Hamberg, Emma: Liebe und Sex – alles, was du wissen willst. Reinbek 2005

Härdin, Sonja/Geisler, Dagmar: Wo kommst du her? Bindlach 2002

Harris, Robbie H./Emberley, Michael: Einfach irre! Liebe, Sex und Kinderkriegen. Frankfurt/Main 1999

Harris, Robbie H./Emberley, Michael: Total normal. Was du schon immer über Sex wissen wolltest. Weinheim/Basel 2002

Imkeller, Martina/Schneider, Frauke (Hrsg.): Fliegende Herzen. Liebesgeschichten. Würzburg 2005

Janosch: Mutter, sag wer macht die Kinder? München 1992

Janouch, Katerina/Lindmann, Mervi: Bevor ich auf die Welt kam. Wie Babys entstehen. Hamburg 2005

Krauch, Franziska/Kunstmann, Antje: Mädchen. Das Aufklärungsbuch. München 1996

Lange, Christine/Müller, Irene: Weil wir Mädchen sind. Reinbek 1997

Merrifield, Margarete/Collins, Heather: Mama, was ist Aids? Ruhnmark 1993

Merz, Christine/Paule, Irmgard: Weißt du, woher die Babys kommen? Freiburg 2004

Müller, Jörg/Geisler, Dagmar: Ganz schön aufgeklärt. Bindlach 2003

Nilsson, Lennart: Ein Kind entsteht. München 2003

Olten, Manuela: Muss mal Pipi. Hamburg 2005

Reider, Katja/Skribbe, Edda: Dich mag ich besonders gern! Ravensburg 2005

Rübel, Doris: Woher die kleinen Kinder kommen. Reihe «Wieso? Weshalb? Warum?». Ravensburg 2001

Schneider, Sylvia/Rieger, Birgit: Das Aufklärungsbuch. Ravensburg 1990

Schnööf, Kuddl un Natalje: Wo komm' bloß die lütten Gören her? Hamburg 1976

Singer, Claire: Baby Mail. Bergisch Gladbach 2004
Stalfelt, Pernilla: So ein Kack! Frankfurt/Main 2005
Thor-Wiedemann, Sabine/Rieger, Birgit: Wachsen und erwachsen werden. Ravensburg 2004
Townsend, Sue: Das Intimleben des Adrian Mole 13 ¾ Jahre. München 1982
Velthuijs, Max: Frosch ist verliebt. Düsseldorf 2004
Wegmann, Ute/Berner, Susanne: Sandalenwetter. München/Wien 2005
Westheimer, Dr. Ruth K./Massey, Jane: Woher kommen nur die kleinen Babys? Münster 2003

Links: Aufklärung für Jugendliche/Eltern

www.sextra.de
Pro Familia (mit E-Mail-Beratung)

www.sexundso.de
Pro Familia

www.profamilia.de
Mit vielen Infos und Broschüren auch zum downloaden

www.bzga.de
Generelle Informationen der Bundeszentrale für gesundheitliche Aufklärung

www.loveline.de
Bundeszentrale für gesundheitliche Aufklärung (mit Chat)

www.sexualaufklaerung.de
Bundeszentrale für gesundheitliche Aufklärung (für Multiplikatoren)

www.lovetour.at
Verein für prophylaktische Gesundheitsarbeit, Linz

www.drsommerteam.de
Zeitschriftenportal von «Bravo»

www.bke-jugendberatung.de
Für Jugendliche

www.bke-elternberatung.de
Für Eltern

www.nasowas.org
mit E-Mail-Beratung

www.dbna.de
Schwules Jugendmagazin mit peer-Onlineberatung

Speziell für Missbrauch/Sexuelle Gewalt/ HIV/Aids

www.schulische-praevention.de

www.power-child.de

www.kinderschutzbund.de
Für Multiplikatoren

www.youngavenue.de (speziell für Kinder und Jugendliche)

www.aidshilfe.de

Jan-Uwe Rogge bei rororo

«Pädagogische Bestseller,
die helfen» *(Die Welt)*

Ängste machen Kinder stark
rororo 60640
als Hörbuch: rororo 61731

Der große Erziehungsberater
rororo 61621

Eltern setzen Grenzen
rororo 19756

Geschichten gegen Ängste
So helfen Sie Ihrem Kind
rororo 60977

Kinder brauchen Grenzen
rororo 19366
als Hörbuch: rororo 61722

Kinder können fernsehen
Vom Umgang mit der Flimmerkiste
rororo 60753

Kinder, die den Rahmen sprengen
(mit Bettina Mähler)
rororo 60966

Lauter starke Jungen
(mit Bettina Mähler)
rororo 61539

Ohne Chaos geht es nicht
13 Überlebenstipps für Familien
rororo 60975
als Hörbuch: rororo 61732

Pubertät – Loslassen und Haltgeben
rororo 60953
als Hörbuch: rororo 61721

Spiele gegen Ängste
(mit Angelika Bartram)
rororo 61719

Wenn Kinder trotzen
rororo 61659

Dietrich Grönemeyer
Der kleine Medicus

Eine spannende Entdeckungsreise
durch unseren Körper

Dietrich Grönemeyer hat mit seiner Vision von einer Medizin
der Zukunft Aufsehen erregt. Seine Botschaft: High-Tech und
Naturheilkunde müssen mit liebevoller Medizin verbunden
werden – im Mittelpunkt steht der Mensch! Mit diesem Buch
wendet er sich vor allem an junge Leserinnen und Leser: Er
macht sie mit den Geheimnissen ihres eigenen Körpers vertraut und erklärt, was man selber tun kann, um gesund zu
leben und sich die Errungenschaften der Medizin zunutze zu
machen. Zugleich wird durch eindrucksvolle Bilder die innere
Schönheit des Menschen gezeigt.

360 Seiten, 4-farbig, zahlreiche Illustrationen, gebunden
ISBN 3-498-02500-7

www.groenemeyer-medicus.de